Tatjana Schnell / Kilian Trotier

Sinn finden

Tatjana Schnell
Kilian Trotier

Sinn finden

Warum es gut ist, das Leben zu hinterfragen

Ullstein

Wir verpflichten uns zu Nachhaltigkeit

- Papiere aus nachhaltiger Waldwirtschaft und anderen kontrollierten Quellen
- Druckfarben auf pflanzlicher Basis
- ullstein.de/nachhaltigkeit

MIX
Papier | Fördert gute Waldnutzung
FSC® C014496
www.fsc.org

Ullstein ist ein Verlag der Ullstein Buchverlage GmbH

ISBN 978-3-550-20290-2

Gesetzt aus Electra LT
Satz Pinkuin Satz und Datentechnik, Berlin
Druck und Bindearbeiten: GGP Media GmbH, Pößneck

Inhalt

Prolog

An dem Tag, der sein Leben verändern wird, kommt seine Freundin mit zur Arbeit. Er hat sie darum gebeten, weil er ihre Unterstützung braucht, das spürt er. Während er sein Büro in einer Universität betritt, setzt sie sich in eine ruhige Ecke auf derselben Etage. Kurz vor Mittag geht er zu ihr und sagt: »Ich muss nach Hause, ich kann nicht mehr.« Sie verlassen das Gebäude, das er danach nie wieder betreten wird. Raus aus dem Job, in den er nicht mehr zurückkehren wird.

Es ist eine radikale Entscheidung. Eine, mit der viele heimlich liebäugeln: aufstehen, alles liegen lassen und einfach weg. Der Mann mit dem Job an der Universität, der anonym bleiben möchte und hier Rufus Weibel heißen soll, *konnte* nicht mehr. Er hielt den psychischen Druck nicht mehr aus, den seine Chefin in seinen Augen ausübte, ihre Forderung, ständig erreichbar sein zu sollen. Der Mann *wollte* aber auch nicht mehr.

Weibel hatte sich diesen Beruf ausgesucht, hatte sich auf die Stelle gefreut: Doktorand an einer renommierten Universität, er konnte etwas ganz Neues aufbauen, Teil eines Teams sein, motiviert, klug, hoffentlich bahnbrechend in den Forschungen. Sein Studium hatte er mit 1,0 abgeschlossen, ihm war alles leichtgefallen. Bis jetzt. Jetzt hat er einen Tinnitus und fühlt tief in sich drin: Das ist es nicht wert. Das muss ich nicht machen. Das hat keinen Sinn.

Das hat keinen Sinn – dieser Satz kann sich schnell und achtlos daher sagen. Bei Rufus Weibel ist es nicht so. Er meint ihn ernst: Was ihn vor gar nicht langer Zeit mit Vorfreude und Erwartungen erfüllt hatte, ist leer und belastend geworden. Und je intensiver sich die Zweifel in seine Gefühle gefressen haben, desto poröser wurde dieses zu Beginn noch unerschütterliche, weil selbstverständliche Wissen um den Sinn. Deshalb dieser krasse Bruch. Deshalb dieses Gefühl, verloren zu sein, orientierungslos.

Die Forschung zeigt: Menschen, die Sinn in ihrem Leben sehen, leben gesünder – körperlich und seelisch. Sie können besser mit Krisen umgehen. Sie können sich besser motivieren. Studien zeigen sogar, dass Menschen, die Sinn in ihrem Leben sehen, länger leben. Wie aber findet man diesen Sinn?

Die Antwort ist nicht leicht. Weder für Rufus Weibel noch für viele andere Menschen auf der Welt. Denn mit dem Sinn ist das so eine Sache. So sehr man ihn sich wünscht, er lässt sich nicht bestellen, nicht erzwingen und schon gar nicht kaufen. Sinn ist keine Emotion wie das Glück, die man in einem Moment spürt und bei der man sich sicher ist: Ja, so fühlt es sich an. Wer Sinn erkennen will, muss über ihn nachdenken. Wer Sinn finden will, muss manchmal einen weiten Weg zurücklegen, um ans Ziel zu gelangen. Wobei: Auch mit dem Ziel ist das so eine Sache.

Der Ursprung des Wortes Sinn liegt im indogermanischen Begriff *»sent«*, der so viel bedeutet wie »eine Richtung einschlagen, eine Fährte suchen«. Der Sinn ist also selbst der Weg, oder anders gesagt: Der Sinn findet sich auf dem Weg. Er ist nicht statisch, er kann sich verändern, er lässt sich nicht leicht greifen.

Gut vergleichbar ist die Suche mit einer Wanderung in der Natur: Mal ist der Pfad klar erkennbar, der Untergrund läuft sich leicht und die Richtung ist eindeutig. Mal hat der Regen den Boden so aufgeweicht, dass es schwer ist, voranzukommen. Mal hängt Gestrüpp von links und rechts, und die Gräser vor einem sind so hoch und dicht, dass man sich unsicher fragt: Geht es hier überhaupt weiter?

Die Wanderung ist für jeden Menschen anders. Niemand kann den Weg eines oder einer anderen gehen. Und niemand kann den Weg für eine oder einen anderen gehen. Es gibt aber bestimmte Gelände, bestimmte Herausforderungen und Wegmarken, die sich ähneln. Es gibt Menschen, die – wie der Mann, der vom Bürostuhl aufstand und nie zurückkehrte – im Beruf straucheln und nach einem neuen Sinn in ihrem Arbeitsleben suchen. Es gibt Menschen, deren Beziehung scheitert, die verlassen werden, die selbst spüren: So, wie es bislang war, geht es nicht weiter. Gerade in den Momenten, in denen sich das Leben besonders fragwürdig, manchmal auch besonders schmerzhaft anfühlt, taucht die Frage nach dem Sinn auf. Es gibt aber auch Menschen, bei denen kein großes Ereignis, kein Bruch zum Ausgangspunkt für die Suche wird. Der Prozess beginnt leiser, impliziter. Aber die Frage, sie geht nicht mehr weg.

Mit all diesen Menschen machen wir uns in diesem Buch gemeinsam auf den Weg. Während wir unterwegs sind, wollen wir den Sinn besser verstehen – indem wir uns ihm Schritt für Schritt annähern und ihn vermessen: mithilfe wissenschaftlicher Studien, die Tatjana Schnell und andere Forschende in den vergangenen 25 Jahren durchgeführt haben und die sie in ihrem Fachbuch *Psychologie des Lebenssinns* aufgearbeitet hat. Und mithilfe persönlicher Gespräche, die Kilian Trotier als Journalist der *ZEIT* mit Menschen wie Rufus Weibel über Erfüllung, Glück, Wendepunkte und Lebenskrisen geführt oder die er als Redakteur betreut hat.

Wir Autoren sind überzeugt, dass es Sinn ergibt, sich über den Sinn Gedanken zu machen. Damit sind wir nicht alleine. Das zeigen Daten aus Tatjana Schnells Studien. Siebzig Prozent der Deutschen finden es wichtig, ein sinnvolles Leben zu führen. Bei siebzig Millionen Erwachsenen sind das 49 Millionen Menschen. Nur acht Prozent meinen, sie brauchen keinen Sinn im Leben. Ungefähr ein Fünftel macht sich keine Gedanken über das Thema. Vor zwanzig Jahren war es noch ein Drittel. Es gibt also immer mehr Sinnbewusste und Sinnsuchende in diesem Land.

Für diese Menschen möchten wir vorab einige Dinge klären. Wer sich mit uns gemeinsam auf den Weg macht, soll nicht enttäuscht werden und erst recht nicht verletzt. Denn Sinn ist etwas sehr Persönliches. Damit gehen wir nicht leichtfertig um. Daher eine Reisevorbereitung in zehn Punkten.

Erstens: Wir schreiben über den Sinn, den Menschen in ihrem Leben sehen. Also den Sinn *im* Leben. Nicht den Sinn *des* Lebens. Ob es den Sinn des Lebens gibt, wissen wir nicht. Für manche ist er Teil ihres Lebenssinns, andere kommen ohne ihn aus. Beide Zugänge sind spannend, wir spekulieren hier nicht darüber, was richtig ist.

Zweitens: Wir machen uns auf die Suche nach Sinn im *Leben*, nicht nach Sinn in einzelnen *Ereignissen*. Wer in einer Krankheit, dem Tod eines Angehörigen, einer Scheidung oder dem Verlust eines Jobs einen Sinn finden will, kann daran verzweifeln. Wir weiten den Blick und versuchen herauszufinden, wie man selbst mit schwierigen Erlebnissen umzugehen lernen kann.

Drittens: Es ist kein Zufall, dass zurzeit so viele Menschen auf der Suche nach dem Sinn sind. Die Kirchen, die in unserem Teil der Welt jahrhundertelang das Monopol auf Sinnproduktion innehatten, sind in Deutschland zu einem Sinn-Anbieter unter vielen geschrumpft. Das hat umwälzende Auswirkungen. War der Sinn *im* Leben in einer kirchlich dominierten Gesellschaft unauflöslich verbunden mit dem Sinn *des* Lebens – einem allmächtigen Gott zu dienen –, kann jede und jeder nun selbst den Sinn im Leben suchen. Das hat etwas Befreiendes. Es ist nicht mehr vorgegeben, was man zu denken hat. Es ist aber auch eine Herausforderung: Jeder Mensch muss selbst für sich überlegen, worin er den Sinn seines Lebens sieht. Je mehr Optionen es gibt, desto schwieriger ist die Entscheidung.

Viertens: Sinn ist subjektiv. Was man als sinnvoll erachtet, entwickelt sich aus und mit persönlichen Erfahrungen, Einstellungen und Perspektiven auf die Welt. Diese Grunderkenntnis prägt die Art von Tatjana Schnell, Forschung zu betreiben und für dieses Buch auszuwerten. Wir wollen bei allen Fragen rund um den Sinn immer wissen, was die Empirie sagt – von welchen Erfahrungen also die Menschen berichten. Daraus ziehen wir unsere Schlüsse. Wenn wir so etwas wie zentrale Merkmale des Sinns entwickeln, dann auf Basis dessen, was Menschen mitteilen.

Fünftens: Wir werden am Ende nicht den einen Sinn präsentieren. Das wäre höchst unseriös. Wie sollten wir uns anmaßen, das für jede Einzelne und jeden Einzelnen zu entscheiden? Was wir tun: Wir geben Einsichten aus der Forschung und Gedanken an die Hand, die dabei helfen können, Sinn im Leben zu finden. Wir machen Angebote, manchmal auch auf Studien basierende Empfehlungen, aber keine Vorgaben.

Sechstens: Sinn ist ein schillernder Begriff. Deshalb wird er gern mit anderen schillernden Begriffen in Beziehung gebracht. Achtsamkeit zum Beispiel. Sinn ist aber etwas anderes als Achtsamkeit. Während die Achtsamkeit fordert, im Moment zu sein und sich für diesen innerlich zu leeren, fordert der Sinn ein Nachdenken, ein Füllen, ein über den Moment Hinausgehen. Sinn ist auch nicht gleich Glück. Das Verhältnis der beiden Begriffe lässt sich so zusammenfassen: Wer sich auf das Glück fokussiert, wird in vielen Fällen unglücklich. Wer nach Sinn strebt, hat gute Chancen, auch glücklich zu werden. Warum das so ist, erklären wir in diesem Buch.

Siebtens: Sinn ist kein Luxus. Er ist nicht nur etwas für die obere Mittelschicht, die im Berliner Prenzlauer Berg bei einem Hafermilchcappuccino über das Leben reflektiert. Sinn ist der Grund unseres Lebens – in dem Sinne, dass er wie ein Boden unter unseren Füßen ist und der Grund dafür, morgens aufzustehen. Deshalb denkt die Menschheit seit Jahrtausenden über den Sinn nach. Sinn ist keine Modeerscheinung. Er ist existenziell.

Achtens: Sinn ist keine Ego-Show. Natürlich muss man erst einmal über sich selbst nachdenken und Klarheit gewinnen, um an den Sinn im eigenen Leben ranzukommen. Das kann einem niemand abnehmen. Dieser Prozess, der ein innerer ist, führt aber nicht dazu, dass man nur im Inneren bleibt und nach dem Ende der Lektüre dieses Buches ständig »Ich, ich, ich« sagt. Vielmehr ist es so: Nur wer sich selbst gut kennt, mit seinen Stärken und Schwächen, Wünschen, Werten und Sehnsüchten, kann gut für andere da sein.

Neuntens: Sinn ist nicht *per se* gut. Um es drastisch zu sagen: Adolf Hitler fand wie viele andere Diktatoren dieser Welt das, was er tat, sinnvoll. Deshalb geht es uns in diesem Buch auch darum, nicht blind dem Sinn nachzulaufen, sondern die Bedingungen zu ergründen, die ihn moralisch integer machen.

Zehntens: Sich die Frage nach dem Sinn zu stellen, ist nicht ohne Risiko. Man setzt sich mit sich selbst auseinander. Das geht nah. Das ist schutzlos. Das kann erschüttern. Es kann passieren, dass man geglaubt hat, sich zu kennen – und dann spürt, dass vieles ganz anders ist als bislang angenommen. Dann kommen Fragen auf, die existenziell sind: Was heißt das für das eigene Leben? Muss man sich ändern? Man könnte denken: Dann lass ich es lieber ganz sein und lebe einfach so weiter wie bisher. Klingt attraktiv – ist es aber nicht unbedingt. Die Forschungen von Tatjana Schnell zeigen, dass der Prozess, den die Fragen auslösen, schmerzhaft sein kann. Noch schmerzhafter aber ist es, wenn man zu spät merkt, dass man ein Mensch geworden ist, mit dem man sich gar nicht identifizieren kann oder will. Wenn man realisiert, dass man sich vor allem daran orientiert hat, was andere von einem wollen. Dass einen deren Erwartungen geprägt haben. Ja, dass man vielleicht sogar die Vorstellungen anderer gelebt hat.

Wir als Autorin und Autor dieses Buches versprechen nicht, dass der Weg mit und zum Sinn leicht wird. Wir sind uns aber sicher, dass die Reise verändert – jede und jeden auf ganz eigene Weise.

Diejenigen, die sich auf diese Reise einlassen, werden im Laufe des Weges vielleicht fragiler, aber auch bewusster werden. Sie werden sich klarmachen, wie brüchig das Leben ist. Sie werden sich von lieb gewonnenen Illusionen verabschieden – beispielsweise von der, dass man selbst besser ist als der Durchschnitt oder dass man sein Leben unter Kontrolle hat. Sie werden spüren, wie verletzlich sie sind. Und gleichzeitig werden sie erfahren, welche Kraft sich gerade aus der Verletzbarkeit entfalten lässt. Sie werden Sinnquellen kennenlernen, aus denen wir Menschen Inspiration und Lebensfreude schöpfen. Sie werden erfahren, warum es für ein Leben, das auf Sinn fokussiert, nicht ausreicht, nur auf sein enges Umfeld, die Familie und die Freunde, zu schauen. Sie werden verstehen, warum Sinnkrisen ganz natürlich sind und dass sie, auch wenn man unter ihnen leidet, das Leben auf eine gute Weise verändern können. Und sie werden ergründen, wie ein Neuanfang gelingen kann, der ein sinnerfülltes Leben ermöglicht.

Was bedeutet das konkret? Woran hat jemand wie Rufus Weibel, der seinen Job aufgab, gemerkt, dass dieser Schritt richtig und notwendig ist? Wie kann er nach dem Bruch neu anfangen? Wie findet er wieder Spaß, Leichtigkeit und Erfüllung? Darauf gibt es nicht die eine allein gültige Antwort. Aber es gibt Strategien, die aufzeigen, wie man in solch einer

Situation agieren kann – ja: agieren, nicht reagieren. Schon auf diesen Unterschied kommt es an.

1
Wer will ich sein?
Über die Notwendigkeit der Selbstkenntnis

Sibel Kekilli hat sich viel Zeit genommen an diesem warmen Herbstnachmittag. Die Schauspielerin holt sich noch einen Kaffee beim Hamburger Jungfernstieg, dann ist sie bereit für das Gespräch, das nah und existenziell wird. Sinn, Brüche im Leben, Tod, Leben nach dem Tod. Sie will darüber reden, auch wenn es ihr nicht leichtfällt, weil da Schmerz hochkommt und Trauer.

Kekilli ist mittlerweile mehr als vierzig Jahre alt. Deutschlandweit bekannt wurde sie mit Anfang zwanzig, als sie sich erst gegen 350 Mitbewerberinnen beim Casting für die Hauptrolle in Fatih Akins Film *Gegen die Wand* durchsetzte und dann die Rolle der Sibel Güner so atemberaubend rotzig und wild entfesselt spielte, dass sie dafür 2004 als beste Hauptdarstellerin den Deutschen Filmpreis erhielt.

Sie verkörperte eine junge Frau, die aus ihrer konservativen deutsch-türkischen Familie ausbricht. Und auch wenn Sibel Kekilli später im Gespräch sagen wird, dass sie damit nicht ihre eigene Geschichte verarbeitet habe, ist sie doch so nah an ihr dran, dass sie sich in diese Figur hineinbegeben konnte, ihr Innerstes ausleuchtete und zum Schwingen brachte. Oder wie Kekilli es selbst sagt: »Das ist ja das Schönste am Schauspiel: dass man sich austoben kann, wenn man einmal drin ist in der Figur.«

Mit allen Fasern lebt sie ein anderes Ich aus. Das ist ihr Beruf. Sie kann reinschlüpfen und wieder rausgehen. Das geht bei Figuren, nicht aber im eigenen Leben. Und deshalb ist dieses Interview auf einer Wiese mitten in der Hamburger Innenstadt ein ernstes.[1] Denn bis sie dahin kommen konnte, dass sie andere Menschen spielt, war ihr Leben ein Kampf.

Kekilli wuchs in Heilbronn auf, ihre Eltern waren dorthin aus der Türkei gezogen. Über ihre Kindheit sagt sie: »Ich habe mich wie in eine Box eingepfercht gefühlt, in der ich mich nicht drehen und wenden konnte.« Als Mädchen durfte sie immer weniger als die Jungs. Sie sollte nie lange wegbleiben, auch nicht bei Freundinnen, nach zwanzig Minuten klingelte ihr Bruder und holte sie ab. Später, als Jugendliche, durfte sie keinen Liebeskummer zeigen, weil das bedeutet hätte, dass sie verliebt ist, was in ihrer Familie für sie als junge Frau tabu war. So erzählt sie es.

Als sie konnte, brach sie aus. Es war ein Ausbruch, ein Aufbruch, der bis heute einen Bruch nach sich zieht – mit ihrer Familie, mit ihrem Umfeld. Sie hat mit ihren engsten Menschen nie wieder etwas zu tun gehabt. Wie tief der Schmerz in ihrer Seele eingegraben ist, kann man erahnen, wenn sie vor einem sitzt und davon erzählt, den Blick auf den Boden fixiert. Und man kann ihn hören, in ihren Worten. Sich zu lösen, koste enorm viel Kraft, sagt Kekilli. »Man muss aus der Familie raus, aus dem Kulturkreis, wird nicht mehr zu Familienfesten eingeladen, nicht mehr angeschaut.« Und dann: »Du bist für den Rest deines Lebens auf dich allein gestellt.«

Sibel Kekilli spürte früh, dass sie völlig anders ist als die Menschen, mit denen sie aufwuchs. Sie schaute auf sich und glich sich ab. Sie glich sich ab und grenzte sich ab. Sie fühlte sich ausgegrenzt und rebellierte. Ihre Persönlichkeit formte sie in dieser Rebellion. Seit sie ein junges Mädchen war, sah sie sich gezwungen, über sich nachzudenken. Sie musste es tun, weil sie nach etwas derart Anderem strebte, als für sie vorgesehen war.

So wurde sie zu einer reflektierten Frau. Und tat etwas, das auf dem Weg zu einem sinnvollen Leben unerlässlich ist: über die eigene Identität nachdenken. Das lohnt sich – auch wenn man nicht auf derart harte Art dazu gedrängt wird wie Sibel Kekilli. Denn nur so kann ich mein Ich ausleuchten und mich wirklich kennenlernen. Nur wenn ich mich selbst gut kenne, mag und annehme, kann ich aus einer stabilen Position heraus nach außen schauen, handeln, gut für andere da sein. Über sich selbst nachzudenken, ist also nicht egoistisch. Es ist die Grundlage, um gut in Gemeinschaft leben zu können.

Auf der Suche nach dem Ich

Wer bin ich? Die Frage könnte man sofort abwürgen: Das weiß doch niemand so gut wie ich! Seit Beginn meines Lebens kenne ich mich. Das stimmt, aber es stimmt auch nicht. Ich bin mir vieler Dinge, die ich tue, bewusst. Vieles andere aber ist mir nur zugänglich, wenn ich meine Aufmerksamkeit darauf richte – oder es wird mir erst bewusst, wenn ich versuche, es zu formulieren. Deshalb ist die Auseinandersetzung damit, wer ich bin, was mich ausmacht, was meine Ziele sind und welcher Mensch ich sein möchte, immer wieder von Neuem ein Gewinn.

Es geht bei diesem Nachdenken nicht darum, sich auf die Suche nach einem wahren Kern in mir zu machen. Dass es einen unveränderlichen Wesenskern in uns Menschen gibt, ist ein weit verbreiteter Glaube in vielen Kulturen der Welt. Das hat ein Team von Forschenden aus den USA, China, Indien, Singapur und Südkorea belegt.[2] Wissenschaftlich lässt sich die Existenz eines wahren, stabilen, vom Außen unabhängigen Selbst nur schwer erforschen. In der Psychologie geht man allerdings meist davon aus, dass ein solcher Wesenskern nicht existiert. Auf die Suche machen kann ich mich trotzdem, nach Antworten auf Fragen wie: Was macht mich zu der Person, die ich bin, und wie ist Veränderung möglich? Welche Bedeutung haben meine Herkunft und meine Vergangenheit für mich, und wie binde ich sie in mein weiteres Leben ein?

Diese Fragen sind nicht ohne. Sie können Spuren von Lebensveränderung enthalten. Wenn ich sie mir stelle und sie ernsthaft versuche zu beantworten, kann einiges, das vorher sicher schien, ins Wackeln kommen. Diese Erfahrung verunsichert. Ich kann sie aber auch positiv für mich deuten: An meinen eigenen Fundamenten zu rütteln, kann dazu führen, dass ich mir möglicher Schwachstellen bewusst werde und sie ausbessere. Oder – im Extremfall – ein ganz neues Fundament aufbaue. So stabilisiere ich den Boden meines Lebens, der vielleicht poröser war, als ich es geahnt hatte.

Wer also bin ich? Ich bin in die Welt geworfen – ungefragt, ohne die Möglichkeit, mitzubestimmen beim Ob, Wann und Wo. Für den Philosophen Martin Heidegger ist das ein wichtiges Merkmal des menschlichen Daseins, der *conditio humana*. Der Inder Raphael Samuel wurde dafür bekannt, genau das nicht hinnehmen zu wollen: 2019 kündigte er an, seine Eltern dafür verklagen zu wollen, ihn in die Welt gesetzt zu haben – ohne seine Zustimmung! Tatsächlich hat er sie nicht verklagt, Eltern und Sohn haben ein gutes Verhältnis. Aber seine Absicht ist aufgegangen: mit dieser Aktion die Aufmerksamkeit der Öffentlichkeit auf die Gefahren der Überbevölkerung für die Umwelt zu richten.

Raphael Samuel und viele Vertreterinnen und Vertreter der Existenzphilosophie sind sich darin einig, dass wir Menschen nicht mit einem vorbestimmten Plan auf die Welt kommen. Und viele andere haben ebenfalls die Erfahrung gemacht, dass sie den Sinn des Lebens nicht greifen oder erkennen können. Und doch muss daraus kein sinnloses Leben folgen. Der Geworfenheit lässt sich der Entwurf entgegensetzen. Die Philosophin Hannah Arendt nannte dies »Gebürtlichkeit«: Unsere Geburt ist ein Neubeginn, und ein Anfang des Anfangens. Ich bin geboren – deshalb kann ich handeln. Im Handeln bekräftige ich mein Geborensein und übernehme Verantwortung für mein Leben.[3]

Agieren und reagieren

Inwieweit muss ich mit dem leben, was mir zufiel, in der Geworfenheit? Was kann ich überhaupt gestalten, entwerfen? Die Spannung zwischen diesen beiden Polen beschäftigt die Psychologie. Sie geht heute davon aus, dass wir Menschen teils durch Gene und Lebensbedingungen bestimmt werden, teils durch unsere Entscheidungen und Erfahrungen. Dabei ist die Umwelt natürlich nicht beliebig formbar.

Ob bewusst oder nicht stehe ich in ständigem Austausch mit der Umwelt. Ich werde durch äußere Bedingungen herausgefordert, angeregt, durch das Verhalten anderer aufgefordert und mit Problemen konfrontiert – auf all das will oder muss ich reagieren. Gleichzeitig habe ich Bedürfnisse, Pläne und Ziele, die ich umsetzen möchte. Um dies tun zu können, agiere ich.

In der Persönlichkeitspsychologie werden vier Arten von Wechselwirkungen zwischen Mensch und Umwelt unterschieden: reaktiv, evokativ, proaktiv und manipulativ. Diese Unterscheidung ist hilfreich, um das menschliche Erleben und Verhalten besser zu verstehen. Sie macht deutlich, dass es weder allein auf mich als Person noch allein auf die Situation ankommt, sondern dass sich beide auf verschiedene Arten beeinflussen.

Reaktive Interaktion

Menschen reagieren ganz unterschiedlich auf dieselbe Situation. Ein Freund erzählt von einer Freundin, die einen Fahrradunfall hatte. Der eine denkt: Die Arme!, und vergisst sie bald wieder. Die andere schickt ihr eine Textnachricht, in der sie gute Besserung wünscht, und fährt am nächsten Tag zu ihr ins Krankenhaus. Oder: Der Klimawandel führt zu Artensterben, Extremwetter, Verknappung von Ressourcen wie Trinkwasser und Lebensmittel. Die einen ignorieren oder leugnen die Zusammenhänge, andere fühlen sich gelähmt, während wiederum andere aktiv werden, ihren Lebensstil ändern, ihr Unternehmen umorganisieren oder Aktivisten werden. Es gibt kaum eine Situation, die bei allen die gleiche Reaktion auslöst. Die individuellen Eigenschaften, Erwartungen und Werte bestimmen die Reaktion immer mit.

Evokative Interaktion

Durch die Art, wie ich bin und wie ich handle, rufe ich in meiner Umwelt etwas hervor. Das erschafft wiederum eine Situation, die mich beeinflusst. Wenn Babys viel schreien, ruft das ein Verhalten der Eltern zutage, das besonders kontrollierend oder verärgert sein kann – das wirkt sich wiederum auf das Baby aus. Auch bei Erwachsenen ist das so: Wenn ich gern und viel lache, versetzt das manch andere in fröhliche Stimmung. Die gemeinsame Zeit wird dadurch lustig und bereitet mir Freude. Das heißt, wie sich andere mir gegenüber verhalten, hat längst nicht nur damit zu tun, was für Menschen sie sind, sondern auch damit, was ich in ihnen auslöse.

Proaktive Interaktion

Meiner Persönlichkeit und meinen Vorlieben entsprechend suche ich bestimmte Situationen auf und vermeide andere. Auch das geschieht meist nicht bewusst. So tendieren Menschen dazu, sich Freunde zu suchen, die ihnen ähnlich sind – was dazu führt, dass die geteilten Eigenschaften weiter verstärkt werden.

Manipulative Interaktion

Der Begriff klingt negativ, meint aber tatsächlich nur, dass ich meine Umwelt bewusst gestalte und umgestalte, damit ich mich, meine Bedürfnisse und meine Anliegen darin wiederfinde. So gründe ich einen Sportverein, wenn ich die Möglichkeit vermisse, mein Talent für Organisation und meinen Bewegungsdrang auszuleben. Oder ich bringe ab und zu einen selbst gebackenen Kuchen mit zur Arbeit, wenn ich ein geselliger Mensch bin und mir an einer guten Stimmung unter den Kolleginnen und Kollegen gelegen ist. Wie bei der proaktiven Interaktion suche oder schaffe ich selbst die Situationen, die mich dann wiederum beeinflussen.

Mein Leben wird durch alle vier Arten der Wechselwirkung bestimmt, permanent, häufig übergangslos und in den meisten Fällen, ohne dass ich darüber nachdenke. Sich dessen bewusst zu werden, kann dabei helfen, Erfahrungen besser zu verstehen und vielleicht auch die eigene Persönlichkeit zu verändern. Indem ich mir beispielsweise Freunde suche, die einen anderen Hintergrund als ich haben, oder indem ich ein neues Hobby ausprobiere und mich dabei in ein Umfeld begebe, das es mir nicht von Anfang an leicht macht.

Diese Erkenntnisse machen deutlich, dass es viele Möglichkeiten gibt, mit dem umzugehen, was mir im Leben begegnet. Nie geschieht nur etwas mit mir. Ich löse auch etwas aus, wenn ich handle. Ich kann gezielt nach Menschen und Situationen suchen, die mich bewegen, die mir guttun, die mich aus meiner Komfortzone holen oder infrage stellen. Und ich kann bewusst entscheiden, wobei ich nicht mitmachen möchte.

So geschieht Veränderung. Ich merke, dass die Welt nicht zusammenbricht, wenn Freunde mit mir durch Bars ziehen wollen, ich aber keine Lust habe und mich nicht dazu überreden lasse, sondern Nein sage. Oder ich gehe etwas an, das mich schon länger bewegt. Das kann ein Ehrenamt sein oder die Entscheidung, mehr Zeit mit meiner Partnerin zu verbringen. Manchmal sind es auch große Schritte, die ich gehe, wenn ich realisiere: Ich bin diesem Leben nicht ausgesetzt. Ich kann meinen eigenen Weg finden – meine Lebensgeschichte selbst schreiben.

Die Geschichte meines Lebens

Menschen sind fasziniert von Geschichten. Sie wecken Emotionen, bieten eine Dramaturgie, haben einen Spannungsbogen und folgen einer inneren Logik. Solch eine Geschichte erzählen wir auch von unserem eigenen Leben. Um zu verstehen, welchen Mustern diese Narration folgt, lohnt sich ein Blick in die Arbeiten des nordamerikanischen Psychologen Dan McAdams. McAdams hat Hunderte von Menschen interviewt, sie nach Schlüsselerlebnissen gefragt, nach ihrer Zukunftsvorstellung. Während er zuhörte, erkannte er Erzählmuster, die wiederkehrten. Als er sich eingehender mit ihnen beschäftigte, entdeckte er, dass sie in ihren Strukturen dem ähneln, was man Mythos nennt.

Mythen sind Erzählungen von Göttern und Menschen, die über den Einzelnen hinausweisen. Sie handeln von Gut und Böse, von Reise und Rückkehr, von Heldinnen und Heiligen. Sie gelten nicht nur an einem bestimmten Ort zu einer bestimmten Zeit, sondern haben den Anspruch, etwas Allgemeingültiges in sich zu tragen.

Seit der Moderne kann der Westen mit den großen Mythen und Geschichten nicht mehr viel anfangen. Der französische Philosoph Jean-François Lyotard beschrieb diese Entwicklung 1979 als das »Ende der großen Erzählungen«[4]: Religiöse, philosophische und politische Narrative werden nicht länger als allgemeingültig und absolut wahrgenommen. Die

Anziehungskraft des Christentums ist verblasst, die Ideen des Kommunismus und der Aufklärung sowie die Legitimation der Demokratie werden zunehmend infrage gestellt. Es gibt zahlreiche kleine Diskurse, in denen Vergangenheit und Gegenwart unterschiedlich interpretiert werden, in denen unterschiedliche Zukunftsvisionen entworfen und in denen unterschiedliche Menschenbilder vertreten werden. Für das Individuum erscheint der Blick auf das große Ganze fragmentiert. Das macht es nicht einfach, sich darin zu verorten. In einem solchen Umfeld ist es wichtig, zumindest das eigene Leben als schlüssig und zusammenhängend wahrzunehmen: einzelne Lebensereignisse in Verbindung setzen zu können, Veränderung zu verstehen, Entwicklung zu erleben. Lebensgeschichten ermöglichen das. Sie erschaffen ein Bild des Selbst als Kontinuität, als in sich kohärent.

Dan McAdams stellte fest, dass es meist eine zentrale Geschichte hinter den verschiedenen Episoden gibt, eine psychologische Struktur, die sich im Laufe der Zeit entwickelt und dem Leben Einheit und Sinn verleiht. Was die tradierten Mythen auf gesellschaftlicher Ebene geleistet haben, kann der persönliche Mythos für Individuen ermöglichen. Um es in seinen Worten zu sagen: »Wenn du mich kennenlernen willst, dann musst du meine Geschichte kennen, denn meine Geschichte beschreibt, wer ich bin. Und wenn ich mich selbst kennen möchte, um Einsicht in den Sinn meines eigenen Lebens zu gewinnen, dann muss auch ich meine eigene Geschichte kennenlernen. Ich muss diese Erzählung von mir selbst – den persönlichen Mythos – in allen Einzelheiten erkennen, die ich stillschweigend, sogar unbewusst im Laufe meiner Jahre verfasst habe.«[5]

Für McAdams gibt es bestimmte Merkmale, die die Struktur dieses persönlichen Mythos kennzeichnen. Sie alle vereint, dass sie eine Entwicklungsrichtung aufweisen. Der Psychologe sieht darin Zusammenhänge mit Genres der Literatur und des Films.[6]

Die Komödie ist durch Leichtigkeit gekennzeichnet. Das Leben ist gut losgegangen, es ging gut weiter, es meint es gut mit mir. In der Ironie oder Satire verharrt die Linie im Verbitterten: Ich hatte nie eine Chance, das Leben war hart, es ist immer noch hart, und es kann nichts draus werden. In der Romanze geht die Linie stetig aufwärts: Ich hatte keinen guten Start ins Leben, aber ich packe es an, überwinde Hindernisse und werde letztlich triumphieren. In der Tragödie passiert genau das Gegenteil: Früher war alles besser. Leben ist Verlust und Verfall, und das Ende wird traurig sein.

Die Rollen scheinen klar verteilt: Während Ironie und Tragödie einen pessimistischen Blick auf das Leben werfen, sind Komödie und Romanze optimistisch. Neuere Studien aus dem Team von Dan McAdams zeigen allerdings, dass es nicht die leichten und angenehmen Lebensgeschichten sind, die mit psychischer Gesundheit, Wohlbefinden und Reife einhergehen. Vielmehr scheint sich das eher dann zu entwickeln, wenn Menschen Leid und Widrigkeiten erlebt haben und diese sinnvoll und tröstlich in ihre Lebensgeschichte einbinden können. So berichtet eine der Studienteilnehmenden: »Ich wusste, dass ich in jenem Jahr einen emotionalen Tiefpunkt erreicht hatte […], aber ich begann, mir wieder ein stabiles Leben aufzubauen, als eine stabilere, unabhängige Person […]. Es war eine Zeit voller Schmerz, Experimente und Wachstum, aber rückblickend war sie notwendig, um zu der Frau zu werden, die ich heute bin.«[7]

Die Frau sieht in ihrem Leben eine Entwicklung, die sie in

einer schlüssigen Geschichte erzählen kann. Wie aber tun wir Menschen das – diese Geschichte erzählen? Welche Situationen wählen wir aus? Wie genau berichten wir von ihnen? Dan McAdams hat in seinen Studien wiederkehrende Elemente ausfindig gemacht.

Geschichten sind *bebildert*. Mit Worten erschaffe ich Bilder, Geräusche, Geschmack und Geruch. Mit Symbolen und Metaphern verleihe ich meinem persönlichen Mythos Charakter. Ich sehe das Leben als Wettkampf oder Spiel: Es geht um Geschwindigkeit und Stärke, ich gebe Gas, komme in Fahrt, kriege gerade noch die Kurve. Oder ich sehe das Leben als einen ruhigen Fluss, suche nach fruchtbarem Boden, sehe mich als Mimose, Mauerblümchen oder unverwüstliche Eiche.

Themen beschreiben meine Motivation: was ich anstrebe, was ich vermeide. Oft zeigen sich ein oder zwei Hauptthemen, die das ganze Leben über immer wieder auftauchen, an denen ich mich abarbeite – mal mehr, mal weniger bewusst. Es sind Themen wie Freundschaft, Spaß, Erfolg, aber auch Verletzung, Versagen und Verlust. Häufig spiegeln sie sich darin wider, welche Erlebnisse ich als bedeutsam erinnere.

Auch *das ideologische Umfeld* beeinflusst mein Narrativ. Dazu gehören grundlegende Annahmen darüber, was richtig und was falsch ist, und religiöse und politische Überzeugungen. Dann gibt es *Schlüsselmomente*, also bestimmte Szenen, die mir sofort vor Augen kommen, wenn ich meine Geschichte erzähle. Höhepunkte oder Tiefpunkte, Anfänge, Schlusspunkte, Wendepunkte. Oft werden sie wahrgenommen als Beleg dafür, dass »ich bin, was ich bin«.

Natürlich bin ich die Hauptperson meiner Geschichte. Aber nach McAdams kann dieses Ich in einer Vielzahl von

Gestalten auftreten. Typische *Charaktere* sind zum Beispiel »das brave Mädchen«, »der coole Typ«, »die Erfolgsfrau«, »der treue Freund«, »die Kosmopolitin«, »der Intellektuelle mit dem Savoir-vivre«, »die Friedensstifterin« oder »der Clown«. Dabei sind es inzwischen oft Figuren aus Serien, Filmen, Büchern und sozialen Medien, die die persönlichen Mythen bevölkern.

Persönliche Mythen prägen meinen Blick auf die Welt. Sie sind wie ein Rahmen, durch den ich auf mein Leben schaue. Allerdings besteht dieser Rahmen nicht aus altem knarzenden Holz, fest und starr. Wenn ich mir dessen bewusst bin, kann ich darüber nachdenken, ob dieser Mensch, der darin aufscheint, wirklich der ist, der ich sein möchte. Wenn dem nicht so ist, habe ich die Möglichkeit, meine Geschichte umzuschreiben.

Eine Studentin von Tatjana Schnell realisierte das, nachdem sie sich mit dem persönlichen Mythos wissenschaftlich beschäftigt hatte: »Ich war mir sicher, dass ich jemand bin, bei der immer alles schiefgeht: Ich bin die geborene Verliererin, habe nie Glück, bin tollpatschig und verliere ständig meine sieben Sachen. Aber wie soll mein Leben anders verlaufen, wenn ich so denke? Dabei ist das nur eine Erzählung! Die ist ja nicht in Stein gemeißelt.«

Will ich meine Lebenserzählung verändern, ist es hilfreich, mir ein Gegenüber zu suchen, eine gute Freundin oder einen Therapeuten. Im Gespräch kann ich tief gehen – und mein Gegenüber kann mich und meinen bisherigen Mythos herausfordern: War mein Lebensweg wirklich vorherbestimmt durch den Betrieb, den die Eltern gegründet haben? Habe ich in entscheidenden Situationen tatsächlich versagt? Bin ich nur die Verlassene seit meiner Scheidung, oder gibt es andere Rollen, die ich einnehmen kann? Diesen Prozess nennt man Reframing, *»frame«* heißt auf Deutsch Rahmen. Ich stelle also mein Leben in einen neuen Rahmen.

Die Geschichte der Schauspielerin Sibel Kekilli schien vorgeschrieben. Sie sollte die Traditionen bewahren, denen auch ihre Familie folgte, sie sollte sich fügen, sollte im Kulturkreis der Familie bleiben, sollte sich in jungen Jahren nicht mit anderen treffen, nicht ausbrechen. In ihrem Empfinden wäre es ein Grauen gewesen, wenn sie getan hätte, was von ihr erwartet wurde. Sie hätte ein Leben gelebt, das ihrem Inneren nicht entsprochen hätte. In Dan McAdams' Terminologie hätte sie ihr Leben als Ironie erlebt und verbittert gesagt: Ich hatte nie eine Chance, das Leben ist brutal zu mir.

Es kam anders. Weil sie ausbrach und ihr eigenes Leben gestaltete, nach ihren Wünschen und nach ihren Idealen. Im Gespräch auf der Hamburger Wiese erzählt Kekilli ihre Geschichte aber nicht als simple Romanze, nicht als Geschichte, deren Entwicklungspfeil stetig nach oben steigt. Es ist keine Heldengeschichte. Das wäre ihr zu einfach, zu wenig nuanciert, es würde den Schmerz verkennen, den dieser Weg gekostet hat.

»Sind Sie stolz darauf, dass Sie heute ganz anders leben und eine der erfolgreichsten Schauspielerinnen Deutschlands geworden sind?«, fragt Kilian Trotier sie. Sie könnte glatt und geradlinig antworten. Sie könnte sagen: Ja, das bin ich, ich bin stolz auf das, was ich geschafft habe. Sie antwortete aber: »Ich wäre lieber anders ins Leben gegangen, mit mehr Hilfe und Unterstützung. Aber worauf ich stolz bin, ist, dass ich heute sage: Ich bin offen, ich bin tolerant, für mich sind alle Menschen gleich. So wurde ich nicht erzogen.«

Sibel Kekillis Geschichte folgt keiner Reinform der vier Entwicklungsrichtungen von McAdams. Die Linie ging bei ihr nicht steil nach oben. Sie kämpfte gegen Widerstände und hadert mit diesem Kampf, auch im Rückblick. So ist es oft mit Lebensgeschichten, die von Wachstum und Reife zeugen. Es sind Geschichten von »unvollkommenen Helden«, wie die Forschung sie nennt. Sie schlagen Volten, sie sind in Bewegung, immerzu.

Und wie ist es bei mir? Wer sich diese Frage stellt, beginnt mit einer Reflexion. Bereits diese Reflexion kann etwas bewirken – wenn ich sie ernst nehme und mir die Mühe mache, mein Leben zu erzählen, aufzuschreiben, als Geschichte, als mein ganz persönlicher Mythos. Das kann deshalb so wertvoll sein, weil diese Erzählung vieles beeinflusst, was in meinem Leben geschieht. Um es mit einer Metapher auszudrücken: Die verschiedenen Ebenen meines Erlebens und Handelns richten sich wie Metallpfeile nach dem Magnetfeld des persönlichen Mythos aus.

Welche Ebenen das sind – darauf gehen wir nun ein. Wir beginnen mit den Elementen des Ichs, die unveränderlich sind oder unveränderlich erscheinen, und bewegen uns dann Schritt für Schritt vor zu den immer leichter veränderbaren.

Herkunft und Aussehen

Jeder Mensch wird in eine konkrete Situation hineingeboren, für die er nichts kann und die er nicht umtauschen kann wie ein Kleidungsstück, das ihm nicht gefällt. »Wir sind«, wie es Martin Heidegger formulierte, »in die Welt geworfen.« Mich prägt, in welche Familie ich geboren werde, in welches Land und in welche Zeit. Ist meine Familie warmherzig oder streng? Ist sie arm oder reich? Ist mein Land arm oder reich? Sind die Zeiten hart, herrscht Gewalt, Krieg, oder bin ich im Frieden aufgewachsen? Konnte ich zur Schule gehen, eine Ausbildung machen, zur Universität gehen? Abstrakter gefragt: Welche äußeren Bedingungen haben mich in meiner Entwicklung behindert und welche haben mir etwas ermöglicht?

Auch mein biologisches Geschlecht, meine Hautfarbe, meine Größe und andere körperliche Merkmale gehören ungefragt zu mir. Wie sehr sie mich auf meinem Lebensweg bestimmen, kann ich zu einem gewissen Grad beeinflussen. Das ist allerdings nicht leicht, denn menschliche Begegnungen sind immer wieder durch Stereotype, Vorurteile oder auch Rassismen geprägt. Was mich von anderen unterscheidet, sticht heraus, definiert mich in deren Augen.

Aus psychologischen Forschungen ist bekannt, dass Menschen Vorurteile gegenüber der eigenen Person häufig übernehmen. Solch eine Selbststigmatisierung findet sich bei Menschen, die nicht heteronormativ leben,[8] bei ethnischen Minderheiten,[9] bei Menschen mit Behinderungen[10] oder psychischen Problemen und bei vielen anderen, die als »anders« wahrgenommen werden. Um damit umgehen zu können, sind zwei Voraussetzungen essenziell: sich selbst zu akzeptieren und andere um sich zu haben, die in einer ähnlichen Lage sind. Im besten Fall kann man sich das zu eigen machen, was einen unterscheidet – gar als etwas, worauf man stolz ist. Ein Beispiel dafür ist die Body-Positivity-Bewegung, die ausruft: Befrei dich von unrealistischen Schönheitsidealen, fühl dich wohl in deinem Körper, der so viel leisten kann!

Gene beeinflussen mich, meinen ästhetischen Geschmack[11], meine Auswahl von Partnern[12], mein Körpergewicht[13]. Aber sie bestimmen mich nicht. Vielmehr kann ich die Sache sogar umdrehen und in einem gewissen Maß auf meine Gene einwirken. Was das bedeutet, hat der noch junge Forschungszweig der Sozialgenomik herausgearbeitet. Ihre Grundannahme ist, dass soziale Prozesse die Aktivität der Gene beeinflussen. Dabei geht es nicht um äußere soziale Faktoren, sondern vielmehr darum, wie ich diese wahrnehme.

Ein Vorreiter der Sozialgenomik, der US-amerikanische Mediziner Steve Cole, der als Professor an der University of California, Los Angeles (UCLA) arbeitet, hat untersucht, wie sich Stressempfinden in der Genaktivität niederschlägt. Erlebe ich mich über längere Zeit als gestresst, führt das zu vermehrten Entzündungsprozessen im Körper. Cole entdeckte ein typisches Profil von Genen, die durch chronischen Stress aktiv werden und genau solche Prozesse anstoßen. Sie fördern Entzündungen und reduzieren die Immunreaktion auf Viren und die Bildung von Antikörpern. Dieses Genprofil ist jedoch nicht automatisch aktiv, wenn bestimmte Bedingungen vorliegen. Vielmehr geht es um die subjektive Wahrnehmung dieser Bedingungen. Ein Beispiel kann das veranschaulichen.

Ein Mann verdient 2000 Euro netto im Monat. Er hat eine Freundin, eine kleine Wohnung in seiner Lieblingsstadt, kann sich gesund und gut ernähren und einmal im Jahr für zwei Wochen in den Urlaub fahren. Eigentlich hat er alles, was er braucht, aber er ist unzufrieden. Der Grund dafür ist sein bester Freund: Der verdient nämlich mehr als

3000 Euro netto im Monat und kann sich mit diesem Gehalt weit mehr erlauben. Ständig reibt sich der Mann daran, es zieht ihn herunter, wenn sie zusammen ausgehen, es deprimiert ihn zusehends. Diese Stressreaktionen drücken sich auch auf der körperlichen Ebene aus, unter anderem in dem eben beschriebenen Genprofil.

Ein anderer Mann hat 1800 Euro im Monat zur Verfügung und kommt damit gut aus. Er ist zufrieden mit seinem Beruf und eingebettet in einen großen Freundeskreis. Jeden Sonntag singt er im Chor. Wenn er in den Urlaub fährt, dann im Zelt auf Campingplätze, ein Hotel kann er sich für mehrere Nächte nicht leisten, aber das stört ihn nicht. Er hat gelernt, mit dem vergleichsweise wenigen Geld klarzukommen und den kleinen Luxus im Alltag zu genießen: ein paar Pralinen im französischen Café nebenan oder Wanderungen in den angrenzenden Bergen. Seine finanziellen Möglichkeiten sind objektiv geringer als die des ersten Mannes – aber subjektiv erlebt er sich nicht als arm oder benachteiligt. Die genetische Stressreaktion wird nicht aktiviert. Was zählt, ist die Wahrnehmung der Gegebenheiten.

Diese Erkenntnis ist befreiend, denn sie macht klar: Wir Menschen sind unseren Genen nicht ausgeliefert. Je nachdem, wie ich mein Leben führe und meine Umgebung wahrnehme, reagieren meine Gene anders. Diese Erkenntnis ist aber auch herausfordernd, denn sie zeigt: Ich trage Verantwortung. Es schreibt sich tief in meinen Körper ein, wie ich denke, handle und fühle.

Persönlichkeit

Unter Persönlichkeit versteht die Psychologie die Gesamtheit der individuellen Eigenheiten in der körperlichen Erscheinung, im Erleben und Verhalten, die über Zeit und Kontext hinweg andauern. So definieren es die Psychologen Franz J. Neyer und Jens Asendorpf.[14] Das Wort Persönlichkeit stammt ab vom Lateinischen *»persona«*, das »Maske« bedeutet. Ursprünglich ging es dabei um die Masken, die Schauspielende im alten Rom trugen.

Ist meine Persönlichkeit also eine Maske, die mein wahres Ich verbirgt? Davon geht die psychologische Forschung nicht aus. Ich bin nicht unauthentisch, wenn ich in einer Situation eine andere Seite von mir zeige als in anderen. Konkret gesprochen: Es ist völlig normal, mit den Eltern anders umzugehen als mit den Freunden; im Fußballstadion ganz andere Gefühle auszudrücken als bei einer Konferenz im Job. Wir leben in Beziehungen. Je nach Art der Beziehung kommen andere Facetten meiner Persönlichkeit zum Vorschein.

Trotzdem gibt es bestimmte Verhaltens- und Erlebensweisen, die typisch für einzelne Menschen sind, und zwar über verschiedene Situationen hinweg. Im bekanntesten psychologischen Modell gibt es davon fünf: die *»Big Five«*. Sie sind in der Forschung international anerkannt – vor allem, wenn es darum geht, Menschen zu vergleichen und Unterschiede zwischen Einzelpersonen oder Gruppen aufzudecken.

Die fünf Persönlichkeitsfaktoren, um die es hier geht, heißen Neurotizismus, Extraversion, Offenheit, Verträglichkeit und Gewissenhaftigkeit. Sie beschreiben Merkmale, die bei allen

Menschen in gewissem Maße auftreten – sehr wenig, durchschnittlich oder auch stark.

1. Neurotizismus

Wie empfindlich und ängstlich bin ich im Allgemeinen? Schwankt meine Stimmung häufig? Mache ich mir oft Sorgen oder bin ich nervös? Neurotisch zu sein, ist nicht angenehm. Lange ging man auch davon aus, dass Menschen mit höherem Neurotizismus öfters psychische Probleme entwickeln. Diese Annahme wurde jedoch durch einige neuere Studien infrage gestellt, bei denen die Befragten über viele Jahre hinweg begleitet wurden. Zudem gibt es Belege dafür, dass Neurotizismus mit Kreativität[15] und mit mehr Einsicht beim Lösen von Problemen[16] einhergehen kann.

Die Psychologin Kate Sweeny von der University of California, Riverside, hat mit ihrem PhD-Studenten Michael Dooley die Studienlage analysiert und eine ganze Reihe überraschender »Vorzüge des Besorgtseins« zusammengestellt.[17] Dazu zählt, dass Sorge ein Bewusstsein dafür schafft, wie wichtig es ist, zu handeln, um unerwünschte Folgen zu verhindern. Sorge motiviert zu produktivem Handeln. Weil sie mich dazu veranlasst, mich auf konkrete Hindernisse oder Probleme zu konzentrieren, macht sie mein Handeln auch effektiver. Zudem kann Sorge als emotionaler Puffer dienen. Wenn ich besorgt bin, gehe ich oft vom Schlimmsten aus. Mehrere Studien belegen, dass ich in dem Fall weniger enttäuscht bin, wenn dies tatsächlich eintritt – und besonders froh und erleichtert, wenn die Situation doch gut ausgeht. Solange die negativen Gefühle nicht extrem ausgeprägt sind, lässt es sich also auch mit Neurotizismus gut leben: etwas verletzbarer, aber auch sorgender.

2. *Extraversion*

Wie lebhaft, durchsetzungsfähig und gesellig bin ich? Wie sehr bin ich auf das Außen orientiert? Wie sehr brauche ich Stimuli, um mich wohlzufühlen? Bin ich extravertiert, suche ich immer wieder Anregungen aus meiner Umwelt und blühe auf, wenn viel los ist um mich herum. Bin ich introvertiert, belasten mich äußere Reize schnell, ebenso wie Trubel und Geselligkeit, und ich versuche, mich davon fernzuhalten. Extravertierte Menschen tun sich im Durchschnitt leichter im Leben: Sie haben mehr Freunde, wirken glücklicher, sind erfolgreicher im Beruf.[18] Introvertierte haben dafür andere Stärken. Sie können besser mit Druck umgehen, verarbeiten Information tiefer und haben ein besseres Entscheidungsvermögen, wenn es darum geht, hinter die Fassade eines Menschen zu schauen. Zudem leben sie gesünder.[19]

3. *Offenheit*

Wie aufgeschlossen bin ich gegenüber Neuem? Bin ich offen für Erfahrungen oder eher in Routinen verhaftet? Habe ich Interesse an Kunst und Kultur, bin intellektuell neugierig? In Jobs, in denen sich viel gestalten lässt, erbringen offene Menschen bessere Leistung. Sie denken innovativer und lassen sich eher auf Veränderung ein – wobei sie im Extremfall auch Risiken eingehen.

4. Verträglichkeit

Wie sehr nehme ich Rücksicht auf andere? Bin ich empathisch? Kooperiere ich und bin ich hilfsbereit? Verträgliche Menschen haben ihr Umfeld im Blick, ihre Perspektive ist mehr auf das Wir und weniger auf das Ich gerichtet. Auch hier gibt es ein Zuviel: Wer sich im Kümmern um andere selbst vergisst, verliert die Beziehung zu sich – und läuft Gefahr, ausgenutzt zu werden. Das andere Extrem sind Menschen, denen ihre Mitmenschen egal sind. Sie handeln aggressiv und manipulativ, sind gefühlskalt, ungeduldig und schnell verärgert.[20]

5. Gewissenhaftigkeit

Wie sorgfältig bin ich? Wie zielorientiert und pflichtbewusst? Halte ich mich an Normen und Regeln? Kann ich mich selbst gut kontrollieren, bin verlässlich und verantwortungsbewusst? Gewissenhafte Menschen leben offenbar gut: Sie sind gesünder und glücklicher als weniger gewissenhafte, haben mehr Erfolg in der Liebe und im Beruf und leben sogar länger.[21] Allerdings ist ein Zuviel an Gewissenhaftigkeit eher schädlich für die seelische Gesundheit: Perfektionismus und Zwanghaftigkeit schränken in vielem ein oder führen zu Überlastung und Burn-out.[22]

Die »Big Five« können hilfreich dabei sein, die eigene Persönlichkeit zu erforschen und zu verstehen, wie ich mich von anderen unterscheide. Bei allen fünf Persönlichkeitsfaktoren scheint es so zu sein, dass extreme Werte kritisch sind. Sie können meine Gesundheit oder mein Wohlbefinden einschränken. Welche Form des Mittelwerts aber ist wirklich anzustreben?

Dass es so etwas wie eine gute Mitte gibt, hat bereits der griechische Philosoph Aristoteles in seiner Mesotes-Lehre dargestellt. Darin betont er allerdings, dass es dabei um ein subjektives Mittleres geht: »In Bezug auf uns aber bedeutet die rechte Mitte das, was weder zu viel noch zu wenig ist: Das aber ist keineswegs bei allen eines und auch nicht dasselbe.«[23] Aristoteles erläutert es mit einem Beispiel aus der damaligen Lebenswelt. Er schreibt: »Wenn für jemand zehn Pfund zu essen zu viel, zwei aber zu wenig sind, so wird ihm der Leiter in der Ringschule nicht gerade sechs Pfund vorschreiben; denn möglicherweise ist auch dies noch für denjenigen, der es bekommen soll, zu viel oder zu wenig.« Auf unsere Lebenswelt kann man das so übertragen: Wenn für einen Sportler das Trainieren mit Zwanzig-Kilogramm-Gewichten zu leicht, aber mit 120-Kilogramm-Gewichten zu schwer ist, dann wird ihm die Trainerin nicht gerade ein Training mit Siebzig-Kilogramm-Gewichten vorschreiben. Sie wird versuchen, exakt das richtige Gewicht für diese Person herauszufinden. Denn für einen Profisportler wären siebzig Kilogramm zu wenig, für einen Anfänger immer noch zu viel. Es geht also nicht um eine zu berechnende allgemeingültige Mitte, sondern darum zu ergründen, was zu mir und meinem jeweiligen Umfeld passt.

Wenn wir Menschen unser heutiges Ich mit unserem Ich vor zehn Jahren vergleichen, erweisen sich unsere Persönlichkeitsmerkmale als ziemlich stabil. Das bedeutet allerdings nicht, dass sie unveränderlich sind. Das zeigt eine Studie, die US-amerikanische Forschende im Jahr 2019 im *Journal of Personality and Social Psychology* veröffentlichten.[24]

Sie haben 1795 Personen über eine Spanne von fünfzig Jahren begleitet – vom 16. bis zum 66. Lebensjahr. Dabei fanden sie heraus, dass die Persönlichkeit eine stabile Komponente hat, aber dennoch wandelbar ist. Wer in der Jugend extravertierter als andere ist, ist das im Alter wahrscheinlich auch noch. Allerdings entwickeln die meisten Menschen sich weiter. Die Persönlichkeitspsychologie spricht hier vom Reifungsprinzip: Wir werden tendenziell gewissenhafter, emotional stabiler und verträglicher.

Natürlich geschieht das nicht von heute auf morgen. Es sind Erfahrungen, die mich verändern: Menschen, Umgebungen, mein Beruf, meine Kinder. Dabei spielen die verschiedenen Wechselwirkungen zwischen mir und meiner Umwelt herein, die wir zu Beginn dieser Etappe bereits benannt haben. Aufgrund meiner Persönlichkeit reagiere ich auf bestimmte Art und Weise, rufe damit wiederum Reaktionen anderer hervor, wähle gewisse Umgebungen, meide andere und schaffe mir ein geeignetes Umfeld. Ebenso können die Reaktionen der anderen mich herausfordern, hinterfragen und in neue Richtungen lenken.

Genau an diesem Punkt kann ich ansetzen. Will ich beispielsweise ein offenerer Mensch werden, muss ich meine Komfortzone verlassen. Ich kann Menschen aus anderen Kulturkreisen treffen, mich mit Kunst beschäftigen oder in einen Verein eintreten, in dem ich niemanden kenne. Will ich extravertierter werden, kann ich bis zu einem gewissen Grad extravertiertes Verhalten vortäuschen – und mich dadurch tatsächlich besser fühlen. Ich kann mich durchringen, auf eine Party zu gehen und Smalltalk zu machen, auch wenn ich das eigentlich nicht mag.

Halten wir an dieser Stelle einen Moment inne und schauen zurück auf die Wegstrecke, die hinter uns liegt auf dieser langen Etappe zur Frage, wer ich sein will. Meine persönliche Lebensgeschichte, meine Herkunft, mein Aussehen, meine Gene, meine Persönlichkeit – im Kern ging es dabei immer wieder um die Frage, was mir im Leben vorgegeben wird, womit ich also umgehen muss und was sich verändern lässt. Wenn ich zu dem Schluss komme, dass ich etwas ändern kann und möchte – wie richte ich mich aus, und wovon lasse ich mich zum Handeln bewegen? Das wollen wir auf der letzten Teilstrecke ergründen.

Motivation

Motivation treibt an. Sie schafft die Voraussetzung dafür, zu agieren, sie ist die Antwort auf die Frage, warum ich bestimmte Dinge tue und andere nicht. Warum ich manches mit Freude mache und anderes mit Widerwillen. Die Psychologen Richard M. Ryan und Edward L. Deci haben viele Jahre erforscht, was hinter diesen Gefühlen steckt. Daraus haben sie ihre Selbstbestimmungstheorie entwickelt, die dabei zu verstehen hilft, wann und warum wir Menschen uns manches Mal voller Energie fühlen und in anderen Situationen wie gelähmt.[25] Eine große Zahl von Studien hat ihre Annahmen unterstützt. Sie zeigen, dass Menschen gut ins Handeln kommen, wenn drei grundlegende psychologische Bedürfnisse erfüllt sind: Autonomie, Kompetenz und soziale Einbindung.

Autonomie bedeutet, dass ich mich als frei in meinen Entscheidungen erlebe. Dann ist es eher selten, dass ich etwas nur tue, weil ich es muss, weil es jemand von mir verlangt. *Kompetenz* steht dafür, dass ich der Überzeugung bin, meine Aufgaben gut zu erledigen. Ich kann erreichen, was ich mir vornehme, und lerne immer wieder dazu. Ich zweifle nicht übermäßig an meinen Fähigkeiten oder empfinde mich gar als Hochstapler, der nicht verdient, was er hat. Und *soziale Einbindung* meint, dass ich mein Umfeld als wohlwollend wahrnehme. Ich habe das Gefühl, dass andere mich angemessen behandeln. Es gibt Menschen, die mir nahestehen und denen ich etwas bedeute. Bin ich nicht sozial eingebunden, erlebe ich mich als ausgeschlossen oder habe das Gefühl, dass meine Beziehungen viel zu oberflächlich sind und keine echte Nähe ermöglichen.

Obwohl Motivation etwas ist, das »in mir« stattfindet, ist sie doch keine reine Willenssache. Mein Umfeld trägt viel dazu bei, die Erfüllung der drei Grundbedürfnisse zu stärken oder zu verhindern. Auch hier ist es also wieder hilfreich, darauf zu schauen, wie Persönlichkeit und Umgebung zusammenhängen. Erlebe ich mich in meiner Selbstbestimmung als eingeschränkt, also in Autonomie, Kompetenz oder sozialer Einbindung, dann kann ich zu verstehen versuchen: Was behindert mich? Wie reagiere ich darauf? Kann ich anders reagieren? Kann ich meine Umgebung ändern, indem ich andere Orte und andere Menschen aufsuche? Kann ich vielleicht sogar dazu beitragen, mein Umfeld zu verändern, indem ich Arbeitsbedingungen hinterfrage, neue Ideen anstoße, bewusst zu essen, zu trinken und einzukaufen, Beziehungen in eine neue Richtung lenke?

Sich mit diesen Fragen auseinanderzusetzen, ist sinnvoll, denn wir Menschen gehen häufig von falschen Erwartungen aus. Wir machen unsere Entscheidungen davon abhängig, was wir bekommen: Anerkennung von anderen, Geld oder Status. Allerdings setzt hier eine Art paradoxer Effekt ein. Werde ich für etwas, das ich gern tue, auch noch in diesem Sinne belohnt, kann es meinen Antrieb kurzfristig erhöhen – aber es ändert sich dadurch mein ursprüngliches Interesse, meine Leidenschaft. Wenn der Anreiz von außen dann irgendwann nachlässt, geht meine Motivation zurück. Sie ist korrumpiert.[26]

Dieser Effekt ist aufschlussreich. Denn er zeigt, dass nicht nur zählt, was ich tue, sondern auch, warum ich es tue. Als sinnvoll und befriedigend erlebe ich vor allem solche Tätigkeiten, die die Psychologie als »intrinsisch motiviert« bezeichnet. Ich handle um der Sache willen. Es liegt mir etwas daran. Ich finde es richtig und wichtig. Das Gegenteil davon ist die extrinsische Motivation. Der Anreiz dafür, etwas zu tun, kommt von außen. Ich trainiere hart auf dem Fußballplatz, weil ich berühmt werden will und nicht, weil ich diesen Sport liebe. Ich mache meinen Job für das Geld und nicht, weil ich denke, dass es gut und wichtig ist, dass er getan wird und dass ich die richtige Person dafür bin.

Das sind die zwei Arten der Motivation in Reinform. Im Alltag hat allerdings kaum jemand die Möglichkeit, in jedem Moment neu und frei zu entscheiden, was er oder sie tun will. Daher gibt es unterschiedliche Grade von extrinsischer Motivation. Sie kann mehr oder weniger selbstbestimmt sein. In anderen Worten: Es gibt einiges zu tun, und nicht alles davon muss man toll finden.

Die Literatur- und Kulturwissenschaftlerin Aleida Assmann spricht programmatisch von Menschenrechten und Menschenpflichten.[27] Wer die Rechte für sich einfordert, sollte ebenso bereit sein, gewisse Pflichten ernst zu nehmen, die einen zivilisierten und solidarischen Umgang miteinander ermöglichen. Das kann bedeuten, dass ich gesellschaftliche Regeln befolge, respektvoll bin, höflich und auf Anstand achte – nicht unbedingt, weil sie mir Freude bereiten, sondern weil ich mich mit ihnen identifizieren kann und weil ich mir wünschen würde, auch so behandelt zu werden. Entscheidend ist, dass ich in ihnen einen Sinn erkenne. Wenn das so ist, kann ich hinter ihnen stehen, so stärken sie meinen Antrieb. Ich habe sie mir vielleicht nicht selbst ausgedacht, aber sie scheinen mir gut. Wenn es anders ist und ich sogar zu dem Schluss komme, dass ich mich gezwungen fühle, etwas zu tun, das ich als falsch oder sinnlos erlebe, komme ich mir fremdbestimmt vor. Meine Motivation verringert sich drastisch. Und nicht nur das. Ein Handeln, das nur auf Belohnung oder Verführung beruht oder gar auf Zwang oder äußerem Druck, macht weder Spaß noch glücklich. Es kann sogar krank machen.

Wenn wir in diesem Buch gemeinsam auf der Reise zum Sinn sind, ist es daher entscheidend, sich bewusst zu machen, was mich eigentlich antreibt – in der Liebe, bei der Arbeit, in meiner Freizeit, im gesamten Leben. Wo gibt es Räume, in denen ich mich autonom, kompetent und eingebunden erlebe? Kann ich mehr davon finden und sie auch für andere schaffen?

Ein letztes Mal kehren wir zurück auf die Hamburger Wiese. Die Oktobersonne neigt sich langsam am Horizont, die Schatten der Bäume legen sich auf Sibel Kekilli, während sie über die großen Fragen ihres Lebens nachdenkt. »Was ist für Sie der Sinn des Lebens?«, fragt Kilian Trotier.

»Ganz bei sich zu sein«, antwortet sie, und führt aus: »Zu wissen, wer man ist. Der Blick geht nicht nach außen, sondern nach innen. Man macht, was man will, und nicht, was von einem erwartet wird.« Kekilli hat mit sich gehadert, hat sich hinterfragt und auf diese Art viel gelernt über ihre Persönlichkeit. Sie weiß, wer sie ist. Aber was sie will? Das weiß sie in diesem Moment nicht wirklich. »Ich bin an einem Punkt, an dem ich mich frage: Was will ich machen und was erfüllt mich?«, erzählt sie. »Die Pandemie hat das verstärkt, aber mit Ende dreißig, Anfang vierzig kommt das doch bei vielen Leuten: Ist mein Leben wirklich so, wie ich es mir erträumt habe?«

»Was ist Ihre Antwort?«, fragt Kilian Trotier.

»Ich weiß«, sagt sie, »dass es eine Veränderung geben muss. Ich weiß aber noch nicht, wie die aussieht. Es ist schwieriger, darauf eine Antwort zu finden, wenn man älter ist. Als ich jünger war, habe ich rebelliert. Rebellion kann identitätsstiftend sein, sie ist eine Geste an sich. Mit 41 denke ich: Rebellieren ist so albern. Mir plötzlich ein Tattoo stechen? Da hätte ich das Gefühl, nichts gelernt zu haben. Rebellieren ist aber viel einfacher, als still zu sein und nachzudenken. Wie geht es jetzt weiter? Was will ich mit meinem Leben machen?«

Ausgerechnet die Frau, die durch die Rebellion gegen ihre Familie zu sich selbst gefunden hat, sagt, dass ihr Rebellieren albern vorkommt. Das mag erstaunen, aber es ist nur konsequent. Sibel Kekilli ist älter geworden, sie hat sich einmal stark gewandelt, sie will sich weiter wandeln, um sie selbst zu bleiben. Denn die Umstände verändern sich – und damit oft auch das Selbstverständnis. Gerade im Stillstand kann man den Kontakt zu sich verlieren.

Kekilli hat ihr Ich ergründet. Jetzt steht sie an einer Weggabelung: Was will sie? Was entspricht ihr? Wie weiter? Sie sucht nach Antworten. In sich – aber immer auch in der Welt außerhalb ihres Ichs, die sie beeinflusst und in der sie irgendwann ins Handeln kommen will. Welche Gesellschaft aber ist das, in der sie – wie wir alle – nach Sinn sucht? Das wollen wir auf der nächsten Etappe ergründen.

2
Warum Sinn?
Über die Kraft des Perspektivwechsels

Wie werde ich erfolgreich? Wie werde ich beliebt, geliebt, schön und glücklich? Das fragt sich unsere westliche Kultur. Dabei folgt das Leben im Grundsatz dem olympischen Motto: »Höher, schneller, weiter.« Mehr Leistung, mehr Geld, mehr Schönheit. In einer Gemeinschaft, in der die meisten Bürgerinnen und Bürger sich keine Sorgen um die existenziellen Grundbedürfnisse machen müssen, ist die eingeübte Erzählung: Alles ist gut, wenn alles weiter wächst – der Kontostand, die Wirtschaft des Landes, die Größe des Autos, die eigene Reputation. Wer prekär leben muss, passt nicht in dieses Bild. Die Schuld dafür schreiben sich diejenigen, die wenig Geld und ein geringes Ansehen haben, deshalb oft selbst zu, sie entwickeln Scham und ziehen sich zurück. Das belegen zum Beispiel Interviews mit Erwerbstätigen in der Reinigungsbranche, die die Soziologin Lena Schürmann im Jahr 2022 veröffentlicht hat.[1]

Die Gesellschaft, in der wir leben, formt unser Weltbild, unsere Ziele und Erwartungen. Sie prägt unsere Suche nach dem Sinn, ähnlich wie das Wetter und die Landschaft uns bei einer Wanderung beeinflussen. Die Gesellschaft, in der wir leben, ist eine des Wettbewerbs. Wir streiten um die besten Jobs, die eindrucksvollste Inneneinrichtung, die spektakulärsten Urlaubsreisen. »Mein Haus, mein Auto, mein Boot« – nicht umsonst warb die Sparkasse in ihrer prägnantesten Werbung der vergangenen Jahrzehnte mit diesem Slogan um neue Kunden. Der Wettbewerb, in dem wir uns ständig miteinander vergleichen, führt unweigerlich dazu, dass alle, die an ihm teilnehmen, meinen, sich und ihre Leistungen optimieren zu müssen. Wir perfektionieren die Ernährung, die Fitness, den Schlaf, die Kreativität. Wir takten, wofür wir wie viel Zeit haben – immer mit dem Ziel, möglichst effizient zu sein, also in möglichst kurzer Zeit möglichst viel zu erreichen.

Einige kommen mit dem Druck wunderbar klar und entfalten sich. Andere verzweifeln an ihm. Die AOK führt seit 2004 eine Statistik darüber, wie viele Tage ihre Mitglieder wegen Burn-out-Erkrankungen bei ihrer Arbeit ausfallen. Die Kurve geht steil nach oben. Waren es 2004 nur acht von tausend Mitgliedern, sind es 2021 bereits 142.[2] Und um deutlich zu machen, dass der Wettbewerb nicht nur Auswirkungen auf die psychische Gesundheit hat, noch eine weitere Zahl: Basierend auf einer Umfrage der Vereinigung der Deutschen Ästhetisch-Plastischen Chirurgen berichtet das *Ärzteblatt*, dass die Anzahl der sogenannten Schönheitsoperationen in Deutschland allein von 2020 bis 2021 um fünfzehn Prozent gestiegen sei.[3]

Selbstverständlich ist unsere Gesellschaft nicht uniform. Selbstverständlich brechen Menschen aus, weigern und widersetzen sich, auf verschiedene Arten. Denjenigen, die mehr oder weniger verbissen ihr Ziel verfolgen, sich selbst zu verwirklichen – besser, schöner, fitter, glücklicher zu werden –, stehen diejenigen gegenüber, die sich durch die Vielfalt der Möglichkeiten verunsichert fühlen und einfach nur leben wollen. Ihr Ziel ist es, Komplexität zu reduzieren, alles beim Alten zu belassen und sich möglichst sicher zu fühlen. Das Sinus-Institut, das seit mehr als vierzig Jahren den soziokulturellen Wandel in Deutschland erforscht, konstatiert: Bei diesem Phänomen handelt es sich um gegenläufige Veränderungstendenzen der Gesellschaft, die ein »Auseinanderdriften der Lebens- und Wertewelten«[4] befeuern.

Das sind zwei Extrempositionen. Und so unterschiedlich sie sind, ist ihnen doch eins gemein: Der Fokus liegt auf dem Ich. Während die einen scheinbare Erfüllung darin finden, ihren Körper oder ihren Kontostand zu trimmen, sehnen sich die anderen danach, möglichst von allem in Ruhe gelassen zu werden. Beide blicken selten auf das große Ganze. Eher vermeiden sie die existenziellen Fragen nach dem Warum, dem Wozu – nach dem Sinn.

Sinn braucht Zeit

Nach Sinn zu suchen, ist etwas anderes, als sich nach Schönheit, Erfolg, Reichtum oder Glück zu sehnen. Sinnfragen stehen erst einmal quer zur Grundanordnung unserer Gesellschaft. Wie Studien von Tatjana Schnell belegen, ist ein sinnvolles Leben in den vergangenen Jahren aber immer wichtiger für viele Menschen in dieser Gesellschaft geworden. Wie passt das zusammen?

Die Suche nach einer Antwort kann bei einem ganz konkreten Ereignis ansetzen: der Corona-Pandemie. Sie war ein Bruch, weil sie vieles infrage gestellt hat, was zuvor als selbstverständlich galt. Die Frage nach dem Sinn kommt immer dann ins Spiel, wenn sich etwas unerwartet verändert, bei Abbrüchen, Umbrüchen, Aufbrüchen. Im Fall der Pandemie: Ist es wirklich richtig, so viel Lebenszeit im Büro zu verbringen? Soll ich wirklich mit meinen zwei Kindern in der Stadt wohnen bleiben? Sind das wirklich meine Freunde?

Die Pandemie hat große Teile unserer Gesellschaft zum Stillstand gebracht. Sie hat Routinen unterbrochen und zumindest einigen auch Zeit gegeben zum Nachdenken. Damit hat sie Türen geöffnet für den Sinn. Denn Sinnfragen entfalten sich schwerlich, wenn man nicht innehält und reflektiert. Für sie sollte man sich Zeit nehmen. Oder realistischer gesagt: Für sie muss man sich Zeit herausschlagen in einer Gesellschaft, die längst wieder in einer post-pandemischen Normalität angekommen ist und die sich in ihren Grundmustern nicht verändert hat.

Was damit gemeint ist? Das zum Beispiel: Väter, die mehrere Monate Elternzeit nehmen wollen, werden in einigen Unternehmen immer noch unter Druck gesetzt und dazu gedrängt, das Vorhaben fallen zu lassen oder die Zeit zu verkürzen. Oder: Wer bei einem Vorstellungsgespräch sagt, keine volle Stelle anzustreben, sondern Teilzeit arbeiten zu wollen, muss immer noch damit rechnen, dass das nicht gern gesehen wird. Oder: Wenn ein engster Angehöriger stirbt, bekommt man zwei bis drei Tage Sonderurlaub. Dann soll man wieder arbeiten.

Maximilian Karl wäre daran fast zerbrochen. Er ist Anfang dreißig, als er mit seiner Frau Steffi und seinem Sohn Phileas im Wohnwagen in den Campingurlaub nach Holland aufbricht. Sie halten auf einem Campingplatz in der Eifel, Steffi will nur kurz duschen gehen, da bricht sie zusammen. Eine Hirnblutung, nach wenigen Tagen stirbt sie im Krankenhaus. »Klar gibt es keine Heilung für Trauer. Aber sie muss doch gefühlt und gelebt werden, dachte ich in dem

Jahr nach Steffis Tod«, erzählt Karl der *ZEIT*-Autorin Anna Scheld, die seine Geschichte aufgeschrieben hat.[5] Und er fügt hinzu: »Ich habe gespürt, dass Trauer im Alltag untergeht, keinen Platz hat.«

Nachts kann Karl nicht schlafen, er weint, stundenlang. Tagsüber kann er häufig nicht arbeiten. Alle Kraft, die er hat, schenkt er seinem Sohn. Er geht auf Kur, drei Wochen lang, aber der Trauer habe das nicht ansatzweise geholfen, sagt er. »Ich habe mich nach einer Art Heilung gesehnt und dachte, dass ich noch mehr in meinem Leben ändern muss, um das zu erreichen.«

Mit seiner Frau hatte er einen Plan: ein halbes Jahr lang zu reisen. Daran denkt er häufig in den Wochen der nicht enden wollenden seelischen Schmerzen. Und er fragt sich: »Worauf willst du warten?«

Er wartet nicht mehr, sondern handelt. Er nimmt sich und seinen Sohn aus ihrem Leben in Ludwigsburg heraus, wo die Wohnung sie in jeder Sekunde an Steffi erinnert, und die beiden beginnen eine große Reise. Ein Jahr lang im Campingwagen, in Frankreich, Spanien, Portugal. Maximilian Karl beschreibt im Rückblick, wie sein Junge nach und nach seine Aggressionen loswird. Wie er auf jedem Campingplatz neue Kinder kennenlernt und mit ihnen klarkommt, obwohl er ihre Sprache nicht spricht. Wie sie sich langsam, ganz langsam ein neues Leben aufbauen.

Auf der Reise habe es immer wieder Momente gegeben, in denen sie seiner Frau sehr nahe gewesen seien, erzählt Karl. Eine Situation schildert er mit eindrücklichen Worten: »Einmal hat Phileas in den Wellen gespielt. Und ich weiß nicht, warum, aber ich habe in dem Moment ganz stark Steffi bei mir gespürt. Als würde sie mit mir zusammen auf ihn schauen. Und ich dachte: Das ist gerade, als würde er mit seiner Mama spielen. Als Phileas dann zu mir angerannt kam, hat er genau das Gleiche gesagt, ich weiß es noch genau. ›Das war gerade, als wenn die Wellen Mama wären.‹«

Die beiden sind aufgebrochen und haben sich damit dem entzogen, was die Gesellschaft von Trauernden erwartet: möglichst schnell wieder zu funktionieren. Natürlich gibt es Orte, an denen das nicht eingefordert wird. Natürlich gibt es Unternehmen, die ihren Mitarbeiterinnen und Mitarbeitern mehr Zeit geben, die ihnen zur Seite stehen. Natürlich gibt es auch in den anderen Bereichen, die wir oben aufgezählt haben, Fortschritte: Teilzeit ist vielerorts schon die Norm. Eltern werden von ihren Arbeitgeberinnen und Arbeitgebern beglückwünscht, wenn sie in Elternzeit gehen und sich Zeit für die Familie nehmen. Aber man muss es so nüchtern und deutlich sagen: Das alles musste und muss immer noch erkämpft werden.

Das gute Leben – darum wird gerade an vielen Stellen dieser Gesellschaft gerungen. Auf der einen Seite finden sich diejenigen, die selbstbewusst einfordern, sinnbestimmt leben zu können. Sie verstehen darunter, bewusst zu konsumieren und klassische Lebensmodelle zu hinterfragen. Sie wählen aus, wie sie arbeiten wollen, und beenden Jobs schnell, wenn sie ihnen uninspiriert vorkommen. Auf der anderen Seite stehen Menschen, die es als sinnvoll ansehen, das bisher Gültige fortzuschreiben; die den Wunsch für naiv und untragbar halten, über die eigene Lebenszeit zu verfügen und sie nicht der Erwerbsarbeit unterzuordnen, gerade im weltweiten Wettbewerb, und die davon ausgehen, dass ein solcher Wunsch den Wohlstand gefährde.

Es ist ein Ringen um die Deutungshoheit über Ziele und Werte. Und weil das so ist, weil auch dieser Streit der Logik des Wettbewerbs folgt – wer ist lauter, sichtbarer, fordernder? –, muss man die aktuelle Lage wohl so beschreiben: Nur weil es in unserer Gesellschaft immer mehr Menschen gibt, die über den Sinn nachdenken und ihr Leben hinterfragen, heißt das noch lange nicht, dass es ein offensichtliches Ideal gibt, auf das die Gesellschaft gemeinsam hinarbeitet. Anders ausgedrückt: Eine sinnsuchende Gesellschaft ist noch keine sinnvolle Gesellschaft.

Wenn wir uns auf die Reise nach dem Sinn aufmachen, muss uns deshalb klar sein, dass das Terrain nicht unbedingt leicht wird. Aber das sollte uns nicht abhalten. Denn gleichzeitig gilt, dass die westlich-liberale Gesellschaft trotz all ihrer Schwächen die Voraussetzungen schafft, die Reise überhaupt antreten zu können. Wir dürfen unseren Weg gehen, wir haben die Wahl, wir können uns entscheiden. Das unterscheidet sie grundlegend von autoritären Systemen.

Schwindelerregende Freiheit

Wir sind also frei – frei aber wozu? Wir haben die Freiheit, uns mit dem Sinn im Leben zu beschäftigen. Das ist wunderbar. Und gleichzeitig eine Zumutung. Der französische Philosoph Jean-Paul Sartre beschrieb die zwiespältige Erfahrung der Freiheit mit den Worten, wir seien zur Freiheit verdammt.[6] Vielen kommt die Möglichkeit, das eigene Leben sinnvoll zu entwerfen, groß vor, zu groß, wie eine zusätzliche

Belastung. Dabei kann eine solche Orientierung das Gegenteil bewirken. Sie kann entlasten: von einer obsessiven Beschäftigung mit sich selbst. Von der Gefahr, sich von sich selbst zu entfremden. Von dem Streben nach immer mehr und dem Miteinandermessen.

Die Frage nach dem Sinn ist hilfreich, um tiefgreifend etwas zu ändern, im Arbeitsleben, im Privatleben, im Umgang mit der Natur. Sie kann zu einem Perspektivenwechsel führen und den Blick wieder auf das Wesentliche richten. So relativiert sich, was sich häufig in den Vordergrund drängt. Bewunderung und Anerkennung sind zwar angenehm – aber wie lange, und um welchen Preis?

Sinnfragen sind keine Wohlfühlfragen. Wer das Leben hinterfragt, wird auf vieles stoßen, das fragwürdig ist, oder besser geschrieben: frag-würdig, was also wert ist, hinterfragt zu werden. Denn es geht auch anders. Das ist eine entscheidende Voraussetzung, um sich mit dem Sinn auf die Reise zu begeben: zu realisieren, dass ein anderes Leben möglich ist. Dass es nicht vorgegeben ist. Ich kann es durch meine Entscheidungen formen und gestalten, ihm eine neue Richtung geben. Ich kann ändern, wie ich denke, kommuniziere, konsumiere, arbeite, reise, liebe. Ich kann aufbrechen, immer wieder. Auch dieses Wort lässt sich mit einem Bindestrich bewusster wahrnehmen: auf-brechen. Im Aufbruch steckt der Bruch, der ein Vorher von einem Nachher trennt. Ein Bruch, der schmerzhaft sein kann. Ein Bruch, der erst die Möglichkeit schafft, etwas Neues zu beginnen.

Wer aufbricht mit und zum Sinn, sollte sich dafür bewusst Zeit nehmen. Geschieht das nicht, ist die Suche nach dem Sinn zu vergleichen mit einer Schiffscrew, die im vollen Lauf auf hoher See versucht, morsche Balken des Schiffsbodens auszutauschen. Das würde jeder vernünftige Mensch zu verhindern versuchen. Er würde das Schiff an Land bringen wollen, in ein Dock, um es dort zu reparieren.

Sich Zeit zu nehmen, lohnt sich für jede und jeden, auch wenn die Gründe, warum man sich mit dem Sinn im eigenen Leben beschäftigt, ganz unterschiedlich sind.

Äußere Ereignisse können einen dazu drängen: Nach dem Tod eines lieben Menschen, nach einer Erkrankung, einer Trennung oder einem Rausschmiss im Job kann das Leben nicht einfach so weitergehen. Der Bruch ist da, mit ihm muss ich umgehen.

Übergänge können ins Offene führen: Was tun, wenn die Schule beendet ist, die Ausbildung, das Studium? Was, wenn die Rente beginnt? In solchen Situationen bieten sich häufig ungeheuer viele Möglichkeiten, was zu einer *Multioptionsparalyse* führen kann, wie die psychologische Forschung das Phänomen bezeichnet: Die Vielzahl der Möglichkeiten lähmt. Dann fehlt der Maßstab, an dem man sich orientieren kann, um eine gute Wahl zu treffen.

Oder man hat sich bislang im Leben nicht viele Gedanken über den Sinn gemacht. Es ist geflossen, mal war es gut, mal schlecht, doch jetzt ist eine Sehnsucht zu spüren, nicht einfach weiter so dahinzuleben.

Oder mich hat bislang mein Sinn getragen, und er wurde nicht durch äußere Ereignisse infrage gestellt. Dann kann es lohnen, sich zu fragen: Wie stabil ist das, was ich mir aufgebaut habe? Wird der Sinn standhalten, wenn die Zeiten härter werden? Habe ich von meinen Eltern oder Freunden übernommen, was ich als sinnvoll erachte, ohne dass es mir bewusst ist? Welchen Vorstellungen von Leben möchte ich folgen?

Oder es ist so, dass ich ein Mensch bin, der sehr bewusst über sein Leben nachdenkt und sich immer wieder hinterfragt: Ist das, was ich tue, sinnvoll? Ich möchte lebendig bleiben und nehme mir bewusst Zeit für Reflexion. Das kann beispielsweise so aussehen: Mit meiner Partnerin oder meinem Partner fahre ich in den Urlaub, weite Wiesen, viele Seen, kein Programm – außer über das eigene Leben nachzudenken, ganz grundlegend: Was kann ich gut? Was der andere? Was bedeutet das für unsere Jobs? Sind wir da richtig oder sollten wir etwas ändern? Wie sieht es mit dem Wohnort aus – Stadt, Land, was passt wirklich zu uns? Das kann man alles aufschreiben und systematisieren und im Anschluss schauen, welche Idee trägt. Das Gefühl, das bleibt: Fordert man den Sinn heraus, kann ganz schön viel passieren.

Was wir Menschen als sinnvoll erleben, ist ganz individuell und geprägt von der jeweiligen Lebenssituation, in der wir uns befinden. Ich kann meinen Sinn nicht mit achtzehn in die Tasche stecken und davon ausgehen: Jetzt habe ich ihn mein Leben lang. Sinnerfahrungen sind abhängig davon, was mir zustößt – und wie ich damit umgehe. Es sind sehr persönliche Erlebnisse, die aus Begegnungen mit anderen, mit Gegebenheiten und Möglichkeiten entstehen. Sinnerfahrungen sind gleichzeitig universell: Wir alle können uns fragen, welchen Sinn unser Leben haben soll. Wir alle können ihn für uns entdecken, entwickeln, erweitern. Wir alle können uns nach ihm auf die Suche machen und entdecken, was ihn ausmacht – und wie er sich abgrenzt.

3
Wonach suche ich eigentlich?
Über den Unterschied von Sinn und Glück

Sinn und Glück, ist das nicht das Gleiche? Könnte man meinen, wenn man es oberflächlich betrachtet. Beides sind Begriffe, die für etwas Gutes stehen. Wer ist nicht gern glücklich? Und wer nicht gern sinnerfüllt? Doch schaut man genauer hin, merkt man schnell, dass sie sich grundlegend unterscheiden. Und dass es gerade die Unterschiede sind, die entscheidend dabei helfen zu verstehen, was Sinn ist.

Beginnen wir mit dem Glück und dem britischen Philosophen, Politiker und Ökonomen John Stuart Mill. Der konfrontierte seine Leserinnen und Leser im 19. Jahrhundert mit einer provokanten Aussage: »Es ist besser, ein unzufriedener Mensch zu sein als ein zufriedenes Schwein; besser ein unzufriedener Sokrates als ein zufriedener Narr.«[1] Was für ein Kontrast, den er hier aufspannt: Warum sollte es gut sein, unzufrieden zu sein? Welche Zufriedenheit stellt er hier infrage? Offenbar eine, die sich begnügt mit dem, was ist, ohne kritisches Denken, ohne Sehnsucht nach Wissen, für die der Philosoph Sokrates exemplarisch steht.

Mills Gedankenspiel fordert heraus, sich selbst zu fragen: Bin ich bereit, das Menschsein mit all seinen Schattierungen anzunehmen – den Freuden, aber auch dem Leid, den Abgründen, die sich auftun, wenn ich ohne Scheuklappen durch die Welt gehe? Oder bin ich lieber jemand, dem es ausreicht, seine unmittelbaren Bedürfnisse zu erfüllen: sich sicher fühlen, genug zu essen, zu trinken zu haben, Teil einer Herde, einer Gruppe zu sein? Das wäre wahrscheinlich angenehmer. Und zeitweise auch beglückend.

Ganz grundlegend meint der Begriff Glück einen positiven emotionalen Zustand. Die Psychologie spricht auch von »hedonischem Wohlbefinden«. Das Adjektiv »hedonisch« stammt vom griechischen *»Hedone«* ab, was Lust, Freude, Angenehmes bedeutet. Es geht beim hedonischen Wohlbefinden also darum, möglichst viele gute Gefühle zu haben und möglichst wenig negative. In anderen Worten: Ich maximiere Lust und minimiere Unlust.

Es scheint logisch, nach solchen Gefühlen zu streben. Wer wünscht sich schon Unglück? Fragt man sich, ob man lieber Angenehmes oder Unangenehmes erleben möchte, ist die Antwort klar. So scheint es. In einer konkreten Lebenssituation sieht die Sache allerdings weit weniger eindeutig aus. Denn jede Handlung findet in einem Kontext statt. Sie ist eingebunden in mein Leben. Das hat Auswirkungen darauf, wie ich mich entscheide. Das zeigen einige einfache Beispiele.

Gemeinsam mit meiner Partnerin habe ich geplant, an diesem Nachmittag endlich die Steuererklärung zu machen. Daran habe ich keine Freude, aber es muss sein, das ist mir klar. Eine Stunde vor der verabredeten Zeit treffe ich eine alte Freundin, die fragt, ob ich nicht Lust hätte, mit ihr einen Kaffee zu trinken und zu quatschen. Angenehmer wäre das. Aber welche Konsequenzen hätte mein Verhalten? Wie würde meine Partnerin darauf reagieren?

Ich habe Hunger und noch eine große Packung Erdnussflips zu Hause. Wäre es schön, die zu essen? Das kann gut sein. Aber wenn mein Magen leer ist, wäre es gesünder und besser, etwas zu essen, das mich nachhaltig satt macht.

Ich gehe abends aus und komme an der Bar mit einer Frau ins Gespräch, die ich anziehend finde. Sie ist nicht liiert, ich aber schon, habe mit meiner Frau zwei kleine Kinder. Mit der Frau an der Bar verstehe ich mich blendend, es ist lustig, inspirierend, ich habe das Gefühl, dass sie mehr will. Wenn der Wunsch nach dem positiven Gefühl meine Entscheidung bestimmen würde, würde ich mich dem Rausch hingeben. Aber was hätte das für Folgen für meine Beziehung?

Das Glück macht aus, dass es ein Gefühl ist – ein Gefühl des Moments. Will ich es erheischen, denke ich kurzfristig. Ich fühle mich für einige Minuten oder Stunden sehr gut. Und dann?

Glücksstreben als Risikofaktor

Wir Autoren dieses Buches wollen das Glück nicht schlecht machen. Wir wollen es auch nicht ausspielen gegen den Sinn, weil wir ihn toller finden. Es gibt allerdings eine ganze Reihe von Studien, die nahelegen, dass Menschen, die nach Glück streben, sich damit einem höheren Risiko aussetzen, unglücklich zu werden. Wissenschaftlerinnen und Wissenschaftler sprechen vom Glücksstreben als einem »Risikofaktor«. Wer sein Leben vor allem danach ausrichtet, glücklich zu sein, ist eher depressiv, einsam und weniger zufrieden mit dem eigenen Leben.

Man könnte jetzt einwenden: Es ist ja folgerichtig, dass Menschen, die depressiv sind oder denen es auf anderen Ebenen schlecht geht, nach Glück streben. Allerdings ist die Sache andersrum gelagert. Der Effekt zeigt sich nicht bei Menschen, die ihr Leben schon als stressig, anstrengend oder schmerzhaft empfinden, die bereits psychische Probleme haben, sondern bei denjenigen, denen es prinzipiell gut geht. Wenn ich recht zufrieden bin und die Meinung vertrete, glücklich zu sein ist das Wichtigste im Leben, dann geht dies mit einer höheren Wahrscheinlichkeit von Depressionen, Einsamkeit und bipolaren Störungen einher.

2011 veröffentlichten vier Psychologinnen und Psychologen aus den USA und Kanada einen Artikel in der Fachzeitschrift *Emotion*. Er trägt den Titel »*Can seeking happiness make people unhappy?*« – Kann die Suche nach Glück Menschen unglücklich machen?[2] Die Forscherinnen und Forscher beschreiben darin, dass sie ihre Studienteilnehmenden gebeten hatten, anzugeben, wie sehr sie Wert darauf legen, glücklich zu sein. Gleichzeitig hatten sie erhoben, wie oft die Personen positive und negative Gefühle erlebten und wie zufrieden sie mit ihrem Leben waren. Das Ergebnis: Wer großen Wert darauf legte, glücklich zu sein, erlebte deutlich weniger positive Gefühle und Zufriedenheit. Die Forscherinnen und Forscher überprüften als Nächstes, ob sich gerade die Menschen nach Glück sehnten, denen es nicht gut ging. Sie taten dies, indem sie abfragten, ob die Studienteilnehmenden in den vergangenen eineinhalb Jahren Dinge erlebt hatten, die sie belasteten. Der Zusammenhang von Glücksstreben und niedrigem Wohlbefinden war bei denen zu finden, die *keine* belastenden Erfahrungen in der letzten Zeit gemacht hatten – denen es also prinzipiell recht gut ging.

Vier Jahre später veröffentlichte ein anderes Forscherteam ebenfalls in der *Emotion* die Ergebnisse ihrer Arbeit mit psychisch kranken Menschen.[3] Die Wissenschaftler zeigten, dass es denjenigen, die besonders viel Wert auf Glücklichsein legten, ein Jahr später deutlich schlechter ging als jenen, für die das Glück nicht so wichtig war.

Aufschlussreich war auch dieser Ausgang eines Experiments:[4] Ein Forschungsteam ließ eine von zwei Testgruppen einen Text lesen, in dem viele Vorteile aufgezählt wurden, glücklich zu sein. Die andere Testgruppe las denselben Text – allerdings mit dem Unterschied, dass alle Verweise auf »Glück« ersetzt wurden durch die Formulierung »Fällen präziser Urteile«. Im Anschluss schauten sich die Teilnehmenden kurze Filmclips an. Per Zufallsverfahren wurde entschieden, wer einen traurigen und wer einen fröhlichen Film zu sehen bekam. Der traurige Film zeigte den plötzlichen Tod einer Frau nach einem glücklich durchtanzten Abend mit ihrem Mann. Der fröhliche Film zeigte, wie eine beliebte Eiskunstläuferin eine Goldmedaille gewinnt, sie feiert den Triumph mit ihrem Trainer, und das Publikum jubelt. Im Anschluss wurde die Intensität verschiedener Gefühle abgefragt. Das Ergebnis: Die Testpersonen, die zuvor den Text über die Bedeutung des Glücks gelesen hatten und dann den fröhlichen Film sahen, erlebten deutlich weniger positive und mehr negative Gefühle als diejenigen, die nichts über die Bedeutung des Glücks gelesen hatten. Warum geht es ausgerechnet Menschen schlechter, die sich wünschen, dass es ihnen gut geht? Dafür gibt es gleich mehrere Erklärungsansätze.

Glücksstress

Soziale Medien, Filme, Werbung – ich bin täglich mit Botschaften umgeben, die mir vermitteln, dass ich glücklich sein sollte, denn alles Notwendige dafür sei ja vorhanden oder ich könnte es mir kaufen. Autos sollen glücklich machen, Urlaube, Kleider, Smartphones und der Wurstbelag. In der Konsequenz bedeutet das: Wenn ich nicht glücklich bin, ist das offensichtlich meine Schuld. Aus dieser Annahme entwickelt sich das Gefühl, etwas falsch zu machen – ich erlebe Glücksstress.

Meta-Emotionen

Erwarte ich von meinem Leben, glücklich zu sein, bin ich jedes Mal enttäuscht, wenn der Alltag nicht mitspielt. Und das ist die meiste Zeit der Fall, denn Glücksgefühle sind kurzfristig. Ich kann nicht 24 Stunden am Tag glücklich sein. Wenn das so wäre, könnte ich Glück nicht von einem emotionalen Normalzustand unterscheiden. Glück zu erleben, ist aber gerade deshalb so eindrücklich, weil es sich von anderen Zuständen abhebt. Es ist selbstverständlich, dass es Zeiten im Leben gibt, die nicht voller Wonne sind – wenn ich einer Routine nachgehe, wie Staub saugen, oder Dinge tue, die mich anstrengen, wie für eine Prüfung lernen. Bin ich auf Glück fokussiert, kann mich das rasch frustrieren. Ich beobachte mich und meine Gefühle – und werde unglücklich darüber, dass ich nicht glücklich bin. Die Psychologie spricht hier von »Meta-Emotionen«. Die Überwachung und Bewertung meiner Emotionen rufen weitere Emotionen hervor. Die können ganz unterschiedlich aussehen. So kann ich mich im Gespräch mit einem Freund, der etwas Schlimmes erlebt hat, traurig, erschrocken oder wütend fühlen – und mich gleichzeitig, als Meta-Emotion, gut und im Einklang mit mir erleben, weil es ein wertvoller Moment der

Freundschaft ist. Im Gegensatz dazu sind Meta-Emotionen beim Glücksstreben eher belastend. Wer voll auf das Glück setzt, ist von allen anderen Erfahrungen enttäuscht.

Geringe Glückskompetenz

Wir Menschen haben alle möglichen Annahmen darüber, was uns glücklich macht. Viele davon stimmen nicht, wie psychologische Forschungen gezeigt haben. Dinge zu besitzen, macht glücklich, oder? Nein, macht es nicht. Wem Statussymbole wichtig sind, der empfindet deutlich weniger Glück. Das haben Studien herausgefunden, bei denen beides per Fragebogen erhoben wurde: Wie viel bedeutet Ihnen der Besitz von Autos oder teuren Gegenständen? Und wie zufrieden sind Sie mit Ihrem Leben?[5]

Aber maximale Bequemlichkeit und wenig Anstrengung, das macht doch glücklich, oder? Nein, das tut es nicht. Wenn die Kaffeemaschine per Zeitschaltuhr angeht, der Kühlschrank nachbestellt, was fehlt, der Saugroboter sich um den Boden kümmert, und ich das Wochenende gemütlich auf dem Sofa verbringen kann, klingt das erst einmal verlockend. Und doch ist es keine erfolgreiche Strategie, um glücklich zu werden. Ausruhen und Entspannung sind wichtig, keine Frage. Allerdings sind wir Menschen umso zufriedener, je mehr wir uns in der Freizeit körperlich betätigen, wir etwas selber anpacken. Das belegen gleich mehrere Studien.[6]

Hedonische Tretmühle

Es gibt psychologische Prozesse, die verhindern, dass mich positive Erlebnisse langfristig glücklich machen. Wenn ich verheiratet bin, wenn ich endlich das Haus gebaut habe, wenn ich Mutter bin – dann bin ich richtig glücklich. Diesen und ähnlichen Wünschen mögen viele nachhängen, aber sie lösen sich nicht ein. Den Effekt, der das bewirkt, nennt die Psychologie »hedonische Tretmühle«. Ihr Mechanismus lässt sich wie folgt beschreiben: Wir Menschen haben ein zu beträchtlichen Teilen angeborenes Glückslevel, auf dem wir uns bald wieder einpendeln, nachdem etwas Schönes passiert ist. Ich kann auf ein neues Smartphone hinfiebern oder auf den Urlaub oder auf die Abschlussprüfung – nach einigen Wochen oder Monaten schätzen die meisten Menschen ihr Wohlbefinden wieder ähnlich hoch ein wie vor dem Ereignis.

Unser Wirtschaftssystem, das auf Massenkonsum beruht, hält diese Tretmühle in Gang, indem es ständig neue Produkte auf den Markt bringt und damit suggeriert, dass die bisherigen Produkte alt und minderwertig sind. Hinzu kommt, dass ich mich schnell an Dinge gewöhne, wie zum Beispiel an die größere Wohnung, den komfortableren Wagen oder den Doktortitel. Der Effekt der hedonischen Tretmühle wird weiter dadurch verstärkt, dass ich meine Vergleichswerte anpasse. Wer ein höheres Gehalt bekommt, vergleicht sich mit jenen, die noch mehr verdienen. Wer seinen Körper im Fitnessstudie stählt, vergleicht sich mit denen, die noch mehr Muskeln haben. Eine Folge davon ist auch der Befund, dass sich viele, die objektiv reich sind, nicht als reich bezeichnen, weil sie das im Vergleich nicht so empfinden.

Zum Glück für uns Menschen ist der durchschnittliche »*Set-Point*«, also das Glückslevel, relativ hoch. Das berichtete das Psychologenpaar Ed und Carol Diener in einem einflussreichen Artikel, der 1996 erschien.[7] Sie fanden heraus, dass die durchschnittliche Glückseinschätzung nicht beim sogenannten Skalenmittelpunkt lag – also in der Mitte zwischen sehr unglücklich und sehr glücklich. Vielmehr schätzten sich die meisten Menschen als eher glücklich ein. 2018 relativierten die Autoren die Ergebnisse etwas, nachdem sie eine Stichprobe analysiert hatten, die auch Nationen umfasste, in denen es Hungersnöte gab oder Krieg herrschte.[8] Die Lebenszufriedenheit war im Durchschnitt nun niedriger, allerdings war das berichtete mittlere Glückslevel bei den meisten Personen immer noch im positiven Bereich. Ihr Fazit: Neben dem Einfluss der Gene spielen auch persönliche und gesellschaftliche Bedingungen eine wichtige Rolle für das Wohlbefinden.

Das persönliche Glückslevel ist also nicht unverrückbar – aber auch nicht leicht zu verändern. Was kann mir dabei helfen, auf ein höheres Niveau zu gelangen? Lebensbedingungen sind, jenseits aller psychologischen Ansätze, wichtig und nicht außer Acht zu lassen. Wenn ich wenig Geld habe und kaum in meine Umgebung eingebunden bin, ist das auch ein gesellschaftliches Problem. Es geht also nicht darum, die Situation schönzureden. Bin ich aber materiell und sozial abgesichert, kann ich viel durch meine Haltung beeinflussen.

Beispielsweise kann ich mich mit mir selbst vergleichen statt mit anderen: Was war mein Weg? Was habe ich gelernt? Habe ich mich verändert? Hat sich mein Leben dadurch verbessert? Und ich kann meine Perspektive überprüfen: Habe ich einen Blick für das, was in meinem Leben schön ist, was mir Kraft gibt? Das bewusst wertzuschätzen ist schwerer, als man glauben könnte. Denn im Laufe der Evolution hat sich die Wahrnehmung von uns Menschen darauf spezialisiert, all das aufzuspüren, was eine Gefahr darstellen könnte. Das führt dazu, dass ich aufmerksamer für das Negative bin und es mich stärker als positive Erlebnisse beeinflusst. Die Wissenschaft nennt das den *»Negativity Bias«*, die Negativitätsverzerrung. Wenn ich an einem Tag viel Schönes erfahre, aber eine einzige unangenehme Begegnung hatte, gehe ich ins Bett mit dem Gedanken: Das war ein blöder Tag, so sehr dominiert das negative Gefühl.

Damit positive Veränderungen mich längerfristig glücklich machen, muss ich gegen den *Negativity Bias* anarbeiten. Das geht, indem ich mir immer wieder bewusst mache, wofür ich dankbar bin. Habe ich beispielsweise einen großen Esstisch gekauft, für den ich lange gespart habe, kann ich mich immer wieder an ihm freuen, wenn die ganze Familie um ihn sitzt oder ich Freunde zu einem Abendessen einlade.

Während die hedonische Tretmühle es schwermacht, das Glückslevel zu erhöhen, bringt sie doch einen großen Vorteil mit sich: Nach negativen Erfahrungen erreicht das Wohlbefinden ebenfalls bald wieder sein Ausgangsniveau. Das fanden zum Beispiel die Psychologinnen Eva Asselmann und Jule Specht bei Menschen heraus, die den Tod eines Partners, einer Partnerin oder eines Kindes erleben mussten. Die Trauer war extrem schmerzhaft. Im ersten Jahr ohne den geliebten Menschen fühlten sich die Befragten drastisch schlechter. Fünf Jahre nach dem Todesfall ging es ihnen jedoch im Durchschnitt wieder genauso gut wie fünf Jahre vor dem Verlust.[9] Diese Entwicklung belegt einerseits die Theorie des *Set-Points*. Andererseits verweist sie darauf, dass es möglich ist, gut mit negativen Erfahrungen umzugehen. Wer nur das Glück im Sinn hat, tut sich hier meist schwer.

Negative Gefühle

Strebe ich nach Glück, gibt es keinen Platz für negative Gefühle. Trauer, Ärger, Angst oder Wut ist das Gegenteil von dem, was ich mir erhoffe. Treten solche Emotionen auf, dann gilt es, sie so schnell wie möglich loszuwerden. Dabei hat jede von ihnen einen Sinn. Sie teilen mir mit, dass mir jemand fehlt, etwas nicht gut läuft, eine Gefahr besteht, Unrecht geschieht. Sie können mich auch hinweisen darauf, dass ich selbst etwas Blödes gemacht habe, jemanden verletzt habe. Will ich negative Gefühle aus meinem Leben verbannen, verbaue ich mir den Zugang zur Wirklichkeit, die nicht nur schön ist. Das heißt, ich spalte in gewisser Weise etwas von mir ab und verpasse damit die Chance, mich selbst zu entwickeln. Unter Umständen verhalte ich mich auch unangemessen, bin weniger empathisch im Umgang mit dem Leid anderer und blende Dinge aus, anstatt sie anzupacken.

Vom Sinn zum Glück

Nach Glück zu streben, kann also eine Menge negativer Folgen haben. Was aber unterscheidet nun das Streben nach Sinn vom Streben nach Glück?

Im Vergleich zu anderen Lebewesen sind bei uns Menschen einige Fähigkeiten besonders ausgeprägt. Wir wissen um unseren Tod. Wir können uns zu uns selbst verhalten. Wir können uns in andere hineinversetzen. Wir können hinterfragen und daraus resultierende Entscheidungen treffen. Unser Handeln ist also nicht instinktgetrieben. Wir können auch anders. Wenn ich mich für oder gegen etwas entscheiden kann, dann geht damit Verantwortung einher. Ich musste nicht, es war nicht selbstverständlich, ich habe es so gewollt.

Der Begriff Verantwortung ist häufig negativ besetzt. Verantwortung erscheint wie eine Bürde, etwas Schweres, das belastet. Die Sinnforschung zeigt jedoch, dass die Übernahme von Verantwortung ein starker Faktor dafür ist, Sinn zu erleben.

Was also ist verantwortliches Handeln? Es orientiert sich nicht an positiven Gefühlen, sondern an der Sache. Daran, was mir im Leben wichtig ist und was ich richtig finde. Gelingt mir dieser Fokus, ist mein Handeln im Einklang mit meinem Selbstbild und meinen Werten. Auch wenn es sich in dem Moment nicht toll anfühlen mag, trägt es längerfristig dazu bei, mit mir im Reinen zu sein. Ein Beispiel: Es ist halb fünf am Nachmittag, ich sitze an einer Präsentation für den nächsten Morgen, die noch nicht vollständig ist. Eigentlich habe ich keine große Lust mehr zu arbeiten. Soll ich eine kurze Pause machen und mich dann noch einmal ransetzen, oder mache ich Schluss und verbringe den Rest des Tages vor dem Fernseher? Angenehmer wäre es, die Arbeit liegen zu lassen. Am nächsten Morgen wäre das Gefühl allerdings ein ganz anderes – vor allem, wenn es mir eigentlich wichtig ist, verlässlich zu sein und auf Qualität zu setzen.

Entscheide ich mich bewusst dafür, die Arbeit abzuschließen und eine ansprechende Präsentation zu gestalten, dann ist das meine eigene Entscheidung, ich handle autonom. Ich überlege mir eine Dramaturgie, recherchiere die letzten Fakten, mit dem Ziel, am Arbeitsplatz etwas Wertvolles beizutragen. Dadurch erfahre ich mich als kompetent. Bringe ich die Präsentation zu einem guten Ende, lasse ich mein

Team nicht im Stich und stärke so meine soziale Einbindung.

Autonomie, Kompetenz und soziale Einbindung sind, wie wir gelernt haben, die drei psychologischen Grundbedürfnisse des Menschen. Kann ich sie ausleben, trägt das dazu bei, dass ich mein Leben als sinnvoll empfinde. Ich bin involviert, ich kann etwas bewegen und verändern.

Um ein tieferes Verständnis von dem zu bekommen, was ein gutes Leben ausmacht, lohnt es sich, mehr als 2000 Jahre in der Geschichte zurückzugehen und sich mit den Werken des Philosophen Aristoteles zu beschäftigen. Ihm verdankt die heutige Psychologie viel, auch weil er den Unterschied zwischen Sinn und Glück auf seine Art vorgedacht hat. Aristoteles stellte zwei Begriffe einander gegenüber: Hedonie und Eudämonie. Während Hedonie das Streben nach Angenehmem, Lust und Glück ist, war im Alltagsverständnis der antiken Welt ein Leben eudämonisch, wenn es von den Göttern begünstigt zu sein schien. Die griechische Vorsilbe *»eu«* bedeutet gut, *»daimon«* bezeichnete ein geistiges Wesen. Später änderte sich die Bedeutung dieses *daimon*, und man verstand darunter eine innere Stimme, die menschliche Vernunft. Aristoteles war sich sicher, dass eine eudämonische Haltung einer hedonischen vorzuziehen ist. In einem eudämonischen Leben geht es nicht primär darum, ein gutes Gefühl anzustreben, sondern gut zu leben. Wie aber geht das?

Aristoteles betont, wie wichtig es ist, sich selbst zu kennen und sich zu fragen: »Wer will ich sein?« Dabei hatte er vor allem die Tugenden im Blick, die wir heute auch als Charakterstärken bezeichnen. Dazu zählte er zum Beispiel Geduld, Bescheidenheit, Hilfsbereitschaft, Mut, Großzügigkeit, Freundlichkeit, Humor, Einfühlsamkeit und Klugheit. In

Ansätzen und in unterschiedlichem Ausmaß bringen wir alle diese Charakterzüge mit auf die Welt. Zum Tragen kommen sie aber erst, wenn ich mich mit ihnen identifiziere, sie in meinem Alltag einbringe und ausübe. Und zwar nicht, weil andere mich dafür loben oder anerkennen, sondern weil ich sie wichtig finde, also um ihrer selbst willen. Bereits im vierten Jahrhundert vor Christus hat Aristoteles damit den Unterschied zwischen intrinsischer und extrinsischer Motivation benannt.

Ins Heute geholt kann das bedeuten: Bin ich angestellt in einer Landesumweltbehörde, habe ich eine Menge Akten zu bearbeiten. Meine Grundhaltung dazu kann sein: Ich muss mich da irgendwie durchquälen, denn mir ist vor allem die Sicherheit des Jobs wichtig. Oder: Ich interessiere mich für das Thema, will etwas dazu beitragen, dass die Umwelt in meinem Bundesland effektiv und nachhaltig geschützt wird. Dafür ist eine gute Dokumentation essenziell.

Auch im Alltag macht diese unterschiedliche Perspektive auf das Leben einen großen Unterschied. Ein Beispiel: Ich habe ein Haus mit Garten. Meine Grundhaltung kann sein: Verdammt, ich muss mal wieder raus, den Rasen mähen, er ist ordentlich gewachsen und die Nachbarn reden bestimmt schon wieder. Oder: Ich liebe es, einen Garten zu haben, den ich selbst gestalten kann. Ich beschäftige mich gern mit Boden- und Pflanzenkunde und mähe den Rasen so, wie es gut für Pflanzen und Tiere ist.

Flüchtig von außen betrachtet wirken die Handlungen gleich: Da ist jemand, der Akten studiert; oder da ist jemand, der den Rasen mäht. Aber die innere Einstellung könnte nicht weiter voneinander entfernt sein. Als eudämonisch und sinnvoll erleben wir Menschen unser Handeln dann, wenn wir uns freiwillig dafür entscheiden und dahinterstehen. Wenn wir es verantworten.

Weil wir unterschiedliche Charakterstärken mitbringen und ausbilden, gibt es viele Wege, eudämonisch zu leben. Eine Tugend stellt Aristoteles jedoch über alle anderen: die der Gerechtigkeit. Sie soll für alle der Maßstab des Handelns sein. Als ein auf die Gemeinschaft bezogenes und von der Gemeinschaft profitierendes Wesen kann ich mein Lebensglück, meine Eudämonie, »nicht auf Kosten meiner Mitmenschen erstreben und verwirklichen, und ich kann es nicht einmal isoliert für mich, ohne Bezug auf meine Mitmenschen erstreben und verwirklichen«, schreibt der Aristoteles-Kenner Klaus Jacobi.[10] Vielmehr – so Jacobi – hängt das Gelingen meines Lebens davon ab, zu verstehen, dass mein Leben mit dem meiner Nächsten unauflöslich verbunden ist. Selbstverwirklichung ist schön und gut, aber sie darf nicht die Freiheiten und die Möglichkeiten anderer grundlegend beschneiden.

Damit sind zentrale Charakteristika dessen umrissen, was Aristoteles unter Eudämonie versteht. Eine Besonderheit fehlt aber noch – und hier schließen wir an die Gedanken an, die den ersten Teil dieser Wegstrecke geprägt haben. Wenn wir nach dem Sinn, dem guten Leben streben: Wo bleibt dann das Glück? Aristoteles ist überzeugt, dass die Freude, das Angenehme und Schöne eine Art von Nebenprodukt des eudämonischen Lebens sind.

Ist das wirklich so? Werde ich eher glücklich, wenn ich Sinn in meinem Leben anstrebe? Oder sind das Gedankenexperimente eines antiken Philosophen? Wer sich die psychologische Forschung zu diesem Thema anschaut, kann nur zu dem Schluss kommen: Aristoteles hat recht. Nicht in einem mechanistischen Sinne, dass sich das Glück automatisch mit dem Sinn einstellt, aber der Zusammenhang ist langfristig und verlässlich zu beobachten.

Die US- amerikanischen Psychologen Stephen M. Schueller und Martin E. P. Seligman veröffentlichten 2010 die Ergebnisse einer groß angelegten Studie.[11] Mehr als 13 000 Personen gaben auf einer Website über ihr Innenleben Auskunft. Zum einen berichteten sie, was sie anstrebten – wie sehr es ihnen um Vergnügen ging, um herausfordernde Aktivitäten, um Sinn. Zum anderen gaben sie an, wie zufrieden und glücklich sie waren und wie oft sie negative Gefühle und depressive Symptome erlebten. Bei der Analyse der Daten zeigte sich, dass glücklicher und zufriedener war, wer nach Sinn und Herausforderungen strebte. Bei denjenigen, die nach Vergnügen strebten, war das Gegenteil der Fall.

Tatjana Schnell gelangte bei einer 2019 veröffentlichten Studie, die sie gemeinsam mit ihrer Kollegin Bernadette Vötter an der Universität Innsbruck durchführte, zu ähnlichen Ergebnissen.[12] Dabei untersuchten sie hundert hochbegabte Personen zu zwei Zeitpunkten, die vier Jahre auseinanderlagen. Beide Male erfassten sie, wie glücklich sich die Teilnehmenden fühlten und als wie sinnerfüllt sie sich empfanden. Wer zum ersten Zeitpunkt angab, das eigene Leben als sinnvoll wahrzunehmen, war vier Jahre später glücklicher. Wer zum ersten Zeitpunkt angab, glücklich zu sein, nahm sich vier Jahre später aber nicht als sinnerfüllter wahr. Sinn ging also nachhaltig mit Glück einher – umgekehrt jedoch nicht.

Und auch in einem Experiment, das Christoph Kreiss und Tatjana Schnell 2022 veröffentlichten, schien ein ähnlicher Zusammenhang auf.[13] Die beiden baten die Teilnehmenden einer Studie, fünfmal am Tag digital anzugeben, was sie gerade taten, wie sinnvoll sie das fanden und wie angenehm. Zuvor hatten die Forschenden außerdem abgefragt, wie sinnvoll die Teilnehmenden ihr Leben im Gesamten ansahen. Diejenigen, die einen Sinn in ihrem Leben sahen, erlebten sowohl Sinn als auch Vergnügen intensiver, beispielsweise in intimen Beziehungen, persönlichen Gesprächen, der Beschäftigung mit Kultur und Musik oder beim Sport. Sie erlebten das Sinnvolle als angenehmer und das Angenehme als sinnvoller. Anders ausgedrückt: Sinn zu empfinden, scheint die Lebensfreude zu verstärken.

Sinn und Glück sind nicht das Gleiche, doch sie hängen miteinander zusammen. Wie genau sich das auf ein Leben mit seinen Wendungen und Brüchen auswirkt, davon kann Daniel Schmidt erzählen.[14] Schmidt ist Ende dreißig und besitzt eine der härtesten Kneipen Deutschlands, den Elbschlosskeller auf St. Pauli. Die Türen schließen nie, der Alkohol rauscht, die Zigaretten qualmen, aus der Jukebox trällern Zarah Leander und Hans Albers, auf der Reeperbahn nachts um halb eins. Schmidts Vater stand in dem Laden schon hinterm Tresen, von allen wurde er Wodka-Lothar genannt. Der Sohn übernahm den Elbschlosskeller und hat noch drei weitere Kneipen in Hamburg. Er ist das, was man eine Kiez-Größe nennt, und so sieht er auch aus. Sein Oberkörper ist muskulös, seine Statur gedrungen, Tattoos übersäen die Haut. Als der *ZEIT*-Autor Christoph Wöhrle ihn besucht, hastet Schmidt von einem Wort zum anderen, er drängt, hat wenig Zeit, seine Tage sind übervoll: die Familie, die Gastronomie, Medienanfragen, beten. Beten? So einer betet?

Ja, denn die Geschichte von Daniel Schmidt ist die einer persönlichen Umorientierung – vom Glück zum Sinn.

Schmidt wird nicht konkret, wenn es um die Zeit zuvor geht, aber aus den Begriffen, die er fallen lässt, lassen sich Szenen entspinnen. Er spricht von falschen Freunden, offenen Rechnungen, Gewalt, Drogen, Haltlosigkeit. Er habe viele Verlockungen erlebt, erzählt Schmidt, »teilweise sexueller Art oder krimineller: der Möglichkeit, viel Geld zu machen«. Er habe den Verlockungen nicht nachgeben wollen, sagt er heute, aber er habe gespürt: »Allein schaffe ich es nicht.«

Also ging er zwischen Wodka und Sexarbeiterinnen auf die Suche nach Sinn. So beschreibt es der Autor Christoph Wöhrle. Daniel Schmidts Onkel, der gläubig ist, nahm ihn mit zu einem Gottesdienst. Dort lernte Schmidt den evangelischen Pastor Frank Hoffmann kennen. Ihm schrieb er eines Nachts eine Nachricht: »Ich würde dich gern treffen, es ist sehr wichtig, würde dir 19 Uhr passen?« Sie setzten sich in einer Kneipe zusammen, redeten und beteten. Der Pastor riet Schmidt, seinen Rivalen zu vergeben. Schmidt tat das. Er weinte. Heute nennt er dieses Gespräch sein »Erweckungserlebnis«.

Daniel Schmidt hat nicht seine Arbeit verändert, aber seine Einstellung. Während der Pandemie gründete er den Verein »Wer, wenn nicht wir«. Aus dem Elbschlosskeller machte er in dieser Zeit eine Suppenküche und eine Kleiderkammer. Er sammelte und verteilte Essen, Kleidung und Hygieneartikel an die, die zu wenig von allem hatten. Bekommt er in einer Schicht 500 Euro Trinkgeld, gibt er 200 Euro davon an arme Menschen. So erzählt er es. Und er kümmert sich um einen Mann, der »der Opa« genannt wird. Der Opa ist Witwer. Seit seine Frau starb, geht er in den Elbschlosskeller und trinkt. Zwischen Bier und Schnaps vergesse er aber regelmäßig das Essen, sagt Schmidt. Deshalb zieht Schmidt los und holt ihm eine Suppe. »Der Opa sieht nicht glücklich aus, wenn er so dasitzt im Elbschlosskeller«, schreibt der Autor Christoph Wöhrle. »Aber dann kommt die Suppe, und er packt sie aus wie ein Geschenk. Und isst langsam, während die Discokugel ihre Muster auf den Boden zeichnet. Suppe ist Nächstenliebe.«

Daniel Schmidt sieht seinen Sinn jetzt darin, für andere da zu sein und sie dadurch glücklich zu machen. Das macht auch ihn glücklich. Es geht ihm nicht mehr primär um Vergnügen, Geld, Macht, Anerkennung. Er hat sich neu ausgerichtet auf einen Glauben, der ihm Halt gibt und Orientierung. Er weiß, was für ihn wichtig und richtig ist. Er hat seinen Sinn gefunden. Und dadurch auch Momente des Glücks.

An Daniel Schmidt lässt sich erzählen, wie Sinn und Glück zusammenhängen. Er hat sich erst nach Glück gesehnt und ist doch nicht glücklich geworden, im Gegenteil. Dann wechselte er die Perspektive. Er gewann einen anderen Blick auf sich, die Welt, die Menschen um ihn herum. Der erschien ihm sinnvoller als der vorherige. Er hat ihn umgesetzt, auf seine Art: tatkräftig, konsequent, ohne große Worte.

Sinn ohne Glück

Es gibt allerdings Situationen, in denen es nicht möglich ist, wie Daniel Schmidt zu handeln. Es gibt Situationen, in denen die Außenwelt, die Lebensbedingungen, die politischen Entwicklungen das individuelle Leben beschränken. Glück ist in solchen Situationen oft undenkbar. Und doch ist es möglich, am Sinn festzuhalten.

Die Geschichte von Etty Hillesum erzählt davon auf bewegende Weise. Hillesum wurde 1914 in den Niederlanden geboren, eine Jüdin, die während der Zeit der Besetzung ihres Heimatlandes durch die Nationalsozialisten in Amsterdam lebte und studierte. Zwischen 1941 und 1943 – dem Jahr, in dem sie von den Nazis in Auschwitz ermordet wurde – schrieb sie Tagebuch. Es ist das berührende Dokument einer Frau, die gleichzeitig dem Terror ins Auge sah und die Schönheit des Lebens intensiv fühlte.

Hillesum bekam mit, wie die ersten Jüdinnen und Juden deportiert wurden, und begann zu helfen. Sie brachte ihnen Essen, wurde zur Spionin, sie versuchte, zu tun, was sie konnte, auch wenn sie dabei ihr Leben riskierte. Und zur selben Zeit lebte sie ihr Leben voll aus, trotz aller Schikanen. Sie war verliebt, studierte, arbeitete. Auch davon erzählt sie in ihren Aufzeichnungen. »Ich arbeite und lebe weiter mit derselben Überzeugtheit und finde das Leben sinnvoll, trotzdem sinnvoll, und wenn ich mir das kaum noch in Gesellschaft zu sagen getraue«, schrieb sie.[15] In all dem unsäglichen Schrecken ist es ihr gelungen, sich selbst treu zu bleiben. Trotz aller Gefahr stand sie für ihre Werte ein. Diese Ausrichtung, die Konsequenz, mit der sie sie umsetzte, gemeinsam mit anderen, für andere, ließ sie Sinn erfahren: »All das ist ein Teil des Lebens, und trotzdem ist das Leben schön und sinnvoll noch in seiner Sinnlosigkeit, wenn man nur allen Dingen einen Platz im Leben einräumt und das ganze Leben als Einheit in sich aufnimmt, so dass es dennoch zu einem geschlossenen Ganzen wird.«[16]

Sinn schützt nicht vor dem Leid der Welt. Aber wer Sinn im eigenen Leben und Handeln sieht, kann anders mit dem Leid umgehen. In autoritären Regimen ist es gefährlich, häufig lebensgefährlich, sich offen der Staatsmacht zu widersetzen. Dennoch tun es Menschen immer wieder – weil sie es als richtig, als wichtig, als sinnvoll empfinden. Ein Leben im Widerstand ist ein Extrembeispiel. Doch auch im Alltag finden sich Hinweise darauf, dass Sinnerfahrungen nicht angewiesen sind auf Glück. Dass sie in herausfordernden Situationen entstehen können – dass sie vielleicht sogar häufiger mit diesen als mit leichten und angenehmen Erlebnissen in Verbindung gebracht werden. Das zeigt die Forschung der Wirtschaftswissenschaftler Catherine Bailey und Adrian Madden, die sie 2016 im *MIT Sloan Management Review* veröffentlichten.[17]

Die britischen Wissenschaftler wollten herausfinden, wann Arbeit als sinnvoll und wann sie als sinnlos erlebt wird. Ihr Fazit: »Wir befragten 135 Menschen, die in zehn sehr unterschiedlichen Berufen arbeiten, und baten sie, uns von Ereignissen oder Momenten zu erzählen, in denen sie ihre Arbeit als sinnvoll empfanden: Unsere Forschungsergebnisse legen nahe, dass Sinnhaftigkeit entgegen unserer Annahme nicht immer eine positive Erfahrung ist. Tatsächlich waren die Momente, in denen die Menschen ihre Arbeit als sinnvoll empfanden, in der Regel weitaus reichhaltiger und herausfordernder als Zeiten, in denen sie sich einfach nur motiviert, engagiert oder glücklich fühlten.«

Krankenpflegerinnen und Krankenpfleger erlebten es als sehr sinnvoll, bei Patientinnen und Patienten zu sein, während diese starben. Anwältinnen und Anwälte erzählten von Fällen, die sich über Jahre zogen und die das Leben ihrer Mandantinnen und Mandanten radikal veränderten. Zusammenfassend formulieren Bailey und Madden: »Die Teilnehmer mehrerer Berufsgruppen erlebten Momente der Sinnhaftigkeit, wenn sie unter schwierigen Umständen triumphierten oder ein komplexes, unlösbares Problem gelöst hatten.«

Besser ein unzufriedener Mensch als ein zufriedenes Schwein? Mit diesem Gedankenspiel des britischen Philosophen John Stuart Mill konfrontierten wir uns zu Beginn dieser Etappe. Und auch wenn das einfache, zufriedene, fraglose Leben sicherlich etwas Verlockendes hat, geben die Erkenntnisse, die wir auf dem Weg gesammelt haben, Mill doch eher recht: »Es ist besser, ein unzufriedener Mensch zu sein als ein zufriedenes Schwein.«[18] Er entschied sich damit wie der griechische Philosoph Aristoteles, wie der Hamburger Kneipenwirt Daniel Schmidt und wie die niederländische Widerstandskämpferin Etty Hillesum für das verantwortete Leben und Handeln.

Wenn wir auf unserem Weg zu diesem Sinn nun klarer verstanden haben, warum es sinnvoll ist, nach ihm zu suchen, dann wollen wir nun umso präziser wissen: Was genau ist dieser Sinn? Und wie zeigt er sich in unserem Leben?

4
Wie fühlt sich Sinn an?
Über die Notwendigkeit, den Kopf einzuschalten

Als Kilian Trotier den Sänger Axel Bosse zum ersten Mal traf, war der große Vorlesungssaal der Universität Hamburg voll. Ein Samstag im Mai 2017, Bosse hatte ein Jahr zuvor sein Album *Engtanz* veröffentlicht, das auf Platz 1 in den deutschen Charts landete. Er, der Star des gefühligen Deutschpops, erzählte auf der Bühne davon, wie er Geflüchteten in Hamburg half, wie er mit dem FC St. Pauli zitterte, warum er in seinen Songs sein Seelenleben ausleuchtete. Als das Gespräch vorbei war, gingen Trotier und Bosse vor die Tür, und der Sänger rauchte eine.

Im Herbst 2023 sahen sie sich wieder. Trotier hatte den Sänger angefragt für ein Interview, dieses Mal sollte es schriftlich erscheinen, also kein Gespräch vor Publikum, sondern eines im Büro seiner Plattenfirma im Berliner Prenzlauer Berg. Nicht nur deshalb wurde es intimer. Das Thema des Gesprächs ging tiefer, es ging um den Sinn.[1] Bosse kam ein wenig verspätet, er hatte gerade Mittag gegessen. Als er um die Ecke bog, rauchte er nicht, er kaute einen Nikotinkaugummi.

Es war ein Wandel, der den Sänger viel Kraft gekostet hat. Als Jugendlicher habe er angefangen zu rauchen, weil das cool gewesen sei, erzählte er während des Gesprächs. Als Erwachsener habe er verstanden, was das Nikotin mit seinem

Körper mache. »Ich war süchtig. Ich habe damit etwas kanalisiert. Aber es hat lange gedauert, bis ich bereit war, mich zu ändern.« Achtmal versuchte er aufzuhören. Achtmal scheiterte er. Ein halbes Jahr lang ging das so. Aber nun, sagte er, sei er über den Berg.

»Gab es einen Moment, an dem Ihnen das klar wurde?«, fragte Kilian Trotier.

»Ich saß auf dem Beifahrersitz und habe das Fenster aufgemacht. Da habe ich gedacht: Wow, ich rieche wieder. Es fühlte sich an wie mit sieben, als ich neben meinem Vater im Auto saß, auf dem Weg zum Tennistraining.«

»Warum haben Sie es dieses Mal geschafft, vom Rauchen loszukommen?«

»Das war eine Kopfsache. Ich habe über meine Zukunft nachgedacht. Da ging es ab in meinem Gehirn: Ich bin 43, wenn ich Glück habe, habe ich noch mal dieselbe Zeit vor mir. Wie lange werde ich meine Enkel auf dem Arm halten? Ich habe mir geschworen: Das kriege ich jetzt hin, egal wie schwer mir das fällt. Ich habe mit meinen Mustern gebrochen und mich neu aufgestellt.«

Axel Bosse hat seinen Blickwinkel geweitet. Er hat nicht an den nächsten Tag gedacht, an die nächste Platte, die nächsten Konzerte, den nächsten Kick. Er hat auf sein ganzes Leben geschaut und daraus den Willen entwickelt, etwas zu ändern. Man könnte auch sagen: Er hat eine Meta-Perspektive eingenommen, nachgedacht und daraus seine Schlussfolgerung gezogen. Sinn braucht diese Form der Reflexion. Denn Sinn ist kein Gefühl. Wenn Sinn aber kein Gefühl ist – was ist er dann? Wie lässt sich Sinn greifen, wie verstehen, wie im Gelebten erkennen? Was steckt dahinter, dass eine Entscheidung, wie mit dem Rauchen aufzuhören, stimmig wirkt?

Wann kann ich mir sicher sein, dass etwas sinnvoll ist? Das wollen wir auf dieser Etappe ergründen.

Um dem Sinn des Sinns näherzukommen, blicken wir zunächst zurück, in die Geschichte. Wir ergründen, woher die Idee kommt, einen Sinn im Leben suchen zu wollen. Und wie sich diese Idee in unserem Kulturkreis entwickelt hat.

Ein kurzer geschichtlicher Abriss

Was als »sinnvoll« angesehen wurde, bestimmte bis zur Neuzeit vor allem die Religion. Das Leben eines jeden Individuums war eingebunden in einen göttlichen Plan, und der Sinn des einzelnen Menschen bestand darin, seinen Teil dazu beizutragen. Was das konkret bedeutet, war allerdings nicht immer leicht zu verstehen, selbst für Helden der Bibel nicht. So schrieb der Verfasser des alttestamentarischen Buchs Kohelet, vermutlich im dritten Jahrhundert vor Christus, über die Frage nach dem Sinn des Lebens: »Ich wollte herausfinden, was für einen Sinn alles hat, was in der Welt geschieht. Doch was ist das für eine fruchtlose Beschäftigung! Gott hat sie den Menschen gegeben, damit sie sich mit ihr plagen. Ich beobachtete alles, was Menschen auf der Erde tun, und ich fand: Alles ist vergeblich. Es ist, als jagtest du dem Wind nach.«[2]

Etwa zur selben Zeit war im antiken Griechenland ein Ideal weit verbreitet, das wir bereits kennengelernt haben: das der Eudämonie, was so viel bedeutet wie »gute Lebensführung«. Ideengeschichtlich bemerkenswert ist, dass in der Eudämonie erste Tendenzen zu erkennen sind, die Suche nach dem Sinn zu internalisieren, wenn nicht gar zu säkularisieren. Platon sah in dem *»daimon«* einen guten inneren Begleiter, der sich von Geburt an zum Menschen gesellt. Aristoteles setzte, wie erwähnt, den *»daimon«* mit der Vernunft gleich, die einen Anteil am Göttlichen hat, aber auch menschlicher Natur ist.

In den folgenden Jahrhunderten verdrängte das sich rasch verbreitende Christentum diese Perspektive auf den Sinn. Seine Anhänger sahen den Menschen als Gottes Geschöpf, das nur innerhalb einer von Gott geschaffenen Ordnung sein Heil finden kann. Die Ordnung schlug sich nieder in Geboten, von denen zwei höher standen als alle anderen. »Das wichtigste Gebot ist dieses: ›Höre Israel! Der Herr ist unser Gott, der Herr und sonst keiner. Darum liebt ihn von ganzem Herzen und mit ganzem Willen, mit ganzem Verstand und mit aller Kraft.‹ Das zweite ist: ›Liebe deinen Mitmenschen wie dich selbst.‹ Es gibt kein Gebot, das wichtiger ist als diese beiden.«[3] So wird Jesus im Markus-Evangelium wiedergegeben. Doch auch im Neuen Testament war es selbst für die glühendsten Gläubigen nicht leicht, den Sinn des Lebens zu verstehen. »Wie unerforschlich sind seine [Gottes] Gerichtsurteile, wie unbegreiflich seine Führung«, schrieb der Apostel Paulus in einem Brief an die Römer.[4]

Über viele Jahrhunderte besaß das Christentum das Monopol auf den Sinn. Das begann sich mit der Aufklärung langsam zu ändern. Einer der wortmächtigsten Kritiker wurde ausgerechnet ein Pfarrerssohn – der Philosoph Friedrich Nietzsche. Er wetterte gegen eine sinnentleerte Kirche und einen religiös fundierten, objektiven Sinn. Dabei wählte er drastische Worte: »Das Heiligste und Mächtigste, was die Welt bisher besaß, es ist unter unseren Messern verblutet.«[5] So lässt er den Helden in *Die fröhliche Wissenschaft* sprechen – einen Helden, der in den Augen der Betrachtenden ein Verrückter ist, ein »toller Mensch«.

»›Wohin ist Gott?‹ rief er, ›ich will es euch sagen! Wir haben ihn getötet – ihr und ich! Wir alle sind seine Mörder! Aber wie haben wir dies gemacht? Wie vermochten wir das Meer auszutrinken? Wer gab uns den Schwamm, um den ganzen Horizont wegzuwischen? Was taten wir, als wir diese Erde von ihrer Sonne losketteten? Wohin bewegt sie sich nun? Wohin bewegen wir uns? Fort von allen Sonnen? Stürzen wir nicht fortwährend? Und rückwärts, seitwärts, vorwärts, nach allen Seiten? Gibt es noch ein Oben und ein Unten? Irren wir nicht wie durch ein unendliches Nichts? Haucht uns nicht der leere Raum an?‹«[6]

In unserer Gegenwart verstehen sich noch Millionen von Menschen als religiös oder spirituell und glauben an eine höhere Macht, die ihrem Leben Sinn gibt. Dennoch ist dieser leere Raum, von dem Nietzsche schreibt, die Erfahrung des modernen Menschen. Die Existenzphilosophie bezeichnet sie gar als Grundlage des menschlichen Seins. Symbolisch für diese Lebensempfindung steht die antike Figur des Sisyphos. Er rollt einen Stein auf einen Berg, nur um dabei zusehen zu müssen, wie er wieder herunterrollt und das ganze Prozedere von vorn beginnt. Aber ist das so schlimm, solch ein Leben ohne Sinn? Der französische Philosoph Albert Camus provozierte in seinem Essay *Der Mythos des Sisyphos* mit diesen zwei Sätzen: »Der Kampf gegen Gipfel vermag ein Menschenherz auszufüllen. Wir müssen uns Sisyphos als einen glücklichen Menschen vorstellen.«[7]

Einen Sinn des Lebens gibt es nicht – davon gehen die meisten Atheistinnen und Atheisten aus. Religiöse Menschen widersprechen. Was stimmt, kann niemand sicher sagen. Disziplinen wie die Theologie und die Philosophie beschäftigen sich damit, aber ein objektivierbarer Wahrheitsgehalt lässt sich wissenschaftlich nicht feststellen. Sollten wir, wenn also die große, existenzielle Antwort nicht zu haben ist, die Frage ganz aufgeben? Das ist nicht nötig, denn unser Gehirn können uns der Antwort auf einer anderen Ebene nähern.

Über die Jahrhunderte hat sich die Perspektive auf den Sinn verändert. Wir fragen weniger nach dem Universellen und Allgemeingültigen als vielmehr nach dem Sinn im eigenen Leben. Was im antiken Griechenland in der Idee der Eudämonie bereits angelegt war, tritt nun klar hervor. Sinn ist großenteils säkularisiert, es gibt ihn mit und ohne Gott. Und Sinn ist internalisiert, zu einer persönlichen Sache geworden. Die Perspektive des Individuums ist entscheidend, und damit die Bedeutung oder die Bedeutungen, die wir als Individuen unserem Leben geben. Es ist ein Wandel vom Sinn *des* Lebens zum Sinn *im* Leben. Wie dieser Sinn entsteht, lässt sich wissenschaftlich ergründen. Tatjana Schnell macht das seit mehr als zwanzig Jahren.

Wie Sinn im Leben entsteht

Das *Philosophische Wörterbuch* von Heinrich Schmidt und Georgi Schischkoff definiert Sinn als die »einer Sache, einer Handlung oder einem Ereignis beigelegte (wertende) Bedeutung«. *Sinnvoll* ist also keine Eigenschaft, die einer Sache inhärent ist. Mit dem Sinn ist es deshalb ähnlich wie mit der Schönheit. Auch sie steckt nirgends bereits drin. Wir Menschen nehmen unterschiedliche Dinge als schön wahr, weshalb sich darüber bekanntlich nicht streiten lässt. Ebenso nehmen wir unterschiedliche Dinge als sinnvoll wahr. Dabei spielt auch unsere jeweilige Situation eine wichtige Rolle.

Es kann sein, dass ich zu einem bestimmten Zeitpunkt einen großen Sinn in einer Sache sehe – beispielsweise liebe ich es, an schönen Tagen mit meinem Motorrad aufzubrechen, ohne Ziel, einfach weil ich das Fahren selbst genieße –, dass mir dieselbe Sache einige Jahre später aber als sinnlos erscheint. Genauso gut kann es sein, dass ich etwas als sinnvoll empfinde, wie zum Beispiel Gegenwartskunst, andere Menschen das hingegen nicht verstehen können, selbst Menschen nicht, die mir sehr nahestehen, wie mein Partner oder meine Partnerin.

Sinn ist subjektiv. Und weil er subjektiv ist, ist es nicht möglich, anderen ihre Sinnerfahrung abzusprechen. Wenn meine Partnerin sagt: »Für mich ist es total sinnvoll, mit meinen Freundinnen jeden zweiten Samstag ins Westfalenstadion zu gehen und Borussia Dortmund mit meinen Gesängen nach vorn zu peitschen«, dann könnte ich zwar sagen: »Das finde ich nicht.« Aber ich kann nicht behaupten, dass es prinzipiell nicht sinnvoll sei. Es ist ihre Erfahrung, die ihr niemand nehmen kann.

Das hierarchische Sinnmodell

Wir Menschen konstruieren Sinn, ständig, im Großen wie im Kleinen. Wie kann man sich diese Prozesse vorstellen? Tatjana Schnell hat ein Modell entwickelt, das die entsprechenden Schritte abbildet. Sie hat es »Hierarchisches Sinnmodell« genannt, weil es verschiedene Ebenen aufzeigt, die aufeinander aufbauen: Wahrnehmungen, Handlungen, Ziele, Sinnquellen und der Lebenssinn. Diese Ebenen werden dann als sinnvoll empfunden, wenn es einen Bedeutungsüberschuss zur jeweils übergeordneten Ebene gibt, sie also über das Offensichtliche hinaus auf etwas Anderes hinweisen.

Betrachten wir das Modell von unten nach oben und starten mit den Wahrnehmungen. Im Gehirn geschieht dabei Folgendes: Reize treffen auf die Sinnesorgane und werden als neurochemische Signale in bestimmte Hirnregionen weitergeleitet. Diesen Signalen wohnt noch kein Sinn inne. Er wird erst von uns Menschen zugewiesen, wenn unser Gehirn Informationen filtert, sie zusammenfügt und mit bestehenden Schemata abgleicht.

Im Laufe der Evolution hat sich unser Wahrnehmungsapparat so entwickelt, dass wir vor allem das aufnehmen können, was für unser Überleben notwendig ist. Das heißt, dass wir bestimmte Gerüche und Geschmäcker wahrnehmen können, andere nicht. Dass wir Dinge hören oder sehen können, die gefährlich für uns sind oder die uns Hinweise auf ihren Nutzwert geben, und andere eher an uns vorbeigehen. Deshalb gibt es eine enge Verknüpfung zwischen Wahrnehmungen und Handlungen. Was das konkret bedeutet? Ein paar Holzbretter nebeneinander ergeben dann Sinn, wenn ich sie als Tisch identifiziere. Ein kleines Stück Stahl mit Nickellegierung darauf und vielen Zacken dran scheint nur dann sinnvoll, wenn ich weiß, was ein Schlüssel ist und dass er in ein Schloss passen soll.

In dem Moment, in dem ich mehr sehe als Holzbretter oder geriffelten Stahl, resultieren die Reize in einer sinnvollen Wahrnehmung. Dabei wird ein sogenannter »Wahrnehmungs-Handlungs-Code« aktiviert. Ich nehme etwas als sinnvoll wahr, wenn es mir etwas darüber sagt, was ich damit tun kann. Im Laufe meines Lebens habe ich gelernt, dass ein bestimmter Gegenstand für mich nicht nur irgendein Ding mit einer bestimmten Farbe und Konsistenz ist, sondern ein Schlüssel. Ein Mensch aus einer Gegend, in der nichts abgeschlossen wird, kann das nicht nachvollziehen.

Wahrnehmungen erscheinen also dann als sinnvoll, wenn sie mir etwas darüber sagen, wie ich handeln könnte oder sollte. Und wann sind Handlungen sinnvoll? Wenn sie in Ziele münden. Stehe ich von meinem Stuhl auf und laufe einmal um meinen Schreibtisch, ist das per se noch keine sinnvolle Handlung. Sie wird aber zu einer, wenn ich damit ein Ziel verfolge – beispielsweise habe ich mir vorgenommen, nach jeder Videokonferenz einige Schritte zu gehen, weil sonst mein Kreislauf absackt. Eine andere Situation: In meinem Job verfasse ich Berichte, die die Arbeit eines Teams dokumentieren. Wenn ich nicht weiß, warum ich dies tue und welche Konsequenzen es hat, erlebe ich die Tätigkeit als sinnlos. Werden meine Berichte jedoch regelmäßig ausgewertet und führen zu Verbesserungen in den Abläufen, sieht es ganz anders aus. Indem ich das Ziel kenne, nehme ich den Sinn der Handlung wahr.

Ziele werden oft prinzipiell als sinnvoll angesehen. Sie motivieren und strukturieren den Alltag. Es ist gut, Ziele zu haben. Aber es ist nicht egal, welche das sind. Ziele sind dann für mich sinnvoll, wenn sie mit meinen Sinnquellen übereinstimmen. Mit den Sinnquellen werden wir uns auf einer der nächsten Wegstrecken eingehend beschäftigen, hier nur so viel: Sie haben viel damit zu tun, wie ich mich selbst sehe, was ich unter einem guten Leben verstehe, welche Werte mir wichtig sind. Will ich im Leben vor allem Spaß haben? Sind mir Traditionen wichtig? Strebe ich nach Macht? Fühle ich mich besonders verbunden mit der Natur? Oder mit einem Gott? Sinnquellen geben mir Orientierung und sind – andersrum betrachtet – sehr gute Richtungsweiser, wenn es darum geht, Ziele zu wählen.

Sinnquellen wiederum werden nur dann als sinnvoll erfahren, wenn ich glaube, dass mein Leben einen Sinn hat, wenn ich also davon überzeugt bin, dass es sich zu leben lohnt. Damit ist die Spitze der Pyramide des Sinn-Modells erreicht: der Lebenssinn. Er überwölbt meine Wahrnehmungen, Handlungen, Ziele und Sinnquellen. Ich handle ihn aus – in und mit meinem Umfeld, mit der Gesellschaft, mit den Gegebenheiten der Zeit, in der ich lebe. Er scheint auf als meine persönliche Geschichte, die eingebunden ist in den Lauf der Geschichte.

Sinnerfahrungen

Wenn ich meine Geschichte als sinnvoll und mein Leben als sinnerfüllt wahrnehme, dann drückt sich das in bestimmten Erfahrungen aus. Die psychologische Forschung hat diese Erfahrungen in den vergangenen Jahrzehnten systematisiert. Dabei haben sich vier Elemente herauskristallisiert, die für das Sinnerleben entscheidend sind: Orientierung, Bedeutsamkeit, Kohärenz und Zugehörigkeit.

Orientierung

Will ich sinnerfüllt leben, brauche ich Orientierung. Das Leben stellt mich immer wieder vor die Wahl. Deshalb benötige ich einen inneren Kompass, ein Wissen darüber, wohin ich will. Fehlt mir die Peilung, dann fehlt mir auch der Antrieb loszugehen. Diese Form der Orientierungslosigkeit erlebt der Ich-Erzähler in Rocko Schamonis 2011 erschienenem Roman *Tag der geschlossenen Tür*. Er steht auf einem großen Platz und weiß nicht, was er tun soll.

> »Wohin soll ich gehen, wenn ich doch überall hingehen könnte? Alle Ziele könnte ich ansteuern, Freunde, Läden, Orte, die mir etwas bedeuten oder meiner Bewegung eine Ordnung verleihen könnten, allein ich kann mich nicht entscheiden, jedes dieser Ziele wäre gleich gut, aber keines hebt sich unter den anderen hervor. Dieses Gefühl ist sehr unangenehm. Rastlos lasse ich mich auf den Boden sinken und warte. Gesichter von Freunden und Namen von Orten laufen durch meinen Geist, aber nichts tut sich, keiner meiner Gedanken nimmt eine klare Form an oder erscheint mir von großer Priorität. Mein Zustand nimmt eine zwanghafte Form an, ich will hier nicht sitzen bleiben, aber je mehr ich mich zu einer Entscheidung dränge, desto unmöglicher scheint sie mir.«[8]

Der Ich-Erzähler bei Schamoni ist gelähmt. Er kann nicht handeln. Er ist unter Druck, aber er weiß nicht weiter. Warum sollte ich losgehen, wenn ich gar nicht weiß, wohin? Das ist die spürbare Not, wenn die Orientierung fehlt.

In unserer Gesellschaft ist es nicht leicht, Orientierung zu finden. Wo lerne ich Haltung? Wo erwerbe ich einen Überblick, der mir erlaubt, Entscheidungen abwägend zu treffen? In vielen Fällen ergeben sich Orientierungen eher, als dass ich sie mir bewusst erarbeite. Ich übernehme sie aus meiner Erziehung, aus den Begegnungen mit Freunden und aus den Medien, die ich konsumiere. In früheren Jahrhunderten war es eine Selbstverständlichkeit, dass Kinder die Orientierung, die Haltung und Werte der Eltern übernahmen. Das wurde erwartet und teilweise auch erzwungen. Heute verlangen viele von sich, eigenständig zu sein und selbst zu entscheiden. Aber die Werkzeuge dafür, wie das konkret umzusetzen ist, sind oft nicht bekannt oder nicht verfügbar.[9] Das nutzen andere aus, die gezielt die Haltung beeinflussen wollen: sogenannte Influencer, die in den sozialen Medien ein Millionenpublikum erreichen,[10] Werbetreibende, Populisten.

Wenn ich nicht weiß, was ich vom Leben will, merke ich vielleicht erst spät, zu spät, dass ich an einen Ort gelangt bin, an den ich gar nicht gehen wollte. »Es war in unseres Lebensweges Mitte, als ich mich fand in einem dunklen Walde; denn abgeirrt war ich vom rechten Wege.«[11] So heißt es in Dantes *Göttlicher Komödie*. Heute nennen wir dieses Gefühl Midlife-Crisis, wenn jemand realisiert, dass schon viel Leben vergangen ist und er oder sie es nicht so gelebt hat, wie es im Rückblick eventuell besser gewesen wäre. Diese Erkenntnis kann frustrieren, sie kann auch einhergehen mit existenzielleren Erfahrungen der Leere und Sinnlosigkeit. Die Folge ist häufig eine Art Kurzschlussreaktion, ein Sturz ins Gegenteil dessen, was ich zuvor als erstrebenswert erachtet habe.

Inzwischen zeigt sich dieses Phänomen auch schon in einer früheren Lebensphase. In der sogenannten Quarterlife-

Crisis fragen sich junge Erwachsene in den Zwanzigern, ob sie auf dem richtigen Weg sind. Sie haben das Gefühl, festzustecken, denken über Veränderung nach. Es geht dabei um Themen wie Familie, Ausbildung und Karriere, wobei besonders die Berufswahl im Mittelpunkt vieler Krisen steht.[12] Wie bei einem Studenten, der Tatjana Schnell erzählte, dass sein Vater ihm schon früh nahegelegt habe, viele Bücher zu lesen und ein Studium abzuschließen, das sei das Wichtigste im Leben. Der junge Mann entschied sich für ein Studium der Psychologie. Nach zwei Jahren wurde ihm allerdings bewusst, dass es nicht *sein* Ziel war, das er verfolgte. Er fühlte sich viel stärker zur Natur hingezogen, wollte draußen sein, in der Erde graben, säen und ernten. Als er das realisierte, orientierte er sich um und begann eine Ausbildung zum Landwirt.

Bedeutsamkeit

Ich empfinde mich als bedeutsam, wenn ich etwas bewegen kann, wenn mein Dasein Konsequenzen hat. Das zeigt sich auf mehreren Ebenen. Zwischenmenschlich: Es gibt mir Nahestehende, die mich tief kennen und in lebendiger Beziehung mit mir sind. Beruflich: Meine Arbeit wird gesehen, wertgeschätzt und hat einen Nutzen. Politisch: Ich empfinde mich als Teil eines größeren Ganzen, sehe Möglichkeiten, mich einzubringen, zu handeln.

Sich in diesem Sinne bedeutsam zu erleben, kann schwerfallen. Die Folgen meines Handelns kann ich häufig nicht nachvollziehen, weil es so viele Zwischenschritte und Verknüpfungen gibt. Kaufe ich eine Hose, weiß ich so gut wie nie, woher sie genau kommt und wer sie produziert hat. Es gibt einige Initiativen, die das ändern oder ändern wollen, aber in den meisten Fällen bleiben die Ursprünge im Verborgenen. Auch der Klimawandel ist für viele nicht nachvollziehbar. Sie denken: Ist doch egal, was ich als einzelner Mensch mache. Ob ich wie Millionen andere mit dem Auto fahre, ändert am Ende nichts.

Fehlt die Erfahrung der Bedeutsamkeit, habe ich das Gefühl, egal zu sein. In Beziehungen, wenn es keine Menschen gibt, von denen ich gesehen und geliebt werde. Im Job, wenn meine Arbeit nicht verlässlich wertgeschätzt wird. Gesellschaftlich, wenn ich mich als entfremdet erlebe und das Gefühl habe, die da oben machen eh nur, was sie wollen.

Wie wichtig die Erfahrung der Bedeutsamkeit allerdings für uns Menschen ist, hat der Psychologe Edward Z. Tronick bereits in den 1970er-Jahren eindrucksvoll belegen können.[13] In seinem sogenannten Still-Face-Experiment beschäftigt sich eine Mutter mit ihrem Säugling. Dann hört sie auf, auf ihr Kind zu reagieren. Ihr Gesicht wird für einige Minuten blank, kein Lächeln, keine beruhigenden Geräusche, kein Anzeichen, dass sie ihr Kind wahrnimmt. Babys reagieren darauf immer ähnlich. Zuerst versuchen sie, durch verschiedene Taktiken – mimisch, durch Zeigen, durch Geräusche – die Aufmerksamkeit der Mutter zurückzugewinnen. Gelingt das nicht, verlieren sie ihre Körperspannung, fangen an zu weinen oder zu schreien und wenden sich ab. Die Ergebnisse wurden später in Studien mit Vätern und Kleinkindern bestätigt, ebenso mit älteren Kindern.

Kohärenz

Ich blicke auf mein Leben und finde es stimmig. Ich bin bei mir, mit mir im Reinen. Das gelingt mir, wenn ich das, was mich ausmacht, auch in die Tat umsetze. Wenn ich ich selbst sein kann. Dabei spielt auch die Umgebung eine wichtige Rolle. Werde ich akzeptiert? Fühle ich mich frei genug, mich auszudrücken? Oder habe ich damit zu rechnen, dass ich nicht verstanden oder gar drangsaliert werde?

Menschen, die die Eigenschaften und Vorstellungen der Mehrheit teilen, die sich gern an dem orientieren, was in ihrem Umfeld als »normal« gilt, haben mit der Kohärenz seltener Probleme. Sie erleben sich als passend, nach innen und nach außen. Anders sieht es aus bei Menschen, die eigene Wege gehen wollen oder Merkmale aufweisen, die nur eine Minderheit der Gesellschaft teilt, wie zum Beispiel eine Behinderung, eine nicht heteronormative sexuelle Orientierung, eine über- oder unterdurchschnittliche Körpergröße. In diesen Fällen stellen Konformitätsdruck, Vorurteile und Diskriminierung die Kohärenz und damit auch das Sinnerleben infrage.

Kohärenz umfasst noch mehr als die eigene Rolle innerhalb der Gesellschaft. Ich kann mich fragen: Verfolge ich Ziele, die zueinander passen, oder stehen sie im Konflikt miteinander? Handle ich so, dass ich mit meinen Handlungen meine Ziele erreiche? Stimmen meine Ziele mit dem überein, was mir im Leben Bedeutung gibt?

Die Ausdifferenzierung unserer Gesellschaft macht es uns schwer, die Kohärenz zu wahren. Es gibt kein übergeordnetes, verbindendes Weltbild mehr, wie es das Christentum für viele Jahrhunderte in unserem Teil der Welt war. Vielmehr existiert eine Vielzahl autonomer gesellschaftlicher Teilsysteme, die nach ihren eigenen Codes und Regeln innerhalb des Gesamtsystems agieren und untereinander interagieren. So hat es der Soziologe Niklas Luhmann beschrieben.[14] Zu den Teilsystemen zählte er zum Beispiel Politik, Wirtschaft, Wissenschaft, Kunst und Beziehungen. Alle Teilsysteme haben unterschiedliche Funktionen innerhalb der Gesellschaft. Damit gehen auch unterschiedliche Perspektiven einher, die zu widersprüchlichen Bewertungen führen können. So kann eine politische, machtorientierte Entscheidung aus Sicht der Wirtschaft oder der Wissenschaft dysfunktional sein – und umgekehrt.

Neben den Widersprüchen, die sich *zwischen* gesellschaftlichen Teilsystemen ergeben können, gibt es auch *innerhalb* dieser Teilsysteme eine große Vielfalt an Möglichkeiten. Nehmen wir den Bereich der Beziehungen: Will ich Single sein? Will ich mit einer oder mehreren Personen in einer Beziehung leben? Welches Geschlecht soll die Person oder sollen die Personen haben? Will ich meine Beziehung legalisieren? Soll es eine offene Beziehung sein oder eine exklusive? Möchte ich Kinder oder nicht? Neben meiner persönlichen Entscheidung gilt es dann natürlich auch noch, eine mir entsprechende Person oder mir entsprechende Personen zu finden.

Oder betrachten wir das Feld des Konsums, ein Subsystem der Wirtschaft. Da stellen sich folgende Fragen: Was kaufe ich ein? Was brauche ich? Was möchte ich? Nach welchen Kriterien wähle ich aus – Kosten, Geschmack, Gesundheit, Gerechtigkeit? Geht es mir ums Aussehen, um Nachhaltigkeit, um das Tierwohl, um Fairness? Interessiert mich die Werbung? Folge ich ihren Empfehlungen? Als Individuum muss ich immer wieder mit dieser Vielzahl an Optionen umgehen. Und wie ich innerhalb eines Systems agiere, hat Rückwirkungen auf mein Handeln in den anderen Bereichen.

Kohärent bin ich dann, wenn meine Handlungen über die Systeme hinweg stimmig sind. Es passt nicht zusammen, wenn ich mich politisch für Gerechtigkeit und Menschenwürde einsetze, aber Kleidung kaufe, die unter menschenunwürdigen Bedingungen hergestellt wurde. Wenn ich fair produzierte Kleidung erwerben möchte, aber meine wirtschaftliche Situation dies nicht zulässt, kommt es zu weiteren Konflikten. Diese auszuhalten oder zu bewältigen, ist eine Leistung, die in weniger komplexen Gesellschaften nicht erforderlich ist. Sie ist eine Herausforderung, die leicht als Überforderung erlebt werden kann. Dann wende ich meine Aufmerksamkeit ab von den Fragen oder spiele die Bedeutung des eigenen Handelns herunter – was wiederum Auswirkungen darauf hat, als wie bedeutsam ich mich empfinde.

Lasse ich das Gefühl doch zu, das eigene Leben als inkohärent zu empfinden, bezieht sich das beispielsweise auf die Erfahrung, dass ich mich verbiegen muss. Das kann passieren, wenn mein Umfeld etwas von mir verlangt, das meinen Werten widerspricht: Am Arbeitsplatz muss ich Produkte verkaufen, von denen ich weiß, dass sie nicht gut für den Kunden sind. Oder ich bin mit einem Partner zusammen, der aus Eifersucht von mir verlangt, am Wochenende nicht ohne ihn durch Bars zu ziehen – obwohl ich das liebe und es in der Zeit vor ihm jahrelang gemacht habe.

Ich erlebe auch dann fehlende Kohärenz, wenn ich Ziele verfolge, die nicht oder nur schwer miteinander vereinbar sind. Umgekehrt bedeutet das: Kohärenz zu erlangen, beruht auf einem Zusammenspiel von Werten, die ich habe,

Zielen, die ich mir setze, den Wegen, die ich wähle, um die Ziele zu erreichen, und den Erwartungen und Bedingungen, die ich in meiner Umwelt vorfinde.

Zugehörigkeit

Im existenziellen Sinne erlebe ich Zugehörigkeit, wenn ich einen Platz habe auf dieser Erde. Ich kann irgendwo andocken, mich wiederfinden in etwas, das außerhalb meines Selbst liegt. Das bedeutet nicht, einem vermeintlichen Idealbild folgen zu müssen: viele Freunde zu haben, auf allen Partys zu tanzen, Teil einer Gruppe zu sein, um dazuzugehören. Vielmehr geht es darum, sich bewusst einzulassen, offen zu sein, Verantwortung zu übernehmen für etwas, dem ich mich zugehörig fühle.

Ich erlebe mich als zugehörig, wenn ich berührt werde: bei einem Händedruck, einer Umarmung, wenn ich einen Hund oder eine Katze streichle.[15] Nahe am Körpergefühl ist die Erfahrung des Wohnens, die der Philosoph Martin Heidegger als Form existenzieller Zugehörigkeit bezeichnete. »Wo man wohnt, da ist man zu Hause, da hat man einen Platz. […] Im Wohnen ist das Dasein somit eingebunden in eine Reihe sinnstiftender Praktiken und Strukturen, mit denen es vertraut ist.«[16] Soziale Beziehungen sind eine weitere Quelle existenzieller Zugehörigkeit. Es ist auch möglich, sich mit einer Religion zu verbinden, einer politischen Gemeinschaft, einer philosophischen Ausrichtung oder einem beruflichen Umfeld. Ich kann mich mit der Natur oder auch der gesamten Menschheit identifizieren.

Es gibt also viele verschiedene Möglichkeiten, existenzielle Zugehörigkeit zu erfahren. Allerdings ist ihnen allen gemein, dass sie nicht selbstverständlich sind. In vergangenen Jahrhunderten sind Menschen viel stärker in vorgegebene Zusammenhänge hineingewachsen. Als Großfamilie lebte man zusammen und kümmerte sich umeinander. Im Ort gab es Aufgabenverteilungen und Ehrenämter, die die Bewohnerinnen und Bewohner übernahmen. Diese Klarheit, aber auch der damit einhergehende Zwang sind in vielen Bereichen aufgebrochen oder ganz weggefallen. Das macht mich freier. Mit der Freiheit geht allerdings einher, dass ich selbst initiativ werden muss. Ich muss mich fragen, wo ich dazugehören möchte. Und dann muss ich handeln, um dazugehören zu können. Ich muss in Kontakt treten, mich in manchen Bereichen gar bewerben. Das erfordert Courage. Denn es ist nicht ohne Risiko, auf andere zuzugehen. Wie werde ich wahrgenommen? Werde ich willkommen geheißen oder ignoriert? Bin ich gut genug, um mitzumachen? Diese Hürden gilt es zu überwinden. Gelingt dies nicht, kann ich mich isoliert oder entfremdet fühlen. Ich finde keinen Zugang, fürchte die Ablehnung, erlebe mich als vereinzelt und abgeschnitten von allem.

Diese Erfahrung ist zutiefst menschlich. Denn wir alle sind »existenziell isoliert«, wie der US-amerikanische Psychologe Irvin Yalom es nennt.[17] Er meint damit, dass es eine unüberbrückbare Kluft gibt zwischen dem Individuum und der Welt. Ich kann mit niemandem ganz verschmelzen. Niemand kann in mich hineinschauen, niemand kann Entscheidungen für mich treffen, niemand kann mein Leben für mich leben. Ich tue gut daran, diese Tatsache anzuerkennen und sie nicht zu leugnen. Allerdings kann ich die existenzielle Isolation mildern. Indem ich mich einlasse, auf eine intime Beziehung, auf eine Freundschaft, auf eine Gemeinschaft.

Die Bedingung dafür ist, mutig zu sein, mich zu öffnen. Und mich damit berührbar und auch verletzbar zu machen.

Sinn ist kein Gefühl

Orientierung, Bedeutsamkeit, Kohärenz und Zugehörigkeit – sie sind so etwas wie die Stellschrauben meines Lebenssinns. Ich kann genau hinschauen, wie sie bei mir justiert sind. Das ist deshalb hilfreich, weil es häufig erst einmal nur eine vage Ahnung ist, wenn mir der Lebenssinn fehlt. Irgendetwas stimmt nicht. Ich habe keinen Antrieb, und ich weiß gar nicht so recht, warum.

Will ich die vier Sinnelemente näher betrachten, nehme ich eine Meta-Perspektive ein. Ich trete einen Schritt zurück und blicke auf mein Leben: Wo bin ich zu Hause – geistig und körperlich? Wo fühle ich mich zugehörig? Ist mein Leben in seinen Facetten stimmig oder ist es widersprüchlich? Fühle ich mich gesehen? Bekomme ich Resonanz auf mein Handeln? Kenne ich die Richtung, die ich in meinem Leben verfolgen möchte? Oder orientiere ich mich an den Erwartungen anderer oder an dem, was mir gerade etwas nützt?

Diese Fragen kann ich meist weder durch Instinkt noch durch Gefühl beantworten. Denn Sinn ist nun mal keine Emotion. Das bedeutet nicht, dass Sinn von Gefühlen losgekoppelt ist. Vielmehr äußert er sich in sehr unterschiedlichen Empfindungen, abhängig von der jeweiligen Situation. Geht es mir um eine gute Leistung, dann kann ich angespannt und nervös sein. Verbringe ich eine Nacht mit einem geliebten Menschen, kann mich das erregen, euphorisieren und mir Geborgenheit geben. Bin ich als naturverbundener Mensch in den Bergen, fühle ich mich frei, herausgefordert, mutig und eins mit meiner Umgebung. Sinnerfahrungen sind deshalb häufig komplex.[18] Sie verbinden positive und negative Gefühle. Es gibt allerdings einen inneren Zustand, der ziemlich zielsicher auf Sinn hinweist. Und das ist, motiviert zu sein. Motivation ist kein Gefühl, und dennoch kann ich sie spüren. Als Antrieb, der mich dazu bewegt, in den Tag zu starten, etwas zu wagen oder durchzuhalten. Damit dieser Antrieb mich in die richtige Richtung führt, muss ich meinen Kopf einschalten. Und reflektieren.

Der Sänger Axel Bosse hat seine ganz eigene Art gefunden, das zu tun. Er wohnt im Umland von Hamburg, wenige Autos, viel Grün. Er braucht das, die Ruhe, die Abgeschiedenheit, gerade dann, wenn er wochenlang auf Tour war, in Hotels geschlafen hat, rauf auf die Bühne, runter von der Bühne, in die nächste Stadt, wieder rauf auf die Bühne. In der Abgeschiedenheit geht Bosse gern joggen. Dabei, sagt er, könne er gut nachdenken, Sachen mit sich klären. Doch wenn es besonders wichtig ist, wenn es um die großen Linien geht, hat er ein anderes Ritual für sich entwickelt. »In ein paar Schritten bin ich in einem Heidegebiet, da steht eine Bank«, erzählte er im Gespräch mit Kilian Trotier. »Früher habe ich mich auf die Bank gesetzt, geraucht und sinniert. Heute setze ich mich auf die Bank und sinniere.«

Sinnieren – das Wort heißt nicht ohne Grund so. Es bedeutet ein Reflektieren über den Sinn. Das Wort bringt zum Ausdruck, was wir in dieser Etappe über den Sinn gelernt haben: Es gibt nicht *das* Sinn-Gefühl, es gibt nicht *den* Sinn-Ausdruck. Ich wache auch nicht morgens auf und denke: Wie sinnerfüllt bin ich heute. Sinn ist etwas, das dahinter liegt. Er öffnet sich, wenn ich mich mit ihm auseinandersetze. Dann wird es grundlegend – und wenn es grundlegend wird, können auch grundlegende Annahmen ins Wanken geraten.

Beginne ich, über mich und den Sinn in meinem Leben nachzudenken, kann es sein, dass ich im Laufe dieses Prozesses realisiere: So wie ich es bislang angenommen habe, ist es gar nicht. Ich habe mir etwas vorgemacht. Dann kommt die Zeit, aufzuräumen. Und mich zu fragen: Ist das Sinn, oder kann das weg?

5
Bin ich ehrlich zu mir?
Über einen realistischen Blick auf die Welt

Die Gefangenen sitzen auf dem Boden einer Höhle. Sie tragen Fesseln an Hals und Schenkeln, können sich kaum bewegen, den Kopf nicht wenden, nicht dorthin blicken, wo ein Feuer lodert, irgendwo hinter ihnen, bei der Öffnung der Höhle, von der sie nichts wissen. Sie schauen nur nach vorn, auf eine Wand, auf der sie Schatten von Menschen sehen, die sich bewegen und alles Mögliche in den Händen tragen. Einige reden dabei, andere schweigen. Die Gefangenen betrachten die Schatten, aber wissen nicht, dass es sich um Schatten handelt, da sie ihr Leben lang nie etwas anderes gesehen haben als diese schemenhaften Umrisse. Sie beobachten die Schatten und denken, sie seien die Wirklichkeit.

Der griechische Philosoph Platon entwarf dieses Gleichnis in seiner um 375 vor Christus verfassten *Politeía*, in der er in Dialogform erdachte, wie die Welt gerecht und der Staat ideal gestaltet werden könnten. Seinen Bruder Glaukon lässt er mit seinem Lehrer, dem Philosophen Sokrates, über die Geschichte der Gefangenen in der Höhle sprechen, die als »Höhlengleichnis« weltberühmt wurde.

Nachdem er das Szenario skizziert hat, stellt Sokrates die Überlegung an, dass einer der Gefangenen ausbrechen könnte, und konfrontiert sein Gegenüber Glaukon mit dieser Möglichkeit. In der Übersetzung von Friedrich Schleiermacher klingt das so:

> »Wenn einer entfesselt wäre, und gezwungen würde sogleich aufzustehn, den Hals herumzudrehn, zu gehn und gegen das Licht zu sehn, und, indem er das täte immer Schmerzen hätte, und wegen des flimmernden Glanzes nicht recht vermöchte jene Dinge zu erkennen, wovon er vorher die Schatten sah: was meinst du wohl, würde er sagen, wenn ihm einer versicherte, damals habe er lauter nichtiges gesehen, jetzt aber dem seienden näher und zu dem mehr seienden gewendet sähe er richtiger, und ihm jedes vorübergehende zeigend ihn fragte und zu antworten zwänge was es sei? meinst du nicht er werde ganz verwirrt sein und glauben, was er damals gesehen sei doch wirklicher als was ihm jetzt gezeigt werde?«[1]
>
> Die Reaktion Glaukons ist eindeutig: »Bei weitem«, antwortete er.
>
> Sokrates fragt weiter: »Und wenn man ihn gar in das Licht selbst zu sehen nötigte, würden ihm wohl die Augen schmerzen, und er würde fliehen und zu jenem zurückkehren was er anzusehen im Stande ist, fest überzeugt, dies sei weit gewisser als das letzt gezeigte?«
>
> »Allerdings«, antwortet Glaukon.

Sokrates entwickelt den weiteren Verlauf des Gedankenexperiments: Der Mensch, der das grelle Licht der Sonne sieht, gewöhnt sich langsam an die neuen Erfahrungen, er macht sich die Welt vertraut und entdeckt sie. Er begreift den Zusammenhang von Sonne und Schatten, versteht, dass es das Feuer war, dessen Licht die Abbilder seiner früheren Welt erzeugt hat. Und bald hat er gar keine Lust mehr, hinabzusteigen in das Gefängnis, aus dem er kommt. Denn er weiß: Würde er es tun, wären seine Augen derart an das Sonnenlicht gewöhnt, dass er nicht mehr mit den anderen Gefangenen mithalten könnte im Gespräch über die Schatten, die sie nun viel besser sehen könnten als er. Diese Erkenntnis würde die anderen darin bestärken, gar nicht erst aus der Höhle hinauszuwollen. Käme jemand, um sie zu befreien und ans Licht zu führen, meint er, dann würden sie ihn lieber verjagen oder gar umbringen als ihm folgen.

Mit dem »Höhlengleichnis« illustriert Platon sein philosophisches Weltbild: Alles, was wir über unsere Sinne wahrnehmen, ist nur ein Abbild. Es sind die Ideen dahinter, die zählen. Denkt nach, nur dann lebt ihr ein wahrhaftiges Leben! Das Gleichnis sagt aber noch etwas anderes. Von außen betrachtet könnte man meinen, die Menschen in der Höhle seien in einer miserablen Lage. Es ist eng, dunkel, und das Leben verkommt zu einer zweidimensionalen, oberflächlichen Geschichte. Wie grausam muss es sein, nur Beobachter sein zu dürfen, nichts beeinflussen zu können. Aber Platon zeichnet die Gefangenen nicht als unzufriedene Menschen. Im Gegenteil. Würde jemand kommen, der ihnen vom echten Leben erzählte, wären sie aufgebracht. Veränderung? Nicht erwünscht!

Man kann sich das so erklären: Die Gefangenen sind nicht frei, aber sie fühlen sich sicher. Sie kennen nichts anderes, sie haben sich an ihre Lage gewöhnt, sie wissen, was auf sie zukommt, sie werden nicht überrascht. Der Weg hinaus hingegen wäre ein Wagnis. Er verspricht Freiheit, ja, aber auch Unsicherheit. Und Frustration. Denn der Blick in die Sonne tut weh, er lässt einen taumeln, er kann auch mächtig irritieren, wenn man nur die Dunkelheit gewohnt ist. Ist es da nicht besser, im Bekannten zu verharren und sich dem Gewohnten hinzugeben – selbst, wenn es Illusionen sind, die man verfolgt?

Platon beobachtete, dass wir Menschen gern mit Illusionen leben. Dieses Phänomen hat die moderne psychologische Forschung näher untersucht und den Begriff ergänzt. Sie spricht von »positiven Illusionen«. Denn es gibt gute Gründe, warum wir so sehr an ihnen hängen. In gewisser Weise wirken sie wie ein Schutzmantel oder eine Rüstung. Sie schützen vor unbequemen Wahrheiten, mindern Angst und Furcht, erhöhen das Selbstwertgefühl und tun zunächst gut. Allerdings haben sie einen großen Nachteil: Sie verstellen den Blick darauf, wie die Welt wirklich ist. Sie blenden die negativen Seiten der Wirklichkeit aus, und darüber hinaus auch alle möglichen Sichtweisen, die von den eigenen abweichen mögen. Dieses Phänomen nennt man »kognitive Egozentrik«. Sie drückt sich unter anderem darin aus, dass ich meine, alle Menschen würden das Gleiche erleben wie ich. Oder darin, dass ich alles, was passiert, in Bezug auf mich wahrnehme, also persönlich nehme. Die Kollegin schaut auf ihr Handy, während ich einen Vortrag halte? Sie findet mich offenbar langweilig!

Eine solche Perspektive, die vor allem sich selbst im Blick hat, bringt einiges andere mit sich, wie mehrere Studien gezeigt haben: Stereotype und Vorurteile gegenüber anderen, weniger Vertrauen, weniger Bereitschaft, die Bedürfnisse und Wünsche anderer überhaupt wahrzunehmen.[2] Das zeigt: Positive Illusionen mögen mich zwar vor manchen Verletzungen schützen, aber sie haben ihren Preis.

Wie können wir Menschen uns also dieser positiven Illusionen bewusst werden? Und wie brechen wir aus einer Welt aus, die Platon so eindrücklich wie beklemmend mit der Metapher der Höhlengefangenen beschrieben hat? »Nehmen Sie einem Durchschnittsmenschen die Lebenslüge, und Sie nehmen ihm zur gleichen Zeit das Glück« – so heißt es im Schauspiel *Die Wildente* des norwegischen Dramatikers Henrik Ibsen. Es ist also nicht leicht, die Selbsttäuschung loszulassen. Aber ein realistischer Blick lässt sich einüben.

Von Kindheit an entwickle ich bestimmte Annahmen darüber, wie das Leben funktioniert und was meine eigene Rolle darin ist. Das wichtigste Kriterium ist dabei nicht, ob diese Annahmen mit der Realität übereinstimmen, sondern wie gut ich mit ihnen klarkomme. Platons Höhlenmenschen beispielsweise formten ihr Weltbild, indem sie die Schatten interpretierten. Sie arrangierten sich damit, einen vorgegebenen Blickwinkel zu haben, ohne über ihn nachzudenken. Das aber ist der entscheidende Punkt. Auch wenn es zuerst anstrengend sein mag, lohnt es sich, hinter die eigenen Ansichten zu schauen. Dann kommen Fragen auf, die mich weiterbringen können: Woher stammen diese Annahmen? Kann ich hinter ihnen stehen, wenn ich mir ihrer bewusst werde? Sind sie realistisch? Sind sie gut für mich? In welcher Hinsicht? Sind sie vielleicht gut für mich, zumindest in dem Moment, aber schlecht für andere? Und wenn das so ist, wofür entscheide ich mich dann – für das, was vor allem gut für mich ist, oder für das, was eher der Realität entspricht?

Der Philosoph Thomas Metzinger hat für diese Form der kritischen Auseinandersetzung mit den eigenen Annahmen einen Begriff geprägt: die »intellektuelle Redlichkeit«. Darunter versteht er, dass man sich nicht selbst belügt, sondern »einen bedingungslosen Willen zur Wahrheit und zur Erkenntnis besitzt, und zwar selbst dann, wenn es um Selbsterkenntnis geht, und auch dann, wenn Selbsterkenntnis einmal nicht mit schönen Gefühlen einhergeht oder der akzeptierten Lehrmeinung entspricht«.[3]

Es gibt Menschen, die einen extrem kritischen Blick auf sich selbst und die Welt haben. Sie sind prinzipiell pessimistisch, hinterfragen sich ständig und werten sich ab. Das ist natürlich nicht erstrebenswert und kann gar ein Anzeichen sein für ernst zu nehmende psychische Probleme. Im Durchschnitt funktionieren wir allerdings eher anders: »Wir machen uns die Welt widdewidde wie sie uns gefällt«, singt Pippi Langstrumpf. Und in Wirklichkeit machen wir uns nicht nur die Welt, wie sie uns gefällt, sondern auch uns selbst. Deshalb soll es nun, um in einer anderen Metapher zu sprechen, um die rosarote Brille gehen, die wir tragen – und es häufig gar nicht merken.

Der österreichische Schriftsteller Robert Musil hat diese menschliche Eigenart in seinem Roman *Der Mann ohne Eigenschaften* lyrisch beschrieben: »Mit großer und mannigfaltiger Kunst erzeugen wir eine Verblendung, mit deren Hilfe wir es zuwege bringen, neben den ungeheuerlichsten Dingen zu leben und dabei völlig ruhig zu bleiben, weil wir diese ausgefrorenen Grimassen des Weltalls als einen Tisch oder einen Stuhl, ein Schreien oder einen ausgestreckten Arm, eine Geschwindigkeit oder ein gebratenes Huhn erkennen. Wir sind imstande, zwischen einem offenen Himmelsabgrund über unserem Kopf und einem leicht zugedeckten Himmelsabgrund unter den Füßen, uns auf der Erde so ungestört zu fühlen wie in einem geschlossenen Zimmer.«[4]

Die psychologische Forschung ging bis in die Achtzigerjahre des vergangenen Jahrhunderts davon aus, dass Menschen, die psychisch gesund sind, in gutem Kontakt mit der Realität stehen. Diese Vorstellung wurde erstmals angezweifelt, als 1988 ein Artikel der US-amerikanischen Psychologen Shelley Taylor und Jonathan Brown erschien. Sie beschrieben darin, dass viele gesunde Menschen eine verzerrte Sicht auf die Realität aufweisen und dass das nicht mit psychischen Problemen einhergeht. Gar das Gegenteil sei richtig, konstatierten sie: »Der psychisch gesunde Mensch scheint die beneidenswerte Fähigkeit zu haben, die Realität in einer Weise zu verzerren, die das Selbstwertgefühl stärkt, den Glauben an die eigene Leistungsfähigkeit aufrechterhält und eine optimistische Sicht auf die Zukunft fördert.«[5] Taylor und Brown führten für dieses Phänomen den Begriff der »positiven Illusionen« ein.

In den Jahrzehnten danach veränderte sich der Blick auf diese Illusionen. So veröffentlichten die US-amerikanischen Psychologen Richard Robins und Jennifer Beer 2001 einen Artikel mit dem vielsagenden Titel: »Positive Illusionen über sich selbst: Kurzfristiger Nutzen und langfristige Kosten«.[6] Sie zeigten darin auf, dass Selbsttäuschungen auf lange Sicht das Wohlbefinden und das Selbstwertgefühl mindern. Auch die negativen Konsequenzen des eigenen Verhaltens für andere Menschen auf der Welt sind mittlerweile stärker in den Fokus der Wissenschaft gerückt. Wer zum privilegierten Teil der Menschheit gehört, wie viele Menschen im Westen mit gutem Zugang zu Bildung, vergleichsweise hohem wirtschaftlichen Wohlstand und gesellschaftlicher Sicherheit, hat es leichter, positive Illusionen auszubilden. Damit wird auch hier der egozentrische Blick verstärkt: Unser Lebensmodell ist das einzig Richtige, und was wir haben, steht uns zu.

Positive Illusionen

Welche Annahmen als positive Illusionen gelten, dazu gibt es keine definitive Liste. Wir betrachten im Folgenden die bekanntesten und stellen dar, wie sie der Sinnsuche im Weg stehen können – weil sie uns etwas vorgaukeln und die Sicht verfälschen.

Besser als der Durchschnitt

Fast alle Autofahrenden meinen, dass sie besser Auto fahren als der Durchschnitt. Am stärksten sind junge Männer dieser Überzeugung. Laut Statistik sind sie es, die die meisten Unfälle verursachen. Aber es geht hier nicht um einen Automobileffekt: Wir Menschen neigen prinzipiell dazu, uns selbst als überdurchschnittlich zu betrachten – als intelligenter, freundlicher, attraktiver und moralisch überlegen. Das gilt selbst für Strafgefangene, wie eine britische Studie aus dem Jahr 2014 aufgezeigt hat.[7] Psychologen hatten Gefängnisinsassen Fragebögen vorgelegt. Sie fanden heraus, dass sich auch die Inhaftierten im Vergleich zum Durchschnitt der Bevölkerung als freundlicher und moralischer empfanden. Nur in punkto Gesetzestreue gaben sie sich bescheiden, da beschrieben sie sich als durchschnittlich. Diese Form der

Selbstüberhöhung ist besonders präsent in westlichen individualistischen Gesellschaften. Im asiatischen Raum lässt sie sich auch finden, dort ist sie allerdings darauf bezogen, dass man sich als gemeinschaftsorientierter als andere erlebt.

Der Dunning-Kruger-Effekt

Der Name geht auf die beiden US-amerikanischen Psychologen David Dunning und Justin Kruger zurück. Sie veröffentlichten 1999 einen Artikel, in dem sie beschrieben, dass Menschen, die wenig kompetent in einem Bereich sind, dazu neigen, ihre Fähigkeiten diesbezüglich zu überschätzen und tatsächliche Fähigkeiten anderer nicht anzuerkennen.[8] Paradoxerweise erleben Menschen sich also dann als besonders kompetent, wenn sie objektiv wenige Fähigkeiten aufweisen. Kollektiv ist das bei Großevents wie einer Fußball-Weltmeisterschaft zu beobachten, wenn Millionen von Menschen sich als Bundestrainer gerieren. Oder, mit weitreichenderen gesellschaftlichen Folgen, wenn Menschen schnell und vehement eine Meinung zu komplexen Weltereignissen vertreten, wie während der Corona-Pandemie. Wie es bescheidener und wohl auch realistischer geht, ist bei Platon nachzulesen. Der schrieb seinem weisen Lehrer Sokrates den Satz zu: »Denn von mir selbst wußte ich, daß ich gar nichts weiß.«[9]

Der unrealistische Optimismus

Gibt man Rauchern eine Informationsbroschüre, in der steht, wie hoch die Wahrscheinlichkeiten sind, dass Raucher bestimmte Krankheiten entwickeln, und fragt sie danach, für wie wahrscheinlich sie es für sich persönlich empfinden, dann geben sie tendenziell einen niedrigeren Wert als den Durchschnittswert an. Sie unterschätzen also die Gefahr, dass ihnen etwas Schlimmes zustoßen könnte. Das ist nicht nur bei Rauchern so, sondern eine generelle Tendenz. Wir Menschen gehen im Allgemeinen davon aus, dass die Zukunft besser sein wird, als es objektive Kennwerte nahelegen. Kritisch ist das deshalb, weil es uns dazu verführt, Hinweise auf Gefahren zu ignorieren. Das verzerrt unsere Weltsicht und wir handeln nicht so, wie es einer Situation angemessen wäre. Altersarmut wegen Kindererziehung und Teilzeitarbeit? Der Staat wird schon eine Lösung finden! Klimawandel? Das wird sich schon irgendwie einrenken!

Für kurze Zeit verbessert der unrealistische Optimismus die Stimmung. Langfristig aber kann er zu umso größerem Frust führen, zu Ärger und Verbitterung. Denn je stärker ich auf einen positiven Ausgang gehofft habe, desto enttäuschter bin ich, wenn er nicht eintritt. Bekomme ich eine Gehaltserhöhung von 500 Euro, kann sich das toll anfühlen. Nicht allerdings, wenn ich mit dem Doppelten gerechnet habe.[10] Damit keine Missverständnisse aufkommen: Es geht nicht darum, prinzipiell vom Schlimmsten auszugehen, sondern die Erwartungen realistisch zu halten. Nur dann kann ich angemessen handeln und auch für meine Rechte eintreten – wenn also, in unserem Beispiel, ein deutlich höheres Gehalt mit objektiven Kriterien begründbar ist.

Wie kommt man zu solch einem realistischen Blick auf die Welt? Und wer bestimmt, was real ist, was wahr und richtig? Es braucht hier nicht unbedingt eine philosophische Grundsatzdiskussion. Vielmehr ist es bereits hilfreich, sich ehrlich zu beobachten: Gibt es Themen, bei denen ich Informationen, die mehrfach von unterschiedlichen Institutionen geprüft wurden, systematisch ignoriere? Wo setze ich mir Scheuklappen auf?

Die Kontrollillusion

Wenn ich pausenlos gut auf mein Kind aufpasse, wird ihm nichts passieren. Diese Haltung hat einen eigenen Begriff hervorgebracht: Helikoptereltern. Sie schweben über ihren Töchtern und Söhnen und meinen, damit alles Unheil der Welt von ihnen abhalten zu können. Eine solche Kontrollillusion existiert auch in anderen Lebensbereichen. Wenn ich alles im Kalender minutiös plane, habe ich mein Leben im Griff. Wenn ich regelmäßig Nahrungsergänzungsmittel zu mir nehme, bleibe ich gesund. Solange nichts Drastisches passiert, kann ich diese Illusion aufrechterhalten. Doch in Wahrheit haben wir nie alles unter Kontrolle. Es kann immer anders kommen als gedacht. Der Fachausdruck dafür ist »Kontingenz«. Wer der Kontrollillusion unterliegt, blendet das Wissen um die Kontingenz des Lebens aus.

Das hat – gerade auf gesellschaftlicher Ebene – weitreichende Folgen. Sander van der Leeuw und Gary Dirks von der School of Complex Adaptive Systems in Arizona haben erforscht, wie sich das euro-amerikanisch zentrierte Weltbild entwickelt hat.[11] Sie fanden dabei heraus, dass sich unser Denken im Westen von einem offenen und neugierigen zu einem geschlossenen gewandelt hat. Anstatt uns auf Unbekanntes einzulassen, begnügen wir uns damit, das Bekannte immer weiter zu verwerten. Dabei setzen wir auf Technologien, die bestimmen, wie wir kommunizieren, uns informieren, produzieren, Energie gewinnen, uns fortbewegen. Die Technologien prägen unser Handeln, mehr noch: Wir passen unser Handeln an sie an. Das macht es jedoch schwer, auf veränderte Umstände zu reagieren, die in diesem System nicht vorgesehen sind und für die es keine technischen Lösungen gibt.

Dennoch haben wir das Gefühl, alles im Griff zu haben. Warum? Weil wir gut darin sind, bekannte Antworten auf bekannte Herausforderungen zu geben – auch, wenn wir die zugrunde liegenden Dynamiken gar nicht verstehen. Um an dieser Kontrollillusion festhalten zu können, müssen wir Informationen ausblenden, mit denen wir nicht umgehen können. Das beste Beispiel dafür ist die Reaktion auf den Klimawandel: Wissenschaftlerinnen und Wissenschaftler sind sich einig, dass es notwendig ist, die Nutzung fossiler Energieressourcen schnellstmöglich und drastisch zu reduzieren, um die Klimakrise einzudämmen.[12] Dennoch ist es offenbar leichter, darauf zu vertrauen, dass Industrie und Technik alles unter Kontrolle haben, als eine ausreichend radikale Veränderung anzugehen.

Der fundamentale Attributionsfehler

Samstagnachmittag, die Großfamilie setzt sich an den schön gedeckten Tisch. Es gibt Kaffee und Kuchen, nur einer fehlt: der Vater. Seine Schwiegereltern schauen sich an, sie müssen gar nichts sagen, sie wissen, was sie denken. Typisch für ihn, er hat wohl mal wieder etwas Besseres zu tun. Zur selben Zeit hetzt der Vater zur Bushaltestelle, er wollte unbedingt noch ein paar Blumen kaufen für seine Frau, jetzt verspätet er sich leider ein wenig. Das Verhalten der Schwiegereltern bezeichnet die psychologische Forschung als »fundamentalen Attributionsfehler« – sie führen das Verhalten ihres Schwiegersohns auf Eigenschaften zurück, die sie ihm zuschreiben. Aus seiner Perspektive stellt sich die Situation ganz anders da: Er hat sich angestrengt, pünktlich zu kommen, aber er hatte fürs Einkaufen weniger Zeit als gedacht, weil die Tochter am Vormittag zu spät vom Spielplatz zurückgekehrt war und er auf sie warten musste. Er begründet sein Verhalten also situativ.

Der fundamentale Attributionsfehler ist eine Verzerrung der Wahrnehmung, die unter anderem darauf beruht, dass wir meist wenig wissen über die Hintergründe des Handelns anderer. Da wir aber immer verstehen wollen, warum etwas geschieht, weichen wir auf eine alternative Erklärung aus – und vermuten, dass das Verhalten im Charakter der Person begründet ist. Sich dieses Mechanismus bewusst zu werden, kann dabei helfen, nachsichtiger mit anderen zu sein. Stimmt es wirklich – wie die AfD-Politikerin Alice Weidel in einer Rede vor dem Deutschen Bundestag[13] behauptete –, dass die Regierungskoalition »Deutschland hasst« und deshalb so handelt, wie sie handelt? Stimmt es wirklich, dass mein Nachbar ein unsozialer Idiot ist, weil er um 13 Uhr die Hecke schneidet, obwohl er weiß, dass ich meinen Mittagsschlaf brauche – oder hat er es einfach vergessen? Wenn jemand etwas tut, das mich stört, ist es gut möglich, dass sie oder er verschiedene Gründe dafür hat, die nichts mit mir zu tun haben. Es ist zwar anstrengender zu versuchen, sich in andere hineinzuversetzen und ergründen zu wollen, warum sie tun, was sie tun, aber es ist die beste Voraussetzung dafür, Verständnis füreinander zu entwickeln.

Der selbstwertdienliche Attributionsfehler

Lina ist die beste Stürmerin ihrer Fußballmannschaft. Liegt ihr Team zurück, bekommt sie häufig den Ball zugespielt, weil alle wissen: In den entscheidenden Situationen ist sie am stärksten. Bei der Stadtmeisterschaft hat sie ihr Team ins Finale geschossen. Jetzt tritt es gegen den größten Rivalen an, 0:1 steht es in der 85. Minute, da bekommt sie den Ball am Elfmeterpunkt, sie dreht sich, tanzt eine Gegenspielerin aus, noch eine und schießt den Ball links unten ins Tor. In der Verlängerung das gleiche Spiel. Ihre Mannschaft gewinnt, und Lina fühlt: Das war ihr Sieg. In der Sprache der Psychologie attribuiert sie den Erfolg internal. Eine Woche später spielt Lina gegen dieselbe Mannschaft. Ihr Team liegt wieder mit einem Tor zurück, Lina bekommt den Ball in der neunzigsten Minute, dribbelt ihre Gegenspielerin aus und schießt, aber der Ball klatscht an den Pfosten. Das Spiel ist verloren. Nach dem Abpfiff hadert sie mit dem Ergebnis – und mit der Schiedsrichterin. Die hat in der Nachspielzeit ein Foul nicht gesehen, glasklar, es hätte Elfmeter geben müssen! Sie attribuiert den Misserfolg external.

Auch hier sehen wir einen Reflex, der dem eigenen Selbstwert dient: Wir Menschen tendieren dazu, Erfolge mit eigenen Leistungen zu begründen und Misserfolge äußeren Umständen zuzuschreiben. Das mag mir in dem Moment guttun, weil ich die Verantwortung von mir weisen kann und mich nicht hinterfragen muss. Ich beraube mich damit aber auch der Chance, etwas aus der Situation zu lernen.

Die bisher beschriebenen positiven Illusionen und Wahrnehmungsverzerrungen beruhen auf typischen psychologischen Prozessen, die unser Denken, Fühlen und Handeln beeinflussen. Es fällt wohl jeder und jedem leicht, sich darin wiederzuentdecken. Gar nicht leicht ist es, sich von ihnen zu befreien. Noch mehr gilt das für die nun folgenden Illusionen, die unsere Werte und unser Selbstverständnis auf einer existenziellen Ebene berühren.

Orientierung an Konformität

Der Grundgedanke ist entlastend: Solange ich das tue, was andere tun, gibt es doch kein Problem! Damit ziehe ich mich aus der Verantwortung. Ich esse Fleisch, weil es in Deutschland so üblich ist. Ich fliege um die Welt, weil alle meine Bekannten es tun. Ich nehme mir von der Toilette der Universität Klopapierrollen mit, weil das ja sicher alle tun. Ich rede schlecht über meine Chefin, weil die Kollegen es auch tun. Diese Form der Rechtfertigung fühlt sich gut an, weil ich keine Energie aufwenden muss, über mich und mein Verhalten nachzudenken oder gar etwas anders zu machen. Wozu eine Dynamik der Konformität im Extremen allerdings führen kann, hat man in Deutschland in der Zeit des Nationalsozialismus erlebt.

Der Gerechte-Welt-Glaube

Viele würden es nicht zugeben, wenn sie drauf angesprochen werden, aber psychologische Experimente haben gezeigt, dass diese Annahme tief verankert ist in uns Menschen: Jeder bekommt, was er verdient, und jeder verdient, was er bekommt.[14] Wenn jemand in früheren Zeiten schwer krank wurde, wurde das als Strafe Gottes gedeutet. In vielen

Ländern der Welt ist das heute noch so. Genauso wie Flutkatastrophen, Dürre oder eine Niederlage im Krieg. Im Alten Testament haben sich die Menschen selbst gegeißelt, indem sie ihre Sünde bekannten: Wir waren Gott nicht treu genug. Nur so konnten sie sich ihr Leid erklären. Heute ist dieses Gottesbild in aufgeklärten Gesellschaften nur wenig präsent, aber es gibt immer noch diese Redewendung, die abgeschwächt das Gleiche besagt: »Kleine Sünden bestraft der liebe Gott sofort.« Sie legt nahe, dass es klare und gerechte Regeln gibt, denen das Leben auf dieser Welt folgt. Solch ein Glaube kann entlasten, weil es guttut, auf eine übergeordnete Gerechtigkeit zu vertrauen. Aber er kann auch schlimme Folgen haben. Eine häufige Konsequenz ist, dass Opfer abgewertet werden – und zwar vor allem dann, wenn wir keine Möglichkeit sehen, die Gerechtigkeit selbst wiederherzustellen. Eine Frau wurde missbraucht? Sie hat es sicher provoziert! Ein Mann ist obdachlos? Selbst schuld, es gäbe doch so viele Möglichkeiten in diesem Land. Auch hier nehmen wir die Menschen nicht in ihrer konkreten Lebenssituation wahr, sondern zwängen sie in unsere Illusion. Es wird schon alles seine Richtigkeit haben, denken wir, und entlasten uns damit. Erlebe ich selbst hingegen etwas Schlimmes, werde ich beispielsweise Opfer einer Gewalttat, zerplatzt diese Illusion. Dann steht der Gerechte-Welt-Glaube infrage.

Die Unsterblichkeits-Illusion

Ich weiß, man stirbt. Aber ich? Die Unsterblichkeits-Illusion ist wohl die fundamentalste Illusion, mit der wir Menschen leben. Wir alle wissen, dass wir irgendwann sterben werden. Wie gehen wir damit um? Wir verdrängen es, solange es geht. Zumindest in unserer individualistisch geprägten westlichen Gesellschaft. Dabei könnte eine andere Reaktion auf die größte Gewissheit des Lebens so viel bewirken. Konfrontiere ich mich mit meiner Endlichkeit und sehe ihr ins Gesicht, verändert mich das, häufig sogar radikal.

Wenn ich nicht nur abstrakt weiß, dass *man* stirbt, sondern realisiere, dass *ich* sterben werde, dann bin ich ein anderer Mensch als zuvor. Ich nehme bewusster wahr, ich treffe anders Entscheidungen, ich schätze das Leben anders wert. Die existenzielle Psychologie nennt die Erkenntnis der eigenen Sterblichkeit deshalb einen »Weckruf«. In den Worten des Psychotherapeuten Irvin Yalom: »Die Physikalität des Todes vernichtet uns zwar, aber der Gedanke an ihn kann uns retten.«[15]

Ich mache nicht einfach so weiter, ich lebe nicht vor mich hin, ich sitze nicht in einer Höhle und gebe mich damit zufrieden, immer das Gleiche zu tun. Ich realisiere, dass das Leben wertvoll und endlich ist, dass es jeden Moment vorbei sein kann. Ich ziehe die Rüstung aus, lege den Schutzmantel ab, blicke ohne rosa Brille auf das Leben. Dann verstehe ich: Ich bin nicht der Beste. Ich weiß nicht alles und mache nicht alles richtig. Ich habe nicht alles unter Kontrolle. Dinge können schiefgehen. Schuld haben nicht immer die anderen. Auch ich mache Fehler. Ändere ich meine Perspektive, sehe ich: Wir Menschen befinden uns alle immer in Situationen, die uns beeinflussen und beschränken. Wir leben so gut, wie es uns gelingt. Wie jede und jeder andere kann ich also selbstbewusst für das eintreten, was ich richtig und wichtig finde. Ich muss nicht sein wie sie.

Diese Erkenntnisse bedeuten aber auch: Ich bin angreifbar und verletzbar. In unserer Leistungsgesellschaft ist es nicht gern gesehen, sich verletzbar zu zeigen. Es gilt als schwach, als zweifelnd, als weich. Dabei verlangt es Mut, sich diese Verletzbarkeit einzugestehen – und gleichzeitig entwickelt sich daraus eine besondere Kraft. Konfrontiere ich mich damit, dass ich sterblich und verwundbar bin, trenne ich mich von Illusionen und wage einen ehrlichen Blick. Ich lebe bewusster, und tatsächlich auch zufriedener und erfüllter. Das mag überraschen. Der Tod – dieses Ungeheuer! Sollte ich nicht so lange wie möglich hinauszögern, mich mit ihm zu beschäftigen? Nein. Viele Studien belegen das Gegenteil. Wir Menschen haben viel mehr Todesangst, wenn wir vermeiden, uns mit unserer Sterblichkeit auseinanderzusetzen.[16] Entscheide ich mich hingegen dafür, meinen Tod zu akzeptieren, macht es das Leben in vieler Hinsicht leichter, und gleichzeitig intensiver. Ich kann es so gestalten, dass ich am Ende sage: Ich habe genug gelebt.

Aus der Höhle zu gehen, in die Sonne zu blicken, mich vielleicht sogar von der Gruppe, mit der ich bis dahin unterwegs war, zu entfernen, kann eine Zumutung sein. Das hat Platon in seinem Höhlengleichnis beschrieben. Ducke ich mich vor dieser Zumutung nicht weg, verändert mich das fundamental. Ich existiere nicht einfach in einem Leben, das geprägt ist von Selbsttäuschungen. Ich bin wach, aufmerksam und gestalte. Das gibt mir Sinn. Und es hilft mir dabei, klare Entscheidungen zu treffen. Wie das aussehen kann, sehen wir auf der folgenden Etappe unserer Reise.

6
Wie kann ich wissen, was richtig für mich ist?
Über gute Entscheidungen

Es ist Samstagmorgen, und der Draeger's Supermarkt im kalifornischen Melo Park öffnet seine Türen. Kundinnen und Kunden strömen hinein und laufen vorbei an einem Stand, an dem Waren zum Probieren angeboten werden. Als sie näher kommen, sehen sie, dass es Marmeladen sind. Die Menschen sind es gewohnt, in diesem Supermarkt aus einem reichhaltigen Sortiment zu wählen. Es werden in den Regalen beispielsweise mehr als 250 Sorten Senf und 75 verschiedene Arten von Oliven feilgeboten. Auch unterschiedliche Probierstände sind den Kunden vertraut, der Marmeladenstand ist also in ihren Augen nichts Besonderes. Was allerdings außergewöhnlich ist: dass hinter dem Tresen keine Verkäufer stehen, sondern zwei wissenschaftliche Assistenten, die gekleidet sind wie Verkäufer.

Das Setting haben sich im Jahr 2000 zwei US-amerikanische Psychologen ausgedacht, Sheena Iyengar von der Columbia University in New York und Mark Lepper von der Stanford University in Kalifornien.[1] Sie wollten mit dem Marmeladenstand, den sie an zwei Samstagen in dem Supermarkt aufbauten, der Antwort auf eine große Frage näherkommen: Wie treffen Menschen Entscheidungen? Dafür ließen Iyengar und Lepper alle sechzig Minuten das Angebot wechseln. Eine Stunde lang durften die Kunden sich zwischen 24 Marmeladensorten entscheiden, in der nächsten nur zwischen sechs. Wer an den Stand trat, durfte so viele Marmeladen probieren, wie sie oder er wollte. Alle Interessierten bekamen einen Coupon für einen Rabatt von einem Dollar geschenkt.

Das Ergebnis dieser Studie beeinflusst die Entscheidungsforschung bis heute. Die größere Auswahl an Marmeladen zog mehr Menschen an, sechzig Prozent der Besucher des Supermarkts probierten mindestens eine Sorte. Allerdings kauften anschließend nur drei Prozent ein Glas Marmelade. Die geringere Auswahl schien weniger attraktiv, nur vierzig Prozent aller Kundinnen und Kunden gingen an den Stand. Doch dreißig Prozent entschieden sich für einen Kauf. Ein signifikanter Unterschied.

Wie schön, dass ich die Wahl habe! Diese Empfindung ist intuitiv eingängig. Sie klingt logisch und lässt sich auch evolutionär erklären. Das Leben wird immer dann entbehrungsreich, wenn Ressourcen schwinden und damit auch die Möglichkeit zu wählen. Im Umkehrschluss heißt das: je mehr, desto besser. Deshalb glauben wir Menschen, dass es uns glücklich macht, wenn wir eine riesige Auswahl haben. Sie vermittelt ein Gefühl des Überflusses, über den wir uns freuen. Es ist genug da, mehr als genug! Das Marmeladen-Experiment der Psychologen Iyengar und Lepper zeigte jedoch erstmals, dass es so eindeutig nicht ist. Eine Auswahl zu haben, kann glücklich machen, sie kann aber auch das Gegenteil bewirken. Ich beginne, angesichts der Fülle an Möglichkeiten zu zweifeln, was das Richtige für mich ist. Es fällt mir schwer, mich zu entscheiden. Und wenn ich mich einmal entschieden habe, bin ich in den kommenden Tagen nicht zwangsläufig zufrieden damit. Die Wissenschaft prägte für dieses Phänomen den Begriff »Auswahlparadox«.

Seit dem Marmeladen-Experiment haben Psychologinnen und Psychologen weiter zu menschlichen Entscheidungen geforscht. Einige Studien erzielten ähnliche Ergebnisse wie die von Iyengar und Lepper, bei anderen Experimenten trat der Effekt nicht ein. Deshalb gilt es heute nicht als gesichert, dass das Auswahlparadox bei alltäglichen Entscheidungen wie beim Kauf von Zahnpasta, Joghurt oder eben Marmeladen greift. Doch bei komplexen Entscheidungen ist es anders, da zeigt sich der Effekt beständig. Da die Frage nach Sinn im eigenen Leben nahezu zwangsläufig dazu führt, wichtige und damit komplexe Entscheidungen zu treffen, gilt das Auswahlparadox also auch für diese.

Wir kommen generell mit einer kleinen Auswahl besser klar. Was aber, wenn es mehrere oder gar gefühlt unendlich viele verschiedene Möglichkeiten in einem Bereich gibt, in dem ich mich eigentlich entscheiden müsste? Dann befinde ich mich in einer schwierigen Situation. Entweder habe ich den Reflex: Das wird mir zu viel, ich kann mich da gerade nicht drum kümmern und ducke mich weg. Oder ich treffe eine Entscheidung und erlebe mit gewisser Wahrscheinlichkeit, dass ich im Nachhinein trotzdem unzufrieden bin. Schauen wir uns beide Prozesse genauer an.

Wegducken

Bevor ich eine wichtige Entscheidung treffe, ziehe ich verschiedene Möglichkeiten in Betracht. Bin ich beispielsweise mit meinem Job unglücklich, suche ich nach Alternativen. Ich recherchiere im Internet, spreche mit Freunden, mit Menschen, deren Einschätzung mich interessiert. Das kann aufwühlen, weil ich immer wieder auch einen anderen Blick auf mich bekomme und die einzelnen Ratschläge, so gut sie gemeint sind, verarbeiten muss. Die Vielfalt der Möglichkeiten, die sich dadurch auftut, macht es nicht leicht. Sie kann überwältigen.

Dass zu viele Möglichkeiten dazu führen, letztlich gar keine Entscheidung zu treffen, hat das Marmeladenexperiment gezeigt. Die Optionsvielfalt kann lähmen, weil sie die Gefahr erhöht, eine falsche Wahl zu treffen. Das ist eine einfache statistische Rechnung. Wenn ich aus drei Möglichkeiten wähle und davon ausgehe, dass eine davon die richtige für mich ist, dann habe ich eine Chance von einem Drittel, sie zu treffen. Wähle ich aus zwanzig Möglichkeiten, so ist die Wahrscheinlichkeit mit fünf Prozent deutlich kleiner. Diese Erkenntnis, oft auch nur eine Intuition, kann mich davon abhalten, überhaupt eine Wahl zu treffen.

Unzufrieden sein

Wenn ich mich für eine von vielen Möglichkeiten entscheide, dann tue ich es mit hohen Erwartungen. Da es so viele Optionen gibt, muss ja die richtige für mich dabei sein! Es liegt anscheinend nur an mir, sie zur Wirklichkeit werden zu lassen. Ich treffe also eine Entscheidung, sagen wir, für einen neuen Job. Ist dann alles gut? Auch wenn diese Formulierung im Alltag allgegenwärtig ist, ist ja in den wenigsten Fällen wirklich *alles* gut. Dafür gibt es meist viele verschiedene Gründe. Wer eine große Auswahl hatte, kann das aber leicht übersehen und nimmt an: Ich habe die falsche Wahl getroffen, ich hätte einen anderen Weg einschlagen sollen.

Bei Beziehungen läuft es ähnlich ab. Vor den Zeiten des

Online-Datings war ich darauf angewiesen, jemanden in meinem Umfeld zu treffen, bei der Arbeit, in der Bar oder im Urlaub. Heute ist die Auswahl an potenziellen Partnerinnen und Partnern in Dating-Apps fast unendlich groß. Dadurch steigen die Erwartungen. Komme ich mit einer Person zusammen und merke, dass es nicht ganz rund läuft, denke ich gleich: Ich habe mich für die falsche entschieden. Bestimmt gibt es jemand Passenderen da draußen.

Die niederländischen Psychologen Tila Pronk und Jaap Denissen haben sich in einer Studie damit beschäftigt, was es mit uns Menschen macht, wenn wir, wie in digitalen Dating-Apps üblich, immer wieder Vorschläge für Dating-Partner ablehnen. Sie fanden heraus, dass dieses Verhalten dazu führt, dass auch potenziell passende Partner durchs Raster fallen.[2] Und dass wir mit der Person, die irgendwann ausgewählt wird, trotzdem oft unzufrieden sind. Bei Frauen hat dieses »Ablehnungs-Mindset« in der Studie sogar die Wahrscheinlichkeit verringert, überhaupt ein Match zu finden, also ein gegenseitiges romantisches Interesse.

Maximieren und satisfizieren

Das Paradox der großen Auswahl ist eine Herausforderung für uns alle. Es gibt jedoch unterschiedliche Herangehensweisen, damit umzugehen. Zwei Entscheidungstypen lassen sich voneinander unterscheiden. In der Psychologie werden sie »Maximierer« und »Satisfizierer« genannt. Zu verstehen, ob ich eher zum einen oder anderen tendiere, ist hilfreich für zukünftige Entscheidungen.

Maximierer sind Perfektionisten. Sie verwenden sehr viel

Zeit und Energie darauf, das Richtige zu finden. Sie sind akribisch und schwer zufriedenzustellen. Satisfizierer sind nicht das Gegenteil davon. Ihnen ist es nicht egal, was sie tun und wie sie sich entscheiden. Sie haben einen Qualitätsstandard, den sie erreichen wollen. Sobald sie aber eine Möglichkeit gefunden haben, die ihnen und ihren Standards entspricht, wählen sie sie aus, machen weiter und bauen darauf auf.

Maximierer haben zwar eine lange Zeit nachgedacht und recherchiert, sie sind aber tendenziell unzufriedener mit ihren Entscheidungen als Satisfizierer. Sie fragen sich: Hätte ich es noch besser machen können? Hätte ich mit einer längeren und gründlicheren Recherche etwas noch Passenderes finden können? Satisfizierer hingegen gehen gar nicht davon aus, dass es so etwas wie die einzig richtige Entscheidung gibt.

Im Jahr 2006 publizierte Sheena Iyengar, eine der Erfinderinnen des Marmeladen-Experiments, gemeinsam mit ihren Kollegen Rachel Wells und Barry Schwartz eine Anschlussstudie.[3] Die drei Psychologen erhoben zunächst bei Schülerinnen und Schülern, wie stark deren Tendenz zum Maximieren ausgeprägt war. Dann beobachteten sie die Jugendlichen im Laufe ihres letzten Schuljahres bei der Arbeitssuche. Das Forschungsteam fand heraus, dass diejenigen, die eine hohe Tendenz zum Maximieren hatten, Jobs bekamen, in denen sie zwanzig Prozent mehr verdienten als diejenigen, die eine niedrigere Tendenz zum Maximieren aufwiesen. Allerdings waren sie während des gesamten Prozesses unglücklicher, äußerten sich häufiger negativ und gaben sich schließlich sogar unzufriedener mit ihrer neuen Arbeitsstelle als die anderen Schülerinnen und Schüler.

Auf welche Art man Entscheidungen trifft, hat also weitreichende Konsequenzen für das Leben. Untersuchungen belegen,[4] dass Maximierer weniger glücklich, optimistisch und zufrieden sind. Sie besitzen weniger Selbstwertgefühl und leiden häufiger an Depressionen. Sie neigen auch eher dazu, sich mit anderen zu vergleichen, vor allem mit denen, die sie in der sozialen Hierarchie über sich wähnen. Entschließen sie sich beispielsweise dazu, ein Auto zu kaufen, schauen sie sehr genau darauf, wie sie in der Nachbarschaft dastehen. Der Vergleich wiederum kann dazu führen, dass sie an ihrer Entscheidung zweifeln. Hätte es nicht doch etwas Besseres gegeben?

Die Art und Weise, wie wir Entscheidungen treffen, ist auch eng mit dem verknüpft, was uns antreibt und wonach wir streben. Wenn wir maximieren, sind wir tendenziell extrinsisch motiviert. Wir achten auf das Außen, es geht uns eher um Prestige und Geld. Wenn wir satisfizieren, liegt dem häufiger eine intrinsische Motivation zugrunde. Es geht darum, etwas zu tun, weil wir uns dazu hingezogen fühlen, einen inneren Drang verspüren, das auszuleben, was wir passend und sinnvoll finden.

Bin ich mir dieser Unterschiede bewusst, kann ich mich selbst befragen. Komme ich zu dem Schluss, dass ich in vielen Situationen einem Idealbild folge, das mich unzufrieden macht, kann ich das ändern. Am besten probiere ich es zuerst bei weniger wichtigen Anliegen aus. Ich setze mir zum Beispiel eine Deadline: In drei Tagen will ich einiges in Erfahrung gebracht und mich entschieden haben. Anstatt nach dem perfekten Weg zu suchen, kann ich mir notieren, was meine Mindeststandards sind, mit denen ich gut leben kann. Ich lerne stärker wahrzunehmen und wertzuschätzen, was ich bereits erreicht habe. Ich vergleiche mich also mit mir selbst, nicht mit anderen, und lasse mich davon leiten, was mir wichtig ist.

Reue

Tendiere ich zum Maximieren, dann werde ich nicht von einem Tag auf den anderen zur Satisfiziererin. Diese Haltungen sind eng verwoben mit unserer Persönlichkeit und unseren Einstellungen. Aber beides lässt sich verändern, das haben wir bereits gelernt. Und der Aufwand lohnt sich. Weil wir alle permanent Entscheidungen treffen und im Anschluss daran mit unseren Entscheidungen umgehen müssen. Und weil mit dem Maximieren eine menschliche Erfahrung einhergehen kann, die wir wohl alle vermeiden wollen: Reue. Wie eine sechsköpfige Forschungsgruppe um Barry Schwartz herausfand, fühlen wir uns nämlich eher zum Maximieren gedrängt, wenn wir uns davor fürchten, in der Zukunft etwas zu bereuen.[5]

Reue ist deshalb so unangenehm, weil sie einen machtlos hinterlässt. Hätte ich damals nur anders gehandelt! Habe ich aber nicht. Und jetzt kann ich nichts mehr daran ändern. Woran ich aber etwas ändern kann, ist meine Reaktion darauf, wenn ich – trotz aller Vorkehr – Reue empfinde. Denn etwas Vergangenes zu bereuen, kann mein zukünftiges Handeln beeinflussen.

Die Forschung ist auf ein Phänomen aufmerksam geworden, das auf Englisch *»Inaction Inertia«* heißt. Darunter versteht man eine Trägheit zu handeln, die auf einer vorherigen Nichthandlung basiert. Machen wir es konkret mit einem

Beispiel eines niederländischen Forschungsteams, das das Phänomen 2006 untersucht hat.[6] Ich habe die Chance, einen Urlaub günstiger zu buchen, als er regulär kostet, 900 statt 1000 Euro. Das klingt nach einem guten Deal. Allerdings hätte ich ein paar Tage zuvor die gleiche Reise für 400 Euro buchen können – ich hätte es auch gern getan, war aber nicht schnell genug. Aus ökonomischer Sicht ist es immer noch sinnvoll, sich den 100-Euro-Rabatt zu sichern und den Urlaub zu buchen. Aber weil ich bei dem 400-Euro-Angebot nicht zugeschlagen habe, tue ich das aus Trotz nicht. Ich will mich nicht mit meiner Reue konfrontieren, eine Chance verpasst zu haben.

Bei einem Urlaub mag das noch zu verschmerzen sein. Doch was ist, wenn es in meinem Leben diese eine Person gab, die ich immer bewundert habe, mit der ich mir erträumt habe zusammenzukommen, sie aber nie angesprochen habe? Es kann sein, dass mich andere Partner an sie erinnern werden, daran, dass ich diese eine Möglichkeit verpasst habe. Blocke ich deshalb alle möglichen anderen Beziehungen ab oder halte meine Partnerin oder meinen Partner auf Abstand, weil alles, was nicht perfekt läuft, die Reue wieder wachrufen würde?

Stressfreie Situation

Wir behindern uns selbst, wenn wir uns von der Angst vor Reue leiten lassen. Das eigene Verhalten zu reflektieren, hilft dabei, diese allzu menschliche Dynamik zu überwinden. Ein vielversprechender Anfang ist, darauf zu achten, ob und in welchen Situationen ich mich vor Entscheidungen drücke. Dann kann ich dafür sorgen, einen guten Raum für anstehende Entscheidungen zu schaffen. Einen Raum, in dem ich mich wohlfühle, und nicht gestresst bin.

Warum es so wichtig ist, den Druck rauszunehmen, hat eine US-amerikanische Forschungsgruppe mithilfe eines Experiments aufgezeigt. Wie in einem 2017 erschienenen Artikel beschrieben, musste die Hälfte der Teilnehmenden einen Arm für drei Minuten in Eiswasser tauchen.[7] Diese Methode ist dafür bekannt, leichten bis mittelschweren Stress zu provozieren. Die andere Hälfte durfte ihren Arm in lauwarmem Wasser baden. Danach hatten beide Versuchsgruppen eine Aufgabe zu lösen. Sie sollten sich in einem Computerspiel auf Nahrungssuche machen und Äpfel ernten. Dabei ging es darum, zu entscheiden, ob sie bei einer bekannten Ressource bleiben, also bei einem Baum in der Nähe, auch wenn daran immer weniger Äpfel zu finden waren, oder ob sie sich auf die Suche nach neuen Möglichkeiten machten. Zusätzlich befragte das Forschungsteam alle Teilnehmenden mithilfe eines Fragebogens, wie gestresst sie sich prinzipiell im Leben fühlten.

Die Apfelernte mag weit entfernt sein vom Alltag der meisten Menschen, aber das Resultat lässt sich auf viele andere Lebensbereiche übertragen. Die Teilnehmenden, die durch das Eiswasser gestresst worden waren, blieben eher beim Status quo, auch wenn der sie mehr und mehr in Schwierigkeiten brachte. Das galt auch für diejenigen, die im Fragebogen angegeben hatten, sich ganz allgemein ziemlich gestresst zu fühlen. Die Teilnehmenden, die ihren Arm in lauwarmem Wasser gebadet hatten, und diejenigen, die ihr Leben nicht so stressig fanden, waren risikofreudiger und offener für unbekannte Wege.

Wir Menschen neigen dazu, in einer angespannten Lage eher im Alten zu verharren, als neue Möglichkeiten zu erkunden. Wenn wir spüren, dass etwas nicht in Ordnung ist, im Job, in der Gesellschaft, in der Beziehung, unter Freunden, und wir uns fragen, ob wir etwas ändern sollten, dann tun wir es oft nicht – selbst dann nicht, wenn wir tief in uns wissen, dass es gute Gründe für den Schritt gäbe. Das kann daran liegen, dass ich mich nicht stark genug fühle zu handeln, dass ich die Konsequenzen der Veränderung fürchte, weil ich mir beispielsweise einen weniger sicheren Job nicht zutraue, oder dass ich mich einfach überfordert fühle im Angesicht der Größe der Situation. All das legt ein Verhalten nahe, das sprichwörtlich geworden ist: »Lieber das bekannte Unglück als das unbekannte Glück.«

Wann wende ich mich also am besten ernsthaft einer Entscheidung zu? Im Idealfall, wenn ich mich nicht überfordert fühle, nicht ängstlich, verärgert oder wütend bin. Solche Gefühle schränken meinen Spielraum ein und verzerren meinen Blick, lassen mich düsterer auf die Welt und mich selbst blicken, als es angemessen wäre.

Erlebe ich mich als chronisch gestresst, lässt sich das nicht einfach so beiseiteschieben. Dann ist es sinnvoll, sich zuerst zu fragen, was diese Belastung hervorruft und wie ich sie verringern kann. Und wenn Entscheidungen drängen, kann es auch hilfreich sein, zumindest temporär einen stressfreien Raum für Entscheidungen zu finden oder zu schaffen. Beispielsweise, indem ich mir Urlaub nehme, mich aus kritischen Situationen herausnehme, mir Unterstützung hole.

Florian Greller weiß aus eigener Erfahrung, wie schwer es sein kann, sich zu einer Entscheidung durchzuringen – und wie befreiend es sich am Ende anfühlt, gerade wenn man sich die nötige Zeit gelassen hat.[8] Fast zwanzig Jahre arbeitete Greller in der Versicherungsbranche. Mal in Berlin, mal in Osnabrück, mal als Angestellter, mal als Selbstständiger. Es sei kein schlechter Job gewesen, erzählt er der *ZEIT*-Autorin Celine Schäfer, nie war ihm langweilig, und genug verdient habe er auch. »Aber die Arbeit hat mich nicht erfüllt.«

Eines Tages, im Jahr 2020, erfuhr er von seinem Ehemann etwas, das sein Leben ändern würde, nur war ihm das zu diesem Zeitpunkt noch nicht klar. An der Hochschule Osnabrück, an der Grellers Lebenspartner arbeitet, wurde ein neuer Studiengang eingeführt: Hebammenwissenschaften. Greller hörte das, und es machte etwas mit ihm. »Ich fand den Beruf der Hebamme schon lange faszinierend«, sagt er. »Meine Mutter hatte mir immer voller Hochachtung von der Frau erzählt, die meine Geburt begleitet hatte.« Er horchte in sich: »Wäre das nicht etwas für mich? Die Frage kam – und ging nicht mehr.«

Sie ging nicht mehr. Sie führte aber auch nicht dazu, dass Greller gleich sein Leben umwälzte. Er war in einem Speditionsunternehmen angestellt, zuständig für das Schadensmanagement. Der Job war sicher, mit seinem Mann hatte er ein Haus gekauft, und die beiden kamen gerade aus einer harten Phase der Fernbeziehung, in der Greller auch noch schwer krank war. »Jetzt wieder ganz von vorn anfangen? Eine Ausbildung zur Hebamme – und das auch noch als Mann? Das habe ich mich nicht sofort getraut«, sagt Greller.

Er blieb in seinem Beruf, ging täglich ins Büro. Nach außen sah es aus wie immer. Denn all das, was er sich über Jahre aufgebaut hatte, wollte er nicht leichtfertig aufs Spiel setzen. In ihm aber, da arbeitete es. Einige Zeit später brachte ihn ein Gespräch schließlich zum Handeln. »Was würdest du eigentlich machen, wenn du nicht hier arbeiten würdest – und es dir ganz frei aussuchen könntest?«, habe ihn eine Kollegin gefragt, erinnert sich Greller. »Hebamme«, habe er sofort geantwortet. Sie reagierte begeistert. »Florian, du machst gute Arbeit. Aber man merkt einfach: Dieser Beruf, das bist nicht du!«

Greller begann, alles über den Studiengang zu lesen. Er wusste rasch, dass er das machen wollen würde. Er lernte aber auch, dass er sich schnell würde entscheiden müssen. Die Voraussetzung für das Studium war ein vierwöchiges Praktikum. Bei der Spedition würde ihm eine so lange Auszeit nicht genehmigt werden. Es fiel ihm nicht leicht, die Branche zu verlassen, in der er die Hälfte seines Lebens gearbeitet hatte. Aber er war jetzt so weit: Er wählte den radikalen Schritt und kündigte.

Wenig später trug er einen blauen Kittel und stand im Kreißsaal. »Es war meine erste Praktikumswoche, und ich wusste: Das ist es.« Florian Greller begleitete die erste Geburt, eine aus dem Lehrbuch, wie er sagt. »Die Mutter weinte, der Vater weinte, das Baby schrie. Es war wunderschön.« Am Abend sei er freudestrahlend nach Hause gegangen. »Mein Mann fragte mich: ›Was ist mit dir denn los?‹ Er kannte das ja gar nicht von mir.«

Der verborgene Grund

Die Geschichte von Florian Greller macht deutlich, dass es selten leicht ist, eine große Entscheidung zu treffen, selbst wenn man schon eine lange Zeit das Gefühl hatte, dass sie überfällig ist. Seine Geschichte zeigt auch, wie vielfältig die Motive für das Aufschieben sein können. Unsicherheit, Überforderung, finanzielle Zwänge, Respekt vor dem großen Schritt – all das spielte bei ihm eine Rolle, warum er zwanzig Jahre in einem Job blieb, der nicht so recht zu ihm passte.

Diesen Motiven ist gemein, dass ich sie, wenn ich über mein Verhalten nachdenke, identifizieren und damit auch bearbeiten kann. Es gibt allerdings einen weiteren Beweggrund, der so tief in mir verankert ist, dass er meist verborgen und unbemerkt bleibt. Man kann ihn den »existenziellen Hintergrund« von Entscheidungen nennen. Wann immer ich eine Entscheidung treffe und damit eine Möglichkeit real werden lasse, schränke ich meine Wirklichkeit ein. Jede Wahl, die ich treffe, begrenzt meine Optionen. Vieles, was zuvor noch möglich war, ist es nach der Wahl nicht mehr.

Der Psychiater Thomas Fuchs hat erfahren, welche Auswirkung das auf ein Leben haben kann.[9] Ein Student kam zu ihm, weil er eine Zwangsstörung hatte. Unablässig beschäftigte er sich mit der Frage, ob er die richtigen Entscheidungen getroffen habe. Am liebsten, sagte er, wolle er sie alle wieder rückgängig machen. Dabei ging es nicht nur um die großen Lebensfragen, sondern um ganz alltägliche Dinge wie die Einkäufe im Supermarkt. Fuchs sprach mit dem Studenten, sie suchten gemeinsam nach Erklärungen, aber sie fanden keine zufriedenstellenden. Erst als sie eine Ebene tiefer gingen, kamen sie dem wahren Problem näher. Der Patient kam nicht damit klar, überhaupt eine Wahl treffen zu müssen. Er war nicht in der Lage, damit umzugehen, dass er nicht mehr zurückkonnte. Dass sich seine Möglichkeiten einschränken, wenn er handelt.

Für Thomas Fuchs offenbarte sich in diesem Verhalten eine verborgene Todesangst. Denn jede Entscheidung markiert, dass etwas vorangeht und dass damit Lebenszeit unwiderruflich abläuft. Verdränge ich die Endlichkeit des Lebens, kann sich das bemerkbar machen: entweder indem ich Schwierigkeiten habe, Entscheidungen zu treffen, wie es bei dem Studenten der Fall war. Oder indem ich halbherzige Entscheidungen treffe, im Unbestimmten bleibe, mich nicht festlege und mir möglichst alles offenhalte.

Beide Reaktionen sind menschlich. Beide Reaktionen verstellen jedoch den Weg zu einem sinnvollen Leben. Denn das entsteht, wenn ich mich einlasse. Wenn ich hinnehme, dass es kein perfektes Leben gibt, aber mein Bestes gebe, immer wieder. Wenn ich akzeptiere, dass ich verletzbar bin und das Leben endlich. Auf der vorangegangenen Wegstrecke haben wir gelernt, dass es etwas Befreiendes haben kann, sich des eigenen Todes bewusst zu werden. Das gilt gerade dann, wenn ich Entscheidungen treffe. Ich kann vom Ende her entwerfen, wie ich gelebt haben will. Das lässt mich gewichten und kann mich motivieren, so zu handeln, wie ich es für wichtig und richtig erachte. Es geht, in anderen Worten, darum, meine Werte zu kennen und sie auszuleben.

Nur ist das im Alltag leichter gesagt als getan. Es gibt so vieles, das mich antreiben kann. Ich will meiner Familie gerecht werden, die Erwartungen meines Arbeitgebers erfüllen, mich den Idealbildern annähern, die mir in den Medien präsentiert werden. Gleichzeitig habe ich bereits für einfache Entscheidungen so viele Optionen, dass sie mich ganz in Beschlag nehmen können: Was soll ich essen, was anziehen, welches Handy kaufen, wie mich fortbewegen, wie gesund leben? So bleibt häufig wenig Zeit, um grundlegend über die großen Fragen nachzudenken.

Das wäre aber sinnvoll. Nicht nur, weil ich dann einen besseren Blick auf mein Leben habe, sondern weil es deutlich leichter ist, im Alltag zu Entscheidungen zu kommen, wenn ich mir im Klaren darüber bin, wofür ich prinzipiell einstehe. Weiß ich, was mir wertvoll ist und was ich ablehne, kann ich mich in jeder Lebenssituation daran orientieren. Wie ich mir bewusst mache, welchen Prinzipien und Werten ich folge? Ein Ansatzpunkt kann sein, die folgenden Fragen zu beantworten:

> Was ist die schönste, was die wertvollste Erfahrung meines Lebens, an die ich mich erinnern kann?
>
> Wie würde ich einen idealen Tag beschreiben?
>
> Welche Heldinnen oder Vorbilder habe ich? Was fasziniert mich an ihnen?
>
> Was macht für mich einen guten Menschen aus?
>
> Wenn es nach mir ginge, wie sollte mein Kind oder mein Enkel oder ein mir nahestehendes Kind einmal leben?
>
> Und eben: Wenn ich am Ende meines Lebens zurückblicke, was für ein Mensch will ich gewesen sein?

Die psychologische Forschung zeigt, dass es eine Lücke gibt zwischen dem, was wir Menschen als unsere Werte ansehen, und dem, was wir tatsächlich tun. Wir handeln seltener aus unseren Werten heraus und reagieren häufiger auf vermeintliche Zwänge. Wir tun, was ansteht, was drängt, was von uns erwartet wird, anstatt uns zu fragen: Finde ich das wirklich richtig und wichtig?

Es gibt eine einfache Methode, sich den Unterschied vor Augen zu führen. Ich nehme mir zwei Zettel. Auf den einen schreibe ich die fünf Werte, die mir am wichtigsten sind. Beispielsweise Freiheit oder Gerechtigkeit oder Erfolg oder Mitgefühl oder Spaß oder Treue oder Familienorientierung oder finanzielle Sicherheit oder Kreativität oder Unabhängigkeit oder Selbstentfaltung. Auf den anderen Zettel schreibe ich, womit ich in der vergangenen Woche meine Zeit verbracht habe.

In den wenigsten Fällen überlappen sich Werte und Handlungen. Es gibt keine klare Verbindung zwischen dem, was ich als bedeutsam empfinde, und dem, was ich tatsächlich tue. Meine Kinder sind mein höchstes Gut, ich bin aber ständig auf Dienstreise und sehe sie nicht. Mir ist es wichtig, ehrlich zu sein, ich verkaufe aber bei der Arbeit Produkte, von denen ich weiß, dass sie nicht das einlösen, was sie versprechen. Ich fühle mich mit der Natur verbunden, kaufe aber im Discounter die billigste Butter und Milch ein, selbst wenn ich mir auch andere Produkte leisten könnte.

Will ich die Lücke schließen, kann ich versuchen, meine Werte und mein Handeln zusammenzudenken. Und mir anschließend Strategien überlegen, mit denen ich das in meinen Alltag übertrage. Tatjana Schnell hat für diese Form der gelebten Werte einen Begriff geprägt. Sie nennt sie »Sinnquellen«. Ihnen wollen wir uns auf der nun folgenden Wegstrecke widmen. Denn wenn ich verstehe, wie und aus welchen Quellen ich meinen Sinn schöpfe, habe ich etwas für mein Leben gewonnen, das – um es mit einer anderen Metapher auszudrücken – als Kompass dienen kann. Ich besitze eine Ausrichtung, eine Peilung. Ich lasse meine Wunschvorstellungen vom Leben nicht mehr parallel laufen zu meinem Alltag, sondern ich verwebe beides miteinander. Gelingt mir das, habe ich etwas Wertvolles erreicht. Dann ist die Wahrscheinlichkeit hoch, dass ich mein Leben als sinnerfüllt erfahre.

7
Worin kann ich Sinn finden?
Über die Kraft der Sinnquellen

Susann Bewosch führte ein rastloses Leben. Sie zog aus der Lausitz nach Dresden, von Dresden nach Manchester, von Manchester ins fränkische Herzogenaurach, von Herzogenaurach nach Braunschweig und von Braunschweig nach Hamburg, wo sie heute wohnt. Zwischendrin flog sie für ihren Job immer wieder nach Asien. Jetzt ist sie Ende dreißig, hat gute Freunde gefunden und ist in ihrem Job in der digitalen Projektentwicklung eines großen Unternehmens aufgestiegen. Bewosch fühlt sich angekommen, endlich. Aber etwas nagt an ihr: »Nach sechs Jahren hatte ich das Gefühl, nichts Neues mehr zu lernen«, erzählt sie der *ZEIT*-Autorin Franziska Herrmann über ihre Arbeit.[1] »Ich saß ständig nur am Laptop, ohne frischen Impuls. Es fühlte sich wie Stillstand an. Ich wurde unzufriedener und wollte an der Situation etwas ändern.«

Was genau sie ändern will, ist für sie nicht leicht zu greifen. In eine neue Stadt ziehen? Nicht nach den vielen Ortswechseln, die sie schon hinter sich hat. Einen komplett neuen Job suchen? Hat sie keine Lust drauf. Was dann? Susann Bewosch geht in sich und merkt, dass ihr eine Sache immer wieder in den Kopf kommt. Ein Wunsch, der eigentlich unrealistisch erscheint, ist doch nur ein Hobby, denkt sie.

Sie wuchs ganz im Osten von Sachsen auf, nahe der Grenze zu Tschechien. Dorthin fuhr sie in den Ferien, ins Riesengebirge, und auch ins Erzgebirge, mit Skiern im Gepäck. Sie liebte den Langlauf, und liebt ihn noch heute. »Langlauf ist für mich das, was für andere Yoga ist«, sagt sie. »Es ist wie eine Art Meditation. Man kann sich in Trance laufen, während man allein durch den Wald gleitet. Da bin nur ich mit meinen Gedanken. Ich lasse sie schweifen und spüre, wie ich durch die gleichmäßige Bewegung zu Kraft und Ruhe finde.«

In ihrer Jugend hatte Bewosch kurz darüber nachgedacht, es professionell mit dem Sport zu versuchen. Daraus wurde nichts. Aber jetzt hat sie Sehnsucht nach den Bergen und den Loipen. Wäre das etwas? Könnte sie den Langlauf zum Zentrum ihres Lebens machen? Sie verwirft den Gedanken sofort wieder. »Wenn ich meine Arbeit kündigen und einen Saisonjob anfangen würde, hätte ich nur wenige Monate im Jahr etwas zu tun«, sagt sie. »Was würde ich die restliche Zeit machen?«

Susann Bewosch sucht nach einem Weg. Wie kann sie das, was sie fasziniert, was ihre Augen leuchten lässt, in ihren Alltag holen? Sie weiß, was sie will. Sie weiß nur nicht, wie sie das, was sie will, umsetzen kann. Wie sie das, was ihr Sinn gibt, mehr ausleben kann. Oder, um es in den Worten von Tatjana Schnell zu sagen: wie sie häufiger aus diesen Sinnquellen schöpfen kann.

Sinnquelle – das Wort klingt ungewöhnlich, weil es nicht der Alltagssprache entstammt. Aber es ist eingängig. Aus einer Quelle entspringt Wasser. Will ich meinen Durst löschen, gehe ich hin, tauche meine Hand oder einen Behälter ein, schöpfe und trinke. Auch zur Sinnquelle muss ich gehen und aus ihr schöpfen, damit Sinn erlebbar wird. Aber was für eine Quelle ist das?

Sinnquellen erforschen

Es ist uns meist nicht unmittelbar bewusst, was unserem Leben Sinn gibt. Und es lässt sich auch nur schwer von anderen abschauen, denn dabei gibt es große Unterschiede. Für Susann Bewosch war es unter anderem ihre Leidenschaft für den Langlauf. Das hat sie erkannt. Aber wie kann sie die ausleben und daraus Sinn schöpfen? Dafür sucht Bewosch den richtigen Moment und die richtige Form.

Auf unserer Reise zum Sinn sind wir an einer entscheidenden Wegmarke angekommen. Vor uns liegt so etwas wie die Königsetappe. Wir haben uns auf den vergangenen Strecken dem Sinn angenähert. Jetzt erleben wir, wie wir ihn umsetzen können. Sinn hat nämlich wenig Sinn, wenn er abstrakt bleibt. Als Erfahrung ist Sinnerfüllung immer verbunden mit konkreten Situationen im Leben. Ich bin involviert, ich handle und kann dieses Handeln dann als erfüllend erfahren, wenn es eine Orientierung hat. Die Orientierung ist eine der Grundlagen dafür, dass Sinn zustande kommt. Um diese Verbindung soll es nun gehen.

Worin sehen Menschen Sinn? Mit dieser Frage hat Tatjana Schnell ihre Laufbahn als Wissenschaftlerin gestartet. Damals, zu Beginn dieses Jahrtausends, gab es noch keine wissenschaftlich gesicherten, verallgemeinerbaren Erkenntnisse darüber, wie Sinn entsteht und welche Sinnquellen dazu beitragen. Schnell hatte Psychologie, Theologie und Philosophie studiert und sich viel mit existenziellen Themen beschäftigt: Warum tun Menschen, was sie tun? Woran glauben sie? Woran nicht? Und was bedeutet es überhaupt, etwas zu glauben? Welche Vorstellungen eines guten Lebens gibt es? Welche Rolle spielen dabei Weltanschauungen, Sinn und Werte, Sexualität, Leiden und Tod? Schnell beobachtete, dass die Kirchen immer leerer wurden, die Religionen an Einfluss verloren, und wollte verstehen: Was ist es dann, was Menschen trägt, was ihnen Sinn gibt? Am Lehrstuhl des Trierer Psychologieprofessors Peter Becker bekam sie die Möglichkeit, ein breit angelegtes Forschungsprogramm zu starten, das bis heute die Grundlage für zahlreiche nationale und internationale Studien bildet.

Bis dahin gab es nur vereinzelt Untersuchungen, die sich dem Sinn empirisch, also anhand wissenschaftlicher Studien, genähert hatten. Deshalb konnte Schnell nicht, wie gewöhnlich in der Psychologie, von einer Theorie ausgehen und diese in der Empirie überprüfen. Sie musste selbst eine Theorie entwickeln. Das tat sie mithilfe des Ansatzes der *Grounded Theory*, was bedeutet, dass man offen erhebt, wie Menschen ein Thema betrachten, erleben und erfahren, um daraus am Ende eine Theorie ableiten zu können. Bei diesem Ansatz ist es wichtig, mit möglichst unterschiedlichen Gruppen von Menschen zu arbeiten und dabei verschiedene Methoden anzuwenden. Peter Beckers Expertise und ein Team von studentischen Mitarbeitenden schufen den Rahmen, der es Schnell ermöglichte, dieses komplexe Unterfangen anzugehen.

Nach einer ausführlichen Analyse der Fachliteratur war der erste Schritt, ein strukturiert geführtes Tiefeninterview zu konzipieren. Es umfasste die drei Bereiche, die in der Psychologie als relevant für das menschliche Leben angesehen werden: Denken, Handeln und Fühlen. Und da es bei Sinn um das geht, was grundlegend, was zentral, was besonders ist, bezogen sie sich auf Formen des Denkens, Handelns und

Fühlens, die *außergewöhnlich* sind, die im menschlichen Leben das Besondere vom Alltäglichen unterscheiden. Beim Denken sind es persönliche Mythen: Welche Überzeugungen habe ich? Was glaube ich, wie die Welt ist und wie sie sein sollte? Beim Handeln sind es persönliche Rituale: Was ist mir so wichtig, dass ich es feiere, hervorhebe oder bewusst gestalte? Beim Fühlen sind es Erfahrungen der Transzendierung, also der Selbstüberschreitung: Kenne ich Momente der Selbstvergessenheit, des Eins-Werdens mit anderen Menschen, mit der Natur, mit einer Gottheit oder dem Kosmos?

Schnell und ihr Team hängten in Trier Aushänge auf, legten Broschüren in Arztpraxen aus und schalteten Anzeigen in der Lokalzeitung. So erreichten sie Menschen, die sich unterschieden im Alter, im Geschlecht, in der Religion. Es waren Christen, Muslime, Buddhisten, Aleviten, Atheisten und Agnostiker darunter. Einige hatten eine Zuwanderungsgeschichte, andere nicht, einige waren mit mittlerer Reife oder noch früher von der Schule abgegangen, andere hatten Abitur gemacht oder anschließend einen Hochschulabschluss. Insgesamt wurden Gespräche mit 74 Personen geführt – für eine qualitative wissenschaftliche Studie eine hohe Zahl.

Das kürzeste der Interviews dauerte zwei Stunden, das längste acht. Die Wissenschaftlerinnen starteten mit einer Frage, die dazu einladen sollte, das eigene Leben in seiner Gesamtheit in den Blick zu nehmen. Sie baten die Teilnehmenden, sich ihr Leben als einen Film oder ein Buch vorzustellen. Wie würden die Kapitel heißen? Das gab einen ersten Überblick. Tiefer ging es mit den anschließenden Fragen zu persönlichen Mythen, Ritualen und Erfahrungen der Selbstüberschreitung. Dabei gaben sich die Forscherinnen nicht mit einer Antwort zufrieden. Sie fragten weiter: Was bedeutet das? Was steht dahinter? Was liegt dem zugrunde? Diese Methode wird in der Wissenschaft »Leitern« genannt. Weil Interviewerin und Interviewte so gemeinsam Stufe um Stufe hinabgehen, bis zu den grundlegenden Bedeutungen der Aussage.

Das lief beispielsweise so ab:

> »Gibt es Feiern, die Sie wichtig finden?«, fragte die Interviewerin.
> »Familienfeiern«, antwortete der Interviewte.
> »Warum sind Ihnen die wichtig?«
> »Ich bin gern mit meiner Familie zusammen. Wir haben immer eine gute Zeit miteinander.«
> »Was bedeutet das für Sie?«
> »Wir haben immer viel Spaß, es ist witzig, ich kann mich entspannen, aber wir fordern uns auch gegenseitig heraus.«[2]

Niemand der Interviewten verweigerte sich der Methode. Die Fragen waren für einige nicht leicht, sie brauchten länger für eine Antwort, manchmal flossen Tränen. Aber trotzdem – oder vielleicht auch gerade deshalb – haben sie die Gespräche wertgeschätzt. Das äußerten sie direkt im Anschluss oder später, als sich alles etwas gesetzt hatte. Die Menschen ließen sich von ihren Erinnerungen und Gedanken berühren, stießen auf Annahmen, von denen sie selbst nicht wussten, dass sie sie hatten. Ein Mann sagte am Ende: »Das war wie Aufräumen im Kopf.«

Die Wissenschaftlerinnen transkribierten alle Interviews, die als Tonaufnahmen mitgeschnitten worden waren. In der darauffolgenden Analyse konzentrierten sie sich vor allem auf die jeweiligen letzten Bedeutungen, die sie mit den Interviewten herausgearbeitet hatten. Bildlich gesprochen fokussierten sie also auf das unterste Ende der jeweiligen Leiter. Bei dem gerade erwähnten Beispiel des Mannes, dem die Familienfeste wichtig sind, war »Spaß« ein zentrales Konzept, durch den familieninternen Wettbewerb aber auch »Herausforderung«. Immer wieder setzten sich die Forscherinnen zusammen, teilten ihre Ergebnisse, verglichen sie, fügten ähnliche Begriffe zusammen und reduzierten die vielen tausend Letztbedeutungen auf 32 Konzepte, die sie Lebensbedeutungen nannten. Der eingängliche Name dafür ist: Sinnquellen.[3]

Ob dieser Katalog an Sinnquellen nun spezifisch für diese Stichprobe galt oder ob sich auch die Sinnquellen ganz anderer Menschen darin wiederfinden würden, überprüfte Schnell mit vielen weiteren Studien. Zunächst in Fallanalysen und Gruppengesprächen. Daran anschließend entwickelte sie einen Fragebogen, den »Fragebogen zu Lebensbedeutungen und Lebenssinn«, kurz »LeBe«. Darin fragte sie jede der zuvor herausgearbeiteten Sinnquellen anhand mehrerer Aussagen ab. Das Forschungsteam händigte diesen Fragebogen an Hunderte von Personen aus und konnte so auswerten, ob sich die Konzepte voneinander abgrenzen ließen oder ob sie sich überlappten. Nach einigen Studien kristallisierten sich 26 Sinnquellen heraus, die seitdem mit der endgültigen Version des Fragebogens erfasst werden.[4]

Welche das sind, das zeigen wir jetzt auf, jeweils verbunden mit zwei Originalzitaten aus einer weiteren Studie von Tatjana Schnell.[5] Die Zitate stammen von unterschiedlichen Menschen, die im Fragebogen hohe Werte in den jeweiligen

Sinnquellen erreichten und sich zu einem Folgeinterview bereit erklärt hatten. Die Aussagen zeigen also exemplarisch auf, wie Sinnquellen gelebt werden und mit welchen ganz konkreten Haltungen, Handlungen und Erfahrungen sie einhergehen. 26 Sinnquellen sind eine Menge. Bereits in der Vielfalt liegt eine Erkenntnis: Wir Menschen sind divers, und genauso divers ist es, worin wir Sinn sehen. Divers und häufig auch kontrovers.

Religiosität

- »Wenn ich in Not bin, bete ich. Ich bete aber auch, wenn ich nicht in Not bin. Beten, das heißt, mit Gott sprechen. Nicht so offizielle Gebete, aber in Gedanken bei Gott zu sein.«
- »Ich glaube, ich bin hilfsbereit, bin für andere Leute da. Hilfsbereitschaft und Liebe.«

Spiritualität

- »Spiritualität heißt für mich, auf dem Weg zu sein. Sie steht für Selbsterkenntnis, Entwicklung, Veränderung, Schmerz, Glück, Kontakt mit dem Leben.«
- »Ich habe ein tiefes Gefühl, dass die Dinge nicht beliebig sind, dass Dinge nicht zufällig passieren. Es gibt Energien, Kräfte jenseits des Menschen, vielleicht einfach eine ›Lebensenergie‹. Ich denke, das ist etwas, was nicht zu verstehen ist, sondern nur gespürt und erfühlt werden kann.«

Soziales Engagement

- »Soziales Engagement ist wichtig, denn jeder braucht andere. Allerdings gibt es da Leute, die machen daraus eine Show, die machen das aus Selbstverwirklichung, dass sie sich sozial engagieren. Das gefällt mir eigentlich nicht. Man sollte allgemein immer schauen, dass sozial Benachteiligten geholfen wird.«
- »Ich bemühe mich darum zu schauen, dass die anderen auch etwas vom Wohlstand haben.«

Naturverbundenheit

- »Genauso wie es wichtig ist, sich selbst zu erkennen, ist es wesentlich zu erkennen, dass wir in der Natur leben, dass Natur ein Teil von uns ist, der Mensch an sich ist Natur. Wir müssen auf diesen Kreislauf Wert legen.«
- »Es gibt mir das Gefühl, ein Teil eines größeren Ganzen zu sein.«

Selbsterkenntnis

- »Selbsterkenntnis bedeutet, dass man sich immer wieder infrage stellt oder sich Gedanken macht, wer man ist, was man will oder wohin man will, und sich dabei einfach immer wieder weiterentwickelt.«
- »Es zeigt sich bei mir darin, dass ich manchmal wahnsinnig froh bin, wenn ich mal eine halbe Stunde hab, wo gar nichts ist. Wo man kein Auto hört, kein Fernseher ist, kein Radio, wo einfach nur Stille ist.«

Gesundheit

- »Gesundheit heißt für mich, dass ich im Alltag darauf achte, dass ich mir und meinem Körper was Gutes tue, dass ich aufpasse, was reinkommt und was nicht reinkommt; das ist sowohl emotional als auch physisch.«
- »Opfer muss ich dafür nicht erbringen. Ich brauche auf nichts zu verzichten. Ich bin einfach viel zufriedener, wenn ich weiß, dass ich heute wieder meinen Spaziergang gemacht habe.«

Generativität

- »Generativität bedeutet für mich, nicht nur für sich zu leben, sondern Dinge zu tun, die für andere positive Konsequenzen haben. Und dadurch das Leben anderer Menschen, vor allem solcher, die leiden, vielleicht etwas verbessern zu können.«
- »Es geht mir darum, etwas zurückzugeben für das, was ich erhalten habe. Dinge anders zu machen, menschlicher. Eigentlich finde ich die Welt sehr grausam und absurd. Generativität ist für mich eine Möglichkeit, Mitmenschlichkeit zu leben, lebendig zu machen. Dadurch erlebe auch ich ein Gefühl von Lebendigkeit.«

Herausforderung

- »Herausforderung macht das Leben und den Charakter interessanter. Wenn man etwas nicht mal probiert, wird man es bereuen.«
- »Ich wende dafür Energie und Zeit auf. Ich fühle mich

verbissen, verkrampft, fokussiert, konzentriert und angespannt. Herausforderungen gehen einher mit Stress, Herzklopfen, Nervosität – und positiv ist der Antrieb.«

Individualismus

- »Es geht darum, dass man versucht, seinem Charakter gerecht zu werden: Lebe deine Vorlieben, mach, was dir Spaß macht, hör nicht zu sehr auf die Meinung anderer, lass dich nicht unterdrücken und sag immer, was du denkst!«
- »Ich bin nicht immer konform, ich ecke an. Damit mache ich es anderen nicht immer recht. Aber ich fühle mich damit wohl, zufrieden, ausgeglichen, besonders.«

Macht

- »Macht bedeutet für mich, dass man eine Position hat, in der andere zu einem aufschauen und viel von meiner Meinung halten. Jetzt ohne eingebildet sein zu wollen, mich ehrt das schon, wenn jemand viel von meiner Meinung hält oder mich um einen Rat fragt. Das ist vielleicht eine komische Art von Macht, aber so versteh ich das. Manipulation wär das negative Beispiel für Macht, so was würd ich nie machen.«
- »Man sollte sagen, was man will, und es durchsetzen. Nur dann bekommt man auch das, was man will. Man bleibt halt immer ganz klein und muss seine eigenen Bedürfnisse zurückstellen, wenn man nicht probiert, ein bisschen dominant zu sein. Denn Dominanz ist etwas, das mit Selbstbewusstsein einhergeht – und das ist ja was

Gutes. Das ist etwas, was einen auf sich selbst schauen lässt.«

Entwicklung

- »Im Normalfall setze ich mir Ziele, durch die ich mich weiterentwickle. Ich glaube, dass das Leben, wenn man keine Aufgaben und keine Ziele hat, ziemlich langweilig wird. Und wenn man das nicht hat, dann entwickelt man sich auch nicht. Entwicklung ist nicht nur das Ziel an sich, sondern auch der Weg. Wenn man Dinge hat, die einen im Leben interessieren, dann kommt die Entwicklung im Normalfall von allein dazu.«
- »Ich opfere dafür Zeit, massiv viel Zeit. Ich brauch halt Zeit dafür, zu lernen und mich zu entwickeln und zu studieren beispielsweise. Das ist halt schon ein Fulltime-Job, würde ich sagen.«

Leistung

- »Bei allem ist Leistung mit dabei, egal was es ist – ob auf der Arbeit, Sport, Spiel, bei Begegnungen –, ohne Leistung geht es nicht. Für mich ist Leistung das oberste Gebot.«
- »Wenn ich sehe, dass etwas außergewöhnlich schön geworden ist durch meine Leistung, dann freut es mich, dann bin ich stolz. Es geht viel um Anerkennung. Die Bestätigung, dass ich eine gute Leistung erbracht habe, muss auch von anderen kommen. Dann erlebe ich Freude und Zufriedenheit mit mir selbst.«

Freiheit

- »Freiheit bedeutet für mich, dass ich das Gefühl habe, dass ich tun kann, was ich will. Dass ich mich dabei schon an bestimmte gesellschaftliche Regeln halte und mich nicht total danebenbenehme, aber dass ich auf jeden Fall mein Leben nach einer Struktur leben kann, wie ich das will.«
- »Solange man nicht das Gefühl hat, dass Freiheit wichtig ist, lässt man sich schnell einengen. Dann lebt man einfach nach vorgeschriebenen Normen und ist zu unkritisch in seinem Leben.«

Wissen

- »Wissen ist wichtig, weil es dich verstehen lässt, wie andere Leute ticken, weil es dich verstehen lässt, warum etwas passiert. Weil es dir die Möglichkeit gibt, besser zu entscheiden. Je mehr du weißt, desto mehr hast du in der Gesellschaft auch die Chance zu überleben.«
- »Damit gehen Gefühle einher wie Erleichterung und Verständnis. Dass ich anfange, zu begreifen, wie das alles zusammenhängt, wie das alles miteinander koordiniert ist. Wie das Zahnrad ineinandergreift. Ich fühl mich erleichtert, aber auch erschlagen in gewissen Momenten. Wo man Sachen erkennt und denkt: Oh scheiße. Das hätte ich mir nicht so gedacht.«

Kreativität

- »Ich denke, dass man auf ganz viele Arten kreativ sein kann. Ich würde sagen, dass es wichtig ist, dass man mit offenen Augen durchs Leben geht. Das fördert praktisch dann auch die Kreativität, und das ist für einen selber auch sehr gut, weil man dann selber viel reflektiert.«

- »Vor meiner kreativen Phase bin ich oft unzufrieden. Wenn ich unzufrieden bin und mehr negative Gefühlszustände und weniger Spaß habe, dann bin ich kreativer. Wenn ich dann aber etwas zeichne oder eine tolle Idee habe, fühl ich mich sehr gut, euphorisch fast. Das ist dann so ein Hochgefühl.«

Tradition

- »Tradition ist das, was deine Eltern dir mit auf den Weg geben, das geben die meisten Leute auch an ihre Kinder weiter, und das ist den Kindern dann auch wichtig. Jeder Mensch braucht Grundlagen aus der Tradition. Man muss sich auf sie besinnen, sonst hat man keine Wurzeln.«
- »Tradition bildet auch eine gewisse Sicherheit. Eine Ideensicherheit. Das haben die früher schon getan, und das kann man jetzt noch tun. Solche Gebräuche geben viel Halt.«

Bodenständigkeit

- »Bodenständigkeit heißt, dass ich mit beiden Füßen im Leben stehe, dass ich weiß, was ich will, und dass das so beibehalten wird, so wie es ist momentan, solange ich damit zufrieden bin.«
- »Ich lebe Bodenständigkeit, indem ich meiner Familie den Rücken freihalte. Immer, jeden Tag, das ganze Jahr,

damit jeder seinen Teil erfüllen kann, ohne zusätzliche Belastungen.«

Moral

- »Anstand und Moral, das ist für mich der ganze Charakter. Es geht darum, Versprechen einzuhalten.«
- »Ich bin ehrlich und gewissenhaft. Wenn ich handle, denke ich darüber nach. Ich versuche immer, mich richtig zu verhalten, das Richtige zu tun. Damit meine Mitlebenden zufrieden sind, dass ich keinem wehtue.«

Vernunft

- »Ich bemühe mich immer, alles, was ich tue, vernünftig zu tun. Nicht, dass es aus Emotionen resultiert, sondern aus Überlegungen.«
- »Die Erfahrung zeigt, dass es einen nachher reut, wenn man emotional und nicht vernünftig entscheidet. Deswegen ist besser, dass man überlegt, bevor man etwas tut.«

Gemeinschaft

- »Ich brauche das Gefühl, dass ich für jemanden etwas leiste, aber dass dann auch etwas für mich geleistet wird. Dass man regelmäßigen Kontakt zu Leuten hat und sich austauscht und auch um Rat gefragt wird. Dass jemand meine Meinung wissen will.«
- »Spaß und Humor erlebe ich eigentlich nur in Gemeinschaft mit anderen. Wenn man allein ist, ist das ganz anders.«

Spaß

- »Unter Spaß verstehe ich viel Humor, dass man mit Humor durchs Leben geht, positiv eingestellt ist und eher fröhlich.«
- »Spaß stand bei mir schon immer ganz oben. Mit Spaß geht man leichter durchs Leben. Die Idealvorstellung wäre, dass man den ganzen Tag nur Spaß hätte.«

Liebe

- »Liebe heißt, einander respektieren, Kompromisse eingehen, vieles teilen.«
- »Ich denke viel an die geliebte Person und die Liebe zu ihr. Ich will ganz für sie da sein.«

Wellness

- »Wellness heißt für mich, mir selber was Gutes tun. Es hat nichts mit meinem Beruf zu tun, es hat nichts mit meinem Privatleben zu tun. Es hat einfach damit zu tun, dass es Zeit für mich ist, in der ich abschalten kann.«
- »Es gibt Situationen, wo ich genau weiß, dass ich es brauche, wo ich einfach mal meine Verpflichtungen links liegen lasse. Ich opfere Zeit, die ich auch ›produktiv‹ nutzen könnte. Es braucht ein gewisses Gleichgewicht zwischen dem, was man tun muss, dem, was man tun sollte, und dem, was ich tun will.«

Fürsorge

- »Ich, als Mutter, verstehe unter Fürsorge, dass ich für meinen Mann und meine Kinder immer da bin. Ich mache alles für sie, dass ihr Alltag wie gewohnt abläuft, dass ich zu Hause alles richte, das Essen auf dem Tisch ist. Mit ihnen spreche, wenn sie nicht in Form sind.«
- »Fürsorge bedeutet für mich eine selbstverständliche Pflicht. Ich finde, es gehört zum Leben, dass man für seine Familie und für seine Leute da ist.«

Bewusstes Erleben

- »Für mich bedeutet es, intensiv zu erleben. Also im Hier und Jetzt zu sein und gleichzeitig nicht unbewusst. So klar wie möglich das mitzubekommen, was ich mache, was um mich herum passiert. Intensives ›Im-Moment-Sein‹.«
- »Es ist eigentlich ganz integriert in meinen Alltag. Einfach der Blickwinkel, wie man mit Sachen umgeht. Zum Beispiel zu wissen, was ich getan habe: ob die Tasse jetzt links oder rechts vom Computer steht, ob meine Tasche vor der Tür steht oder dahinter. Ob der Computer aus ist oder an.«

Harmonie

- »Harmonie heißt, sich gut zu verstehen und ein gutes Verhältnis zueinander zu haben, und nicht irgendwie gespannt. Dass man miteinander redet, dass man locker miteinander umgeht und unverkrampft ist, und dass man positiv aufeinander reagiert.«

– »Wenn man in einem harmonischen Umfeld ist, dann ist man leistungsfähiger und interessierter an den Dingen. Wenn ich in einem nicht harmonischen Umfeld bin, dann wirkt das auf mich lähmend.«

Die größten Sinnstifter

Die 26 Sinnquellen werden seit fast zwei Jahrzehnten in ganz unterschiedlichen Personengruppen abgefragt. Bei jungen Menschen und älteren, bei Menschen mit psychischen Problemen, bei Insassen von Justizvollzugsanstalten, Alkoholabhängigen, ehrenamtlich Tätigen, Berufstätigen, Arbeitslosen. Abertausende von Menschen haben den Fragebogen ausgefüllt, in mehr als dreißig Ländern ist er im Einsatz, in allen Kontexten hat er sich bewährt. Die Ergebnisse, die durch ihn gewonnen werden, sagen etwas aus über die Vielfalt der Quellen, aus denen wir Menschen schöpfen – und gleichzeitig auch etwas darüber, welche Quellen die besten Sinnstifter sind.

Wie kommt man zum Sinn? Es gibt nicht den einen Weg, den alle gehen sollten. Viel hängt ab von der jeweiligen Lebenssituation, der Persönlichkeit, dem Selbstverständnis. Wer aber auf der Suche nach Inspiration ist, der kann einen Blick werfen auf die Top 10, die Sinnquellen, die bei hoher Ausprägung am stärksten mit Sinnerfüllung einhergehen:

1. Generativität
2. Religiosität
3. Bewusstes Erleben

4. Spiritualität
5. Harmonie
6. Fürsorge
7. Gemeinschaft
8. Entwicklung
9. Gesundheit
10. Soziales Engagement

Diese Aufzählung beruht auf aktuellen Daten. Welche Sinnquellen zu den Top 10 gehören, daran hat sich über all die Jahre allerdings nur wenig verändert. Was immer gleich blieb, war die Spitze. Von Anfang an war Generativität über alle Altersgruppen, Stichproben und Länder hinweg ganz oben. Das heißt: Wer generativ lebt, hat eine hohe Wahrscheinlichkeit, das eigene Leben als sinnvoll anzusehen. In der Liste der 26 Sinnquellen haben wir die Generativität schon kurz in zwei Zitaten aufscheinen lassen. Nun wollen wir sie genauer betrachten. Denn im Gegensatz zu den neun anderen Sinnquellen der Top 10 ist ausgerechnet die wichtigste nicht intuitiv verständlich.

Den Begriff »Generativität« hat der deutsch-amerikanische Entwicklungspsychologe Erik H. Erikson geprägt, der sie nahezu lyrisch definierte als »die Liebe in die Zukunft tragen«. Das meint die Lebenshaltung, etwas von bleibendem Wert tun oder schaffen zu wollen. Möglich ist das auf viele Arten und nicht nur, wie der Begriff vielleicht nahegelegt, indem man Kinder bekommt, also eine zukünftige Generation mit erschafft. Etwas weiterzugeben, geht auch in der Bildung, in der Vermittlung von Wissen und Werten, im gesellschaftlichen, politischen, ökologischen, künstlerischen und kulturellen Engagement.

Wenn die Generativität über Generationen und Ländergrenzen hinweg der größte Sinnstifter ist, ist es doch ganz leicht mit dem Sinn, oder? Ich setze alles daran, generativ zu sein, und schon habe ich ein sinnerfülltes Leben. Das klingt logisch. So einfach ist es aber nicht. Die Studienergebnisse von Tatjana Schnell zeigen nämlich: Um sinnerfüllt zu leben, ist es gefährlich, alles auf eine Karte zu setzen und sich etwa *nur* für zukünftige Generationen zu engagieren, *nur* die eigene Familie zu sehen, sich *nur* im Job verwirklichen zu wollen.

Die Breite an Sinnquellen

Wir Menschen sind facettenreich, wir haben unterschiedliche Seiten, Stärken, Sehnsüchte. Je mehr wir davon ausleben, desto involvierter sind wir im Leben – und desto mehr sinnstiftende Erfahrungen machen wir. Es geht also darum, eine gewisse Breite an Sinnquellen zu erschließen. Identifiziere ich mich als Mutter, als Partnerin, als Trainerin in einer Volleyball-Mannschaft und als Lehrerin in einer Schule, in der ich mich um meine Schülerinnen und Schüler kümmere, dann gibt es viele Situationen, in denen ich mich als bedeutsam, orientiert und zugehörig erfahre. Wie wir gelernt haben, sind das drei der vier Elemente, die ein intensives Sinnerleben ermöglichen. Wichtig ist aber, auch das vierte im Blick zu behalten, die Kohärenz. Sie bedeutet, dass die unterschiedlichen Rollen nicht zueinander im Widerspruch stehen sollten. Bin ich bis abends mit Unterrichtsvorbereitung oder Klassenarbeiten beschäftigt und am Wochenende unterwegs mit meiner Volleyball-Mannschaft, kann das schwierig werden für die Beziehung zu den eigenen Kindern und zum Partner.

Aus mehreren Quellen Sinn zu schöpfen, ist noch aus einem anderen Grund gut: Widme ich all meine Zeit und Energie meiner Karriere und werde dann entlassen, stehe ich vor dem Nichts. Gebe ich alles für meine Beziehung, und es kommt zur Trennung, stürzt mich das wahrscheinlich in die Krise. Identifiziere ich mich allein über mein politisches Engagement und bin irgendwann ausgebrannt, dann ist da nichts, was mich auffängt. Wie Studien[6] belegt haben, sind wir Menschen recht gut darin, den Wegfall einer Sinnquelle durch andere zu kompensieren. Allerdings sollten dafür diese anderen Quellen zugänglich und verfügbar sein. Das sind sie eher dann, wenn wir ihnen bereits vorher Platz in unserem Leben eingeräumt haben.

Die Balance der Sinnquellen

Noch wichtiger als die Breite ist die Balance der Sinnquellen. Um das zu verstehen, schauen wir uns noch einmal die 26 Sinnquellen genau an. Wie statistische Analysen zeigen, lassen sie sich nicht nur in eine Reihenfolge bringen, sie lassen sich auch gruppieren – in fünf übergeordnete Dimensionen. Die erste ist die »Höhere Macht«, zu ihr gehören Religiosität und Spiritualität. Die zweite kann man als das »Größere Ganze« bezeichnen, dazu zählen soziales Engagement, Naturverbundenheit, Selbsterkenntnis, Gesundheit und Generativität. Die dritte Dimension heißt »Selbstverwirklichung«. Sie beinhaltet die Sinnquellen Herausforderung, Individualismus, Macht, Entwicklung, Leistung,

Freiheit, Wissen und Kreativität. Die vierte Dimension ist »Ordnung«. Darunter fallen Tradition, Bodenständigkeit, Moral und Vernunft. Die fünfte und letzte Dimension heißt »Wir- und Wohlgefühl«. Sie umfasst Gemeinschaft, Spaß, Liebe, Wellness, Fürsorge, bewusstes Erleben und Harmonie.

Wenn wir nun von Balance sprechen, bezieht sich das auf diese fünf Dimensionen. Die Daten von Tatjana Schnell und anderen Forscherinnen zeigen nämlich, dass Lebenssinn am stärksten ausgeprägt ist, wenn mindestens drei dieser fünf Dimensionen im Leben verankert sind.[7] Man kann sich das bildlich vorstellen wie bei einem Hocker: Hat er nur ein Bein, fällt er um. Hat er zwei, kippt er. Mit mindestens drei Beinen kann er stabil stehen.

Gestalte ich mein Leben ausgeglichen, bringe ich ganz unterschiedliche Facetten meiner Persönlichkeit zum Schwingen. Ich entwickle meine Stärken, lebe in Beziehungen, schaue aber auch über mich selbst und mein näheres Umfeld hinaus. Bin ich in unterschiedlichen Bereichen involviert und engagiert, schenke ich mir ein reiches Leben.

Genau das will Susann Bewosch erreichen. Deshalb lässt sie die Sehnsucht nach den Bergen und dem Langlaufski nicht nur eine Sehnsucht bleiben. Sie möchte etwas tun. Sie möchte etwas Neues wagen. Nur wie könnte das aussehen? Zwei Jahre lang grübelt sie, dann entschließt sie sich zu handeln. Sie bittet ihre Chefin um ein Gespräch, für das sie einen konkreten Plan im Kopf hat. »Mir war vorher klar, was ich wollte: drei Monate am Stück frei, sonst würde ich nach einem anderen beruflichen Weg schauen«, sagt sie. Die Chefin ist froh, dass Bewosch nicht kündigt, die Idee mit den drei Monaten unterstützt sie. Bewosch kann ihren

Wunsch verwirklichen. »Ab dem Moment, als das klar war, schaute ich mir verschiedene Langlaufzentren in den Alpen an, unter anderem Antholz und Toblach in Südtirol, aber auch Obertilliach im Süden Österreichs und zuletzt Ramsau am Dachstein. Das kannte ich, weil ich ein großer Biathlon-Fan bin.«

Sie findet eine Skischule in Ramsau, ein Jahr später startet sie dort eine Ausbildung zur Langlauftrainerin. Bewosch besteht die Prüfung. Seitdem lebt und arbeitet sie in den Wintermonaten dort. Was sie besonders mag, sind die Kontraste zu ihrem Leben in Hamburg. Statt geregelter Fünftagewoche ist sie an sechs Tagen zu ständig wechselnden Zeiten in den Loipen. Statt der Hektik in der Stadt genießt sie die Ruhe der Natur. Statt Meetings in Büros mit den bekannten Kolleginnen und Kollegen lernt sie täglich neue Leute kennen, denen sie das Skilaufen beibringt.

Als Lehrerin muss sie jeden Tag auf der Höhe sein, sie bekommt aber auch viel zurück, wie sie erzählt. »Da war zum Beispiel Marie, ein siebenjähriges Mädchen, das sich zu Weihnachten einen Kurs gewünscht hatte, obwohl die ganze Familie nur Alpinski fährt. Die Kleine hat von früh bis abends in der Loipe gestrahlt.« Und ein Mann namens Alfred werde wiederkommen und Privatstunden nehmen, sagt sie. »Er ist geistig behindert, ich bin die ganze Fahrt neben ihm. Er hat einen hohen Anspruch an sich und macht Abfahrten, die selbst manch fortgeschrittener Läufer nicht hinbekommt.« Abends trifft sie auf den Hütten manchmal Schülerinnen und Schüler, die sich noch mal bedanken. »Das sind kleine Gesten«, sagt Susann Bewosch, »mir geben sie unendlich viel.«

Bewosch hat sich, technisch gesprochen, für das Modell

der Mehrfachbeschäftigung entschieden. Sie teilt ihr Jahr zwischen Hamburg und den Alpen auf. In ihrem Leben ist, aus Perspektive der Sinnforschung, aber viel mehr als das passiert. Sie hat sich mit dem Langlauf die Sinnquellen Naturverbundenheit und Spaß neu erschlossen. Doch nicht nur das: Sie lebt ihre Leidenschaft als Lehrerin vor, sie fordert sich heraus, sie entwickelt sich weiter, sie sammelt jeden Tag Wissen in diesem neuen Arbeitsfeld, sie erlebt ihre Tage sehr bewusst, sie fühlt sich in Harmonie mit ihren Schülerinnen und Schülern, sie spürt Freiheit, sie ist in Gemeinschaft und tut auch noch etwas für ihre Gesundheit. Das sind ganze elf Sinnquellen aus drei Sinndimensionen.

Natürlich lebt sie nicht alle ähnlich intensiv aus. Und es sind ihr auch nicht alle gleich wichtig. Aber sie hat sich mit ihrer Entscheidung eine große Breite an neuen Erfahrungen erschlossen. Aus Forschungssicht also kein Wunder, dass sie glücklich ist über ihr neues Lebenskonzept, und es ihr auch besser geht, wenn sie in Hamburg ist. »Komme ich zurück, habe ich für meinen Office-Job wieder neue Energie und bin dankbarer«, sagt sie. »Als ich letztes Mal zurückkehrte und hörte, wie sich jemand über etwas Unwichtiges aufregte, dachte ich nur: Leute, wir haben es echt gut hier.«

Susann Bewosch hat wahrgenommen, dass sie etwas verändern muss, hat sich auf die Suche nach Lösungen gemacht, in ihrem Inneren und in der Außenwelt, und gehandelt. Ihr ist klargeworden, dass sie ein Leben, das sich allein um ihren Job im E-Commerce dreht, nicht mehr ausreichend trägt. Sie hat ein neues Modell gefunden, das zu ihr passt. Anhand dieses Lebenswegs lassen sich zwei weitere Merkmale von Sinnquellen verdeutlichen: Sinnquellen hängen eng mit der Persönlichkeit zusammen, und sie lassen sich verändern.

Andere Persönlichkeit, andere Sinnquellen?

Das bekannteste Modell der Persönlichkeitspsychologie sind die »*Big Five*«. Wir haben es bereits auf der Wegstrecke zum Ich kennengelernt. Die großen Fünf heißen Neurotizismus, Extraversion, Offenheit, Verträglichkeit und Gewissenhaftigkeit. Bei uns allen treten sie in unterschiedlichem Maße auf. Und zu jedem Zeitpunkt unseres Lebens weisen wir ein bestimmtes Muster dieser Persönlichkeitsmerkmale auf, das den Hintergrund für unsere Auseinandersetzung mit der Welt darstellt.

In der psychologischen Forschung gilt es als hilfreich, alle neu entwickelten Persönlichkeitsmerkmale mit diesen »*Big Five*« in Beziehung zu setzen. Wie hängt beides miteinander zusammen? Was für Erkenntnisse lassen sich daraus ziehen? Das taten auch Tatjana Schnell und Peter Becker mit den Sinnquellen, ebenso wie Kolleginnen und Kollegen in anderen Ländern.[8] Sie fanden heraus, dass viele Sinnquellen eng verbunden sind mit der Persönlichkeit. Das ist nicht unbedingt überraschend, denn die Persönlichkeitsmerkmale lassen uns unbewusst dazu neigen, ein bestimmtes Verhalten anzustreben und vor anderem eher zurückzuschrecken. Deshalb fühlen wir uns zu bestimmten Sinnquellen direkt hingezogen, während andere uns wenig interessieren.

Wer von seiner Persönlichkeitsstruktur her offen ist, möchte sich eher selbstverwirklichen, als dass er oder sie auf Ordnung und Sicherheit setzt. Wer extravertiert ist, sucht Herausforderung, Macht, Gemeinschaft und Spaß. Menschen, die verträglich sind, sehnen sich nach Gemeinschaft, Fürsorge und Harmonie. Menschen, die gewissenhaft sind, tendenziell eher nach Gesundheit, Leistung, Moral und Vernunft. Wer emotional instabil ist, orientiert sich öfters an Liebe.

Dass es diese Zusammenhänge gibt, bedeutet jedoch nicht, dass man sich nach ihnen ausrichten *muss*. Die Ergebnisse können vielmehr dabei helfen zu verstehen, warum wir Menschen uns von manchen Erfahrungen lieber fernhalten. Warum es beispielsweise einem traditionsverbundenen Menschen schwerfallen kann, sich auf Sinnquellen wie Entwicklung, Wissen und Kreativität einzulassen. Warum es einem introvertierten Menschen eher fremd ist, Herausforderungen und Gemeinschaft zu suchen. Doch das muss nicht so bleiben.

Habe ich das Gefühl, in meinem Leben Sinn zu vermissen, kann ich die 26 Sinnquellen durchgehen und überlegen, welche mir intuitiv nicht liegen, mich gleichzeitig aber reizen, weil sie mir sinnvoll erscheinen. Dann probiere ich aus. Zum Beispiel so: Ich bin ein introvertierter Mensch und vermeide es, Freunde zu mir nach Hause einzuladen. Durchbreche ich mein Muster, mache ich mir beim ersten Mal sicherlich viele Gedanken darüber, was ich anbiete, ob ich die Wohnung dekoriere, wie ich mich anziehe, welche Musik ich auflege. Es ist gut möglich, dass ich während des Treffens nervös bin und es ein wenig steif wird. Psychologische Studien zeigen aber, dass es der richtige Weg ist, wenn man sich verändern will.[9] Denn gehe ich aus mir heraus, steigt die Wahrscheinlichkeit, mich als selbstbestimmt, kompetent und verbunden zu erleben – und das sind im Allgemeinen ziemlich angenehme Erfahrungen. Sie sind die Belohnung dafür, meine Komfortzone verlassen zu haben. Und ich kann darauf vertrauen, dass es mir mit der Zeit immer leichter fällt. Auf diese Art erschließe ich mir langsam, aber stetig Sinnquellen, die mir zuvor weit entfernt erschienen. Ich verändere mich, stelle mich breiter auf und habe dadurch gute Chancen, mich als sinnerfüllter zu erfahren. Das lässt sich aus den Daten von Tatjana Schnell und anderen Forschenden schließen. Und das zeigt die Lebensgeschichte von Susann Bewosch.

Sie hat sich mit ihrem neuen Job in der Loipe herausgefordert. Nie zuvor hat sie als Lehrerin vor Schülerinnen und Schülern gestanden, sie musste sich erst einmal in die ungewohnte Rolle einfinden. »Das Bild, das ich von Lehrern hatte, hat sich durch meine eigene Tätigkeit sehr geändert«, erzählt sie. »Ich weiß jetzt, wie präsent du sein musst, wenn zwölf Leute vor dir stehen und auf dich schauen. Du bist der Motivator, der Entertainer, der Trainer, der Psychologe, egal ob du einen guten oder schlechten Tag hast.« Bewosch hat den Schritt gewagt und damit nicht nur ein neues Berufsfeld kennengelernt, sondern auch einen Teil ihrer Persönlichkeit entdeckt und ausgelebt, den sie bis dahin nicht kannte.

Wie verändern sich Sinnquellen?

Die Persönlichkeit ist stabil, aber veränderbar. Mit den Sinnquellen verhält es sich ähnlich. Allerdings stehen sie in engem Zusammenhang mit den Anforderungen verschiedener Lebensphasen. Um das genauer zu verstehen, lohnt sich ein Blick in die Arbeiten des bereits erwähnten deutsch-amerikanischen Psychologen Erik H. Erikson und seiner Frau

Joan Erikson. Sie beschäftigten sich tiefgehend damit, welche Aufgaben Menschen in unterschiedlichen Phasen ihres Lebens zu bewältigen haben. Daraus entwarfen sie ein für die Forschung einflussreiches »psychosoziales Entwicklungsmodell«. Demnach geht es in der Kindheit vor allem darum, Urvertrauen und Autonomie zu entwickeln, sowie Initiative und Kompetenzen auszubilden. Jugendliche stehen vor der Aufgabe, ein Bild von sich selbst zu entwickeln und in diesem Prozess ihre Identität zu finden. Im jungen Erwachsenenalter dreht sich alles um Intimität und Liebe. Im mittleren Erwachsenenalter wird die Generativität bedeutsam. Im späten Erwachsenenalter ist die Herausforderung, mit Akzeptanz auf das eigene Leben zurückzublicken, als gute Voraussetzung dafür, dem Tod in Frieden zu begegnen.[8]

Das Modell der Eriksons ist eingängig. Allerdings stammt es aus der Mitte des vergangenen Jahrhunderts. In unserer heutigen Gesellschaft lassen sich die Phasen nicht mehr so klar voneinander unterscheiden. Wir sehen eine deutliche Verlängerung des Jugendalters, oder, wie die Soziologin Vera King es bezeichnet, eine »Entgrenzung der Jugendphase und Verjugendlichung des Erwachsenenlebens«,[9] oft bis in ein Alter von dreißig oder darüber hinaus. Der Psychologe Jeffrey Arnett hat dafür den Begriff der *»emerging adulthood«* geprägt, was sich als »Erwachsenwerden« übersetzen lässt. Auch wenn Menschen in Deutschland mit achtzehn Jahren offiziell volljährig sind, erleben sie sich häufig noch nicht als erwachsen. Das spiegelt sich in ihren Leben wider. Einerseits beginnen sie in dieser Phase, sich abzukoppeln, von ihrer Familie, von dem Ort, an dem sie aufgewachsen sind. Andererseits befinden viele sich noch über eine lange Zeit in Übergangsphasen. Selbst wenn genaue Zahlen dafür schwer zu finden sind, nimmt ein beträchtlicher Anteil eine Auszeit zwischen dem Schulabschluss und dem Einstieg in eine Ausbildung, in einen Beruf oder ins Studium. Die jungen Menschen jobben, reisen, machen ein freiwilliges soziales Jahr. Wer eine Ausbildung oder ein Studium beginnt, bereitet sich damit auf einen späteren Berufsstart vor. Auch diese jungen Menschen sind noch nicht in einem Leben angekommen, das man als »geregeltes Erwachsenenleben« bezeichnen könnte. Und ab dem Moment, in dem dies beginnt – also mit dem Berufseinstieg –, suchen sie trotzdem weiter, probieren aus, wechseln die Jobs, weil sie gelernt haben, dass sie maximal flexibel sein sollen, weil sie den perfekten Arbeitsplatz finden wollen oder weil sie mit befristeten Verträgen im Ungewissen gehalten werden.

Diese veränderte Realität behalten wir im Blick, wenn wir uns nun ansehen, wie sich die fünf Sinndimensionen zu den verschiedenen Lebensphasen verhalten, die die Eriksons herausgearbeitet haben. Tatjana Schnell hat die Daten von 793 Personen im Alter von 16 bis 85 Jahren auf das Modell hin analysiert.

Wie im psychosozialen Entwicklungsmodell und im Konzept des »Erwachsenwerdens« sind Identität und Intimität auch im Hinblick auf den Lebenssinn bei jungen Menschen zwischen 16 und 29 Jahren zentrale Themen. Das sieht man an einer sehr hohen Ausprägung der Dimensionen *Wir- und Wohlgefühl* und *Selbstverwirklichung*. Im Alter zwischen dreißig und sechzig Jahren verlieren beide Sinndimensionen etwas an Bedeutung, steigen aber mit Eintritt ins Rentenalter wieder ein wenig an. Diese Entwicklung war in den ersten Studien zu Beginn dieses Jahrtausends noch nicht zu sehen. Sie spiegelt unser heutiges Verständnis von dieser Lebensphase als einem Ruhestand wider, der eher ein aktiver Unruhestand ist, also eine Möglichkeit, sich noch mal neu zu finden.

Ab einem Alter von ungefähr vierzig Jahren steigt die Bedeutung des *größeren Ganzen*, wozu auch die Generativität zählt. Das entspricht der Annahme der Eriksons, dass wir ab dem Moment beginnen, über uns hinauszuschauen, wenn wir uns als gefestigt empfinden und unsere Identität und Intimität bereits entwickelt haben. Allerdings sehen wir auch bei jüngeren Menschen bereits eine beträchtliche Orientierung am *größeren Ganzen*. Das zeigt sich nicht nur in den Daten, sondern ganz konkret beispielsweise bei Jugendlichen und jungen Erwachsenen, die gegen die Klimapolitik demonstrieren, die genau darauf achten, was sie essen und anziehen, die ein Bewusstsein für eine lebenswerte Welt schaffen wollen.

Die beiden Sinndimensionen der *Ordnung* und der *höheren Macht* wurden von Erik H. und Joan Erikson nicht thematisiert. Die Daten von Tatjana Schnell zeigen aber, dass gerade die Bedeutung der Ordnung in unserer Gesellschaft nicht zu unterschätzen ist. Ab einem Alter von ungefähr dreißig Jahren nimmt sie einen wichtigen Platz ein. Für viele ist das eine Zeit, in der sie noch nicht lange im Berufsleben sind und gerade Eltern werden oder geworden sind. Mit der Verantwortung werden sie tendenziell vernünftiger. Es ist ihnen wichtig, bodenständig zu sein, Träume und Utopien rücken in weitere Ferne. Mit den Kindern knüpfen sie an Traditionen an und machen sich bewusst, welche Moralvorstellungen sie weitergeben möchten. Ab einem Alter von ungefähr fünfzig Jahren wird die *Ordnung* noch einmal relevanter. Das verdeutlicht, wie sehr es in dieser Lebensphase darum geht, das Erreichte zu bewahren. Aufzusteigen und sich weiterzuentwickeln, sind keine wichtigen Ziele mehr. Für Leichtigkeit, Spontaneität, Chaos und Träumerei ist nicht mehr viel Platz.

Die Sinndimension der höheren Macht spielt in unserer Gesellschaft, wie in vielen anderen europäischen Ländern, keine große Rolle mehr. Aber auch hier sind Zusammenhänge mit dem Lebensalter ersichtlich. Ab einem Alter von ungefähr dreißig Jahren zeigt sich ein leichter Anstieg. In jedem weiteren Lebensjahrzehnt wird der Glaube an eine höhere Macht etwas wichtiger. Dieser Trend setzt sich bis ins höchste Alter fort – womit wir wieder bei dem Modell der Eriksons anknüpfen können. Für die Forschenden war das »reife Erwachsenenalter« von der Aufgabe bestimmt, das gelebte Leben anzunehmen und den Tod nicht zu fürchten. Religion und Spiritualität können dazu einen wichtigen Beitrag leisten.

Und wie steht es nun um die Phase der *»emerging adulthood«*, des verlängerten Erwachsenwerdens? Die Daten von Tatjana Schnell zeigen, dass es im Hinblick auf die fünf Sinndimensionen keine Unterschiede gibt zwischen 16- bis 24-Jährigen und 25- bis 29-Jährigen. Diese geteilte Weltsicht bietet somit eine weitere Bestätigung für die Beobachtung einer »Entgrenzung der Jugendphase«.

Sinn und Geschlecht

Sinnquellen verändern sich über Lebensphasen, das haben wir jetzt gelernt. Zuvor haben wir gesehen, wie sie mit Persönlichkeitsmerkmalen zusammenhängen. Ein letzter Blick ist noch interessant: der auf den Unterschied zwischen den Geschlechtern. Männer und Frauen differieren dabei nicht im Grad ihrer Sinnerfüllung. Über die vergangenen zwei Jahrzehnte hinweg, in denen Tatjana Schnell und viele Forscherinnen weltweit Daten erhoben haben, lagen die Werte bei beiden Geschlechtern im Durchschnitt immer im leicht positiven Bereich. Das heißt, die meisten Frauen und Männer finden ihr Leben eher sinnvoll als sinnlos. Zu den Sinnerfahrungen von Menschen mit diverser Geschlechtsidentität liegen noch keine vergleichbaren Datensätze vor. Deutliche Unterschiede zwischen Männern und Frauen finden sich aber bei der Frage, aus welchen Quellen sie ihren Sinn schöpfen. Während Männer ihre Energie eher in Herausforderung, Macht, Freiheit, Leistung und Wissen investieren, geht es Frauen mehr um Fürsorge und Gemeinschaft. Das Muster spiegelt die uralte »Dualität der menschlichen Existenz« wider, wie der US-amerikanische Psychologe David Bakan sie nannte: *»Agency versus Communion«*, Eigenständigkeit versus Gemeinschaft.[10] Männer verwirklichen sich allein, Frauen leben in Verbindung.

Wird sich am alten Klischee also nie etwas ändern? Vielleicht ja doch. Das zeigt ein finaler Blick auf die Loipe im österreichischen Ramsau am Dachstein, wo Susann Bewosch ihre Schülerinnen und Schüler unterrichtet – und aus dem stereotypen Muster ausbricht. Ihr geht es in dem neuen Job als Skilehrerin nicht um Macht, aber sie fordert sich mit ihm heraus, will alles lernen über diese Welt des Skisports, die sie sich erschließt. Gleichzeitig sind ihr auch die Sinnquellen wichtig, die vielen anderen Frauen etwas bedeuten: Fürsorge und Gemeinschaft. Bewosch ist damit eine Grenzgängerin zwischen den Geschlechterklischees und zwischen den Sinnquellen. Sie hat ihr Leben verändert und sich damit die

Chance geschenkt, sich neu auszurichten. Sie hat gespürt, dass das Leben, das sie führte, sie nicht erfüllte, und eine neue Aufgabe an einem neuen Ort mit einer neuen Gruppe von Menschen gefunden.

Ihr Leben zeigt damit etwas auf, was für uns alle gilt: Wir suchen nach Sinn, jede und jeder für sich. Aber wir tun das immer innerhalb einer Gemeinschaft. Was das mit uns macht und wie diese Gemeinschaften zu unserem Sinnerleben beitragen, das nehmen wir nun auf der nächsten Etappe in den Blick.

8
Soll jemand mit mir gehen?
Über die Bedeutung von Gemeinschaft

Die Menschen, die in diesem Raum zusammenkommen, sehen sich zum ersten Mal. Sie sind da, weil sie Teil eines Experiments sind. Das wissen sie. Was sie nicht wissen, ist, wie das Experiment ablaufen wird und was der Sinn dahinter ist. Sie finden sich in Kleingruppen, machen sich einander bekannt, stellen Fragen, erzählen von sich und von ihren Leben. Nach einer Weile bittet eine Psychologin die Teilnehmenden, sich einen Zettel und einen Stift zu nehmen. Auf den Zettel sollen sie die Namen von zwei Personen aus ihrer Kleingruppe schreiben, mit denen sie im Anschluss gern zusammenarbeiten würden. Die Psychologin sammelt die Zettel ein. Sie wertet sie aber nicht aus, sondern sagt einer zufällig ausgewählten Hälfte der Teilnehmenden, dass ihre Namen auf allen Zetteln ihrer Kleingruppe standen. Der anderen Hälfte verkündet sie das Gegenteil, leider habe sie niemand gewollt.

Was macht es mit Menschen, wenn sie von anderen anerkannt werden? Und was, wenn sie sich abgelehnt fühlen? Das wollten die Psychologinnen Jean Twenge, Kathleen Catanese und Roy Baumeister herausfinden. Deshalb teilten sie im Anschluss Fragebögen aus und ließen Aufgaben lösen. Die Ergebnisse zeigten eindrucksvoll, welche Wirkung das Gefühl hat, ausgeschlossen zu sein.[1]

Alle Teilnehmenden sollten ein Zeitintervall schätzen. Ihnen wurden ein Startzeitpunkt und ein Endzeitpunkt genannt. Wie lange hat es vom ersten zum zweiten Moment gedauert? Diejenigen, die sich als unbeliebt empfanden, schätzten den Zeitraum als länger ein als diejenigen, die in dem Glauben waren, dass alle anderen mit ihnen zusammenarbeiten wollten. Mithilfe eines Fragebogens versuchten die Psychologinnen, etwas über die Selbstkontrolle der Teilnehmenden zu lernen. Das wurde zum Beispiel so abgefragt: Hätten Sie lieber jetzt zehn Euro oder in der kommenden Woche zwölf Euro? Die Zurückgewiesenen tendierten zum schnellen Geld, während die Anerkannten weniger Probleme damit hatten zu warten. Diese Fähigkeit, Belohnungen aufzuschieben, wird in der Psychologie als Indikator dafür gesehen, ob ein Mensch in seinem Leben eher einem kurzfristigen Impuls folgt oder seine Zukunft im Blick hat. Die Forschung der vergangenen Jahrzehnte hat gezeigt, dass die Kontrolle der eigenen Impulse substanziell dazu beiträgt, wie erfolgreich man wird, wie gesund man ist, wie viel Geld man verdient, wie zufrieden man ist und sogar, wie lange man lebt. Abschließend fragten die Psychologinnen alle Teilnehmenden, wie sicher sie sich in ihren Entscheidungen gefühlt haben. Auch hier gab es einen deutlichen Unterschied zwischen den zwei Gruppen: Während die Anerkannten angaben, ziemlich überzeugt von ihren Antworten zu sein, berichteten die Zurückgewiesenen, gar nicht mehr sicher zu sein, ob das alles so richtig war, was sie angegeben hatten.

Eigentlich könnte es den Teilnehmenden egal sein, was die anderen über sie denken. Sie kannten sich nicht. Sie werden wahrscheinlich nie wieder miteinander zu tun haben. Nichts von dem, was in diesem Raum geschah, ist für ihr

Leben im eigentlichen Sinne von Bedeutung. Und dennoch ist der Effekt groß. Die Anerkennung macht etwas mit ihnen, ebenso wie die Zurückweisung. Deshalb ist diese Studie, die Twenge, Catanese und Baumeister 2003 im *Journal of Personality and Social Psychology* veröffentlichten und deren Ergebnisse durch viele weitere Studien bestätigt wurden, so bemerkenswert: Sie zeigt auf, wie elementar wichtig unser soziales Umfeld für uns Menschen ist. Wie sehr uns Beziehungen prägen.

Über die Wechselwirkung zwischen dem Ich und dem Wir haben wir bereits auf unserer ersten Wegstrecke zum Ich nachgedacht. Jetzt, da wir die große Etappe zu den Sinnquellen hinter uns haben, wollen wir dieses Wir intensiver in den Blick nehmen. Denn fragt man Menschen, was ihnen Sinn im Leben gibt, nennen die allermeisten überall auf der Welt Begriffe, die auf soziale Beziehungen verweisen. Familie und Freunde, die sind uns besonders wichtig. Das ist nicht unerwartet, schließlich leben wir Menschen wie viele unserer Artverwandten, die Tiere, in Gemeinschaften. Wir brauchen sie, weil wir nur so in der Lage sind, Aufgaben zu teilen, uns zu organisieren und zu unterstützen. Wir brauchen sie aber auch, weil wir uns in diesem Zusammenhang, in der Geschichte und der Kultur, selbst finden und entfalten können. Weil ich im Wir zum Ich werde.

Drei Ebenen der Gemeinschaft lassen sich voneinander unterscheiden: das engste Umfeld der Liebesbeziehung, der Familie und der Freunde. Das weitere Umfeld des Dorfes, der Stadt, der Region, des Landes. Und die Weltgemeinschaft. Auf alle drei Ebenen gehen wir nun ein. Die empirische Forschung liefert überraschende Erkenntnisse dazu, wie sie zu einem gelingenden Leben beitragen.

Familie und Freundschaft

Familie und Freunde spielen für die meisten Menschen auf der Welt eine elementare Rolle im Leben. In der Zeit der Jugend und des aufkommenden Erwachsenenalters ist das besonders stark ausgeprägt. Wer bin ich, und wo gehöre ich hin? Wie wir auf der vorangegangenen Wegstrecke gesehen haben, ist das der Fokus in dieser Lebensphase. Es geht darum, akzeptiert zu werden, und auch, sich von der Familie abzukoppeln, ein eigenes Leben aufzubauen. Aber ist das nicht ein Widerspruch – Familie als elementaren Bestandteil zu sehen und sich gleichzeitig von ihr zu entfernen?

US-amerikanische Psychologinnen und Psychologen entwickelten eine Serie aufeinanderfolgender Studien, um darauf eine Antwort zu finden. In der ersten sollten Studierende zwischen 18 und 27 Jahren die eine Sache auswählen, die am meisten dazu beitrage, ihr Leben sinnvoll zu machen. Knapp siebzig Prozent gaben ihre Familie oder einzelne Familienmitglieder an. In der zweiten Studie wurden Studierende gebeten, zwölf mögliche Sinnquellen so zu sortieren, dass die wichtigsten ganz oben stehen. Auch hier landete die Familie an erster Stelle, gefolgt von Glück und Freundschaft. In der dritten Studie mit Studienanfängerinnen und -anfängern zeigte sich anhand ihrer Antworten in einem Fragebogen, dass die Sinnerfüllung bei denen am höchsten war, die angaben, gut in ihre Familie eingebunden zu sein.[2] Die Psychologinnen und Psychologen schlussfolgerten, dass die Familie in der Zeit der Ablösung offenbar eine primäre Sinnquelle bleibt. In Deutschland kamen Forschende der Universität Witten/Herdecke zu einem ähnlichen Ergebnis. Sie hatten Menschen gefragt, was ihnen im Leben am meisten bedeutet.[3] »Familie« war in der 2021 veröffentlichten Studie der am häufigsten genannte Begriff, sowohl in der Altersgruppe der 12- bis 29-Jährigen als auch in der der 30- bis 49-Jährigen. Dabei ist nur unklar, ob die Befragten sich auf die Herkunftsfamilie oder eine selbst gegründete Familie bezogen.

Die Familie hat eine herausragende Bedeutung für uns Menschen. Was aber meinen wir, wenn wir von Familie sprechen? Traditionell haben viele ein normatives Bild vor Augen, das die Wirklichkeit aber nicht angemessen wiedergibt. Familie heißt nicht nur Vater, Mutter, Kind. Familie ist, wo Familie gelebt wird – so verstehen es die Familientherapeutinnen Jacqueline Hudak und Shawn V. Giammattei.[4] Familie findet also statt, wenn Menschen sich bewusst zu Verantwortung und Fürsorge verpflichten, füreinander und für Kinder, die sie haben oder bekommen. Kompliziert können alle Familien sein, auch diejenigen, die einem klassischen Familienbild entsprechen. Gleichzeitig können Menschen sich auch jenseits dieses Modells zugehörig fühlen, Unterstützung erfahren, Freude empfinden und Familiensinn erleben: als Alleinerziehende, in Pflegefamilien und in Familien mit queeren Erziehungsberechtigten.

Warum aber ist die Familie – egal in welcher Konstellation – so herausragend wichtig? Was gibt sie uns? Und warum bedeuten uns allgemein enge Beziehungen mit Verwandten und Freunden so viel? Die Interviewstudie, die Tatjana Schnell mit ihren Mitarbeiterinnen an der Universität Trier durchführte, bietet einige Erklärungsansätze. Auch hier nannten Jugendliche und junge Erwachsene zwischen 16 und 29 Jahren immer wieder Familie, Freundschaft und

Liebe als zentrale Sinnquellen. Sie schätzten diese Beziehungen sehr bewusst wert, schufen Raum für sie im Alltag und erlebten sie als Garant für positive Erfahrungen auf emotionaler und existenzieller Ebene. In den Interviews erzählten sie beispielsweise, »ganz sie selbst sein zu können«, wenn sie mit ihren Eltern, Geschwistern oder Freunden zusammen seien – sogar mehr, als wenn sie allein seien. Das heißt nicht, dass sie nicht auch Zeit für sich brauchten. Aber das Band zur Familie und zu Freundinnen war für sie grundlegend für eine authentische Lebenserfahrung.

So beschrieben die Jugendlichen und jungen Erwachsenen Freundschaften wie einen Ort, an dem sie sich ausprobieren können und sicher fühlen, an dem sie angenommen werden, wie sie sind, nicht bewertet und vor allem nicht abgewertet werden und an dem sie gleichzeitig selbst fürsorglich und liebevoll sein können. Ein Zwanzigjähriger rang damit, diese Gefühle zu artikulieren, und sagte schließlich: »Wenn jemand mit mir eine Freundschaft hat, das ist nicht so einfach. Das ist *Freundschaft.*«[5]

Eine Siebzehnjährige drückte die Bedeutung von Freundschaft und Familie im Gespräch so aus: »Dass eine Familie sehr wichtig ist und auch Freunde zum Halten und Füreinander-da-Sein, und dass man halt auch den Leuten gegenüber seinen wahren Gefühlen freien Lauf lassen kann, wenn es einem wirklich gut geht, und auf der anderen Seite, wenn es einem wirklich schlecht geht. Dass die Leute einen wirklich verstehen und für einen da sind. Liebe, Zuwendung, Geborgenheit, Füreinander-da-Sein, Halt – also, dass man Probleme löst und füreinander da ist.«[6]

Im späteren Erwachsenenleben verlieren diese Beziehungen ein wenig an Bedeutung. Vielleicht, weil es einen verlässlichen Freundeskreis oder eine Familie gibt, die mit der Zeit als selbstverständlich angesehen werden. Vielleicht weil sich die Herausforderungen des Berufs in den Vordergrund schieben. Routine und Alltag ziehen ein und mindern die Intensität von Erfahrungen in Gemeinschaft. Dennoch zeigen die Forschungen, dass sie nie ihre Bedeutung verlieren und in allen Lebensphasen als zentrale Sinnquellen genannt werden.

Partnerschaft und romantische Beziehungen

Es gibt Menschen, die sich dagegen entscheiden, eine langfristige und exklusive Beziehung einzugehen. Sie leben polyamorös, also mit mehreren Partnerinnen und/oder Partnern zusammen, sie öffnen ihre Beziehungen oder verbinden die Nähe der Freundschaft mit der körperlichen Zärtlichkeit der Beziehung, was »Freundschaft Plus« genannt wird. In der internationalen Sinnforschung gibt es zu diesen neuen Formen des Zusammenseins bislang noch keine Studien. Anders verhält es sich bei festen Partnerschaften zweier Menschen und der Ehe. Hier zeigt sich immer wieder: Menschen in Partnerschaften berichten von einem höheren Sinnerleben als Singles. Und Menschen, die verheiratet sind, von einem noch höheren als solche, die ohne Gelübde zusammenleben. Ist die Ehe also nicht nur ein altes Idealbild, sondern ein echter Garant für Sinn?

Ganz so einfach ist es nicht. Schließlich ist es möglich, dass eher Menschen, die sich bereits als sinnerfüllt empfinden, willens sind zu heiraten. Darauf deuten die Ergebnisse einer Untersuchung der beiden Psychologinnen Olga Stavrova und Maike Luhmann hin. Sie analysierten in einem 2016 erschienenen Aufsatz Datensätze des *»British Household Panel Survey«*, einer jährlich wiederholten repräsentativen Umfrage, die von 1991 bis 2009 in britischen Haushalten durchgeführt wurde. Dabei fanden sie heraus, dass Befragte, die 2001 angaben, viel Sinn in ihrem Leben zu sehen, in den darauffolgenden sieben Jahren häufiger heirateten als Befragte, die ihr Leben als weniger sinnvoll ansahen.[7]

Dennoch gibt es auch Hinweise dafür, dass die Ehe selbst dazu führen kann, mehr Sinn im Leben zu sehen. Wir haben bereits die vier Erfahrungen kennengelernt, die anzeigen, dass Menschen ihr Leben als sinnerfüllt wahrnehmen: Bedeutsamkeit, Zugehörigkeit, Kohärenz und Orientierung. Mit einer Ehe gehen Erwartungen, Rechte und Pflichten einher, die alle vier zu stärken vermögen.

Die Ehe ist allein schon in dem Sinne *bedeutsam*, dass sie unter dem besonderen Schutz des Staates steht, der im Artikel 6 des Grundgesetzes verankert ist. Sie gilt als stabile Form der *Zugehörigkeit*, weil sie öffentlich bekräftigt und gesetzlich geschützt ist – obwohl die hohe Scheidungsrate, 2023 waren es rund 36 Prozent in Deutschland, ein Anlass wäre, diese Annahme zu hinterfragen. Die Ehe wird trotzdem weiterhin mit bestimmten Verhaltensformen in Verbindung gebracht, die es leicht machen, dazuzugehören und nicht anzuecken. Bin ich verheiratet, muss ich mir beispielsweise bei Einladungen keine Gedanken machen, ich komme mit meinem Ehemann oder meiner Ehefrau. Bin ich nicht verheiratet, wird die Sache komplizierter. Kann ich meine Partnerin oder meinen Partner mitnehmen? Wie ist es, wenn ich allein komme, oder wenn ich mehrere Partner habe? Kann ich auch mit einer Freundin oder einem Freund erscheinen?

Als Verheiratete kann ich das Erbe leichter regeln. Stößt meinem Ehepartner etwas zu, ist klar, wer im Krankenhaus zu ihm darf. Das alles bietet *Kohärenz* für Verheiratete – egal, wie es ihnen in der Beziehung geht. Und nicht zuletzt sorgt die Ehe in den Augen vieler noch immer für das ideale Umfeld, um Kinder großzuziehen. Sie schafft damit den offiziellen Rahmen für eine *Orientierung* hin zu anderen Generationen. Und Generativität ist, wie wir gelernt haben, die stärkste Sinnquelle, aus der wir Menschen schöpfen.

Nur weil Verheiratete viel Sinn in ihrem Leben sehen, heißt das nicht, dass man für ein sinnerfülltes Leben heiraten muss. Allerdings scheint es in diesem Rahmen leichter zu sein, sich als zugehörig, bedeutsam, kohärent und orientiert zu erleben. Menschen, die in anderen Formen von Partnerschaften leben, und Singles müssen sich offenbar mehr anstrengen, um sich in unserer Gesellschaft als ähnlich sinnerfüllt zu empfinden. Bei Singles zeigt es sich zum Beispiel darin, dass sie deutlich mehr in Gemeinschaft eingebunden sind als Verheiratete, sich mehr engagieren und Freundschaften pflegen. Das demonstriert eine Studie von Forscherinnen des Boston College und der University of Massachusetts Amherst aus dem Jahr 2016.[8]

In vielerlei Hinsicht idealisieren wir modernen westlichen Menschen die romantische Liebe und überfrachten sie mit Erwartungen.[9] Wie schon die Soziologinnen Elisabeth Beck-Gernsheim, Ulrich Beck und Eva Illouz vor ihr plädiert deshalb nun die Philosophin Carrie Jenkins für einen neuen Blick auf die Liebe.[10] Sie ruft dazu auf, Liebesbeziehungen nicht misszuverstehen als einen Lieferanten, der verlässlich glücklich, vergnügt und zufrieden machen soll. Vielmehr stärkt Jenkins eine Perspektive, die wir bereits kennengelernt haben auf unserer Reise – die eudämonische. Wenn ich mit einer solchen Haltung lebe, lege ich mehr Wert auf das Handeln und weniger auf das Gefühl. Mir geht es mehr darum, etwas zu erschaffen und zu geben, als dass ich konsumiere. So erlerne ich, sowohl positive als auch negative Emotionen in mein Leben zu integrieren. Das kann die Beziehung zu meinem Partner oder meiner Partnerin nachhaltig verändern. Gerade dann, wenn sie sich durch ein Kind fundamental wandelt.

Kinder: Das Paradox der Elternschaft

Ein Leben ohne Kinder können sich viele nicht vorstellen. Sie wollen eine Familie gründen, etwas weitergeben, wollen jemanden hinterlassen, wenn sie selbst von der Welt gehen. Kinder gelten als Lebensziel. Gleichzeitig gilt Elternschaft als anstrengend, sie belastet die Paarbeziehung, ist zehrend, schränkt Karrieren ein oder verhindert sie. In einer Studie des Bundesinstituts für Bevölkerungsforschung aus dem Jahr 2015 wurde festgestellt, dass im öffentlichen Diskurs die zweite Sichtweise, die negative, dominiert.[11] Wenn es um Elternschaft gehe, herrsche eine Kultur des Bedenkens, Zweifelns und Sorgens, schrieben die Autorinnen und Autoren.

Tatsächlich sind die Ängste begründet. Eine Zusammenschau aller verfügbaren Studien, die in der Wissenschaft Meta-Analyse genannt wird, zeigte 2012, dass Eltern in den Jahren nach der Geburt eines Kindes immer weniger zufrieden mit ihrem Leben und ihrer Partnerschaft sind.[12] Das bedeutet jedoch nicht, dass Mütter und Väter dauerhaft unglücklich sind. Im Gegenteil. Viele Studien haben belegt, dass Elternschaft mit mehr Sinn im Leben einhergeht,[13] dass sich das hedonische Wohlbefinden verringert, während das eudämonische Wohlbefinden ansteigt. Und wenn Eltern nicht danach gefragt werden, wie es ihnen allgemein im Leben geht, sondern danach, wie es ihnen im jeweils konkreten Moment geht, berichten sie zwar von mehr Stress als Frauen und Männer ohne Kind, aber auch von mehr Freude.[14]

Die US-amerikanische Soziologin Kelly Musick veröffentlichte 2016 gemeinsam mit Kolleginnen einen Artikel, der das Bild weiter präzisierte.[15] Die Forscherinnen griffen auf die Ergebnisse einer Tagebuchstudie zurück, in der mehr als 12 000 Eltern von ihren Erfahrungen im Alltag berichteten. Die Tagebuchnotizen belegten, dass Eltern in der Zeit, die sie mit ihrem Kind oder ihren Kindern verbrachten, glücklicher waren, weniger traurig und weniger gestresst als in der Zeit, die sie ohne Kind verbrachten. Die Zeit mit ihren Kindern empfanden sie auch als sinnvoller.

Es sind also nicht die Kinder an sich, die Eltern unzufriedener machen, sondern die Erfahrungen, die mit der Elternschaft einhergehen. Dabei stießen die Forscherinnen auf aufschlussreiche Unterschiede zwischen den Geschlechtern. Wie Väter erlebten Mütter die gemeinsame Zeit mit ihren Kindern als positiver als die Zeit ohne sie. Dennoch waren sie in diesen Stunden gestresster als Väter. Das konnte darauf zurückgeführt werden, dass Väter häufiger mit ihren Kindern spielten und draußen unterwegs waren, während die Mütter öfter kochten, putzten und den Alltag organisierten. Es ging beim Stress also mehr um die Frage, wer sich im Alltag um was kümmert, als darum, ob Kinder da waren oder nicht.

Die Bedeutung des Wir

Wir Menschen leben in Liebesbeziehungen und Freundeskreisen. Wir leben aber genauso in Gruppen, Großfamilien, in Gemeinden, Vereinen und Gesellschaften. Wir leben miteinander, reiben uns aneinander, wachsen im besten Fall miteinander. Der US-amerikanische Psychologe Abraham Maslow meinte sogar: Wir brauchen einander, unbedingt, und hat deshalb soziale Bedürfnisse wie die Zugehörigkeit zu einer Gruppe, den sozialen Austausch, die gegenseitige Anerkennung und Unterstützung als Defizitbedürfnisse bezeichnet.[16] Das bedeutet: Solange sie nicht befriedigt sind, haben wir das Gefühl, dass etwas nicht stimmt, und es drängt uns danach, dieses Defizit zu beseitigen. Für unser Wohlbefinden ist es wichtig, wenn nicht gar notwendig, Teil von etwas zu sein, das größer ist als wir selbst. Teil von etwas, das über die innigen Beziehungen hinausgeht.

Wie essenziell es für uns Menschen ist, uns sozial eingebunden zu fühlen, hat das Experiment der Psychologinnen Jean Twenge, Kathleen Catanese und Roy Baumeister aufgezeigt, das den Beginn dieser Wegstrecke markiert hat. Unser Gemütszustand, unsere Balance, unsere Leistungsfähigkeit und unsere Perspektive auf die Welt sind eng verknüpft mit dem Blick, den andere auf uns haben, mit ihren Aktionen und Reaktionen, mit ihrer Anerkennung und ihrer Zurückweisung. Wie wichtig diese Einbindung auch ist, wenn es darum geht, einen Sinn im Leben zu sehen, haben die bereits erwähnten Psychologinnen Olga Stavrova und Maike Luhmann in einer Analyse von britischen und US-amerikanischen Daten gezeigt.[17]

Sie werteten große Langzeitstudien aus, die in den beiden Ländern durchgeführt wurden, um den Zusammenhang zwischen Sinnerfüllung und sozialer Zugehörigkeit besser verstehen zu können. Das Ergebnis: Beide hängen deutlich miteinander zusammen, auch über die Zeit hinweg. Je besser sich Menschen zum ersten Zeitpunkt der Erhebung in ihrer sozialen Umgebung eingebunden fühlten, desto höher war ihr Sinnempfinden zehn Jahre später. Interessant ist, dass nur das Eingebundensein in gesellschaftliche Zusammenhänge den späteren Sinn vorhersagen konnte. Weder Partnerschaften noch Freundschaften zeigten diesen Effekt. Die Forscherinnen gehen davon aus, dass eine kollektive Zugehörigkeit den persönlichen Selbstwert, die Selbstwirksamkeit und darüber auch den Lebenssinn besser stützen kann als innige persönliche Beziehungen.

Die Daten belegten weiter, dass diese Effekte nicht nur in eine Richtung gelten. Je höher das Sinnerleben zum ersten Zeitpunkt war, desto besser erlebten sich die Menschen zehn Jahre später als eingebunden, und zwar auf verschiedenen Ebenen: in Freundschaft, Partnerschaft, Familie und in der Gesellschaft. Die Befragten engagierten sich in der Nachbarschaft, im Sportverein, in Gewerkschaften, in Umweltgruppen. Weil ihnen ihre Umgebung wichtig war, handelten sie und sahen dieses Handeln als sinnvoll an. Sie setzten sich ein für etwas und waren damit generativ tätig.

Empirische Studien wie diese zeigen auf, wie wertvoll die Generativität für unser Sinnerleben ist. Aber es ist heute nicht gerade leicht, generativ zu leben. Im Laufe der Moderne sind viele unmittelbare Bezüge verloren gegangen. Strukturen sind erodiert, Großfamilien selten geworden, Dorfgemeinschaften haben vielfach ihren Charakter verändert, auch Vereine und andere Formen von Gemeinschaft sind weniger bedeutsam. Mit rund 29 Millionen ist die Zahl derjenigen, die sich in Deutschland ehrenamtlich engagieren, nach wie vor hoch. Allerdings wollen sich immer weniger Menschen langfristig binden und Verantwortung übernehmen. Eher helfen sie punktuell und ereignisbezogen.[18] Man muss diese Entwicklung nicht beklagen. Die Zwänge und die Zwangsläufigkeiten, die mit engeren und verbindlichen Gemeinschaften einhergehen, sind aufgebrochen. Das macht frei und flexibel. Aber es ist auch mit Kosten verbunden.

Wie wir schon aufgezeigt haben, bedeutet diese Entwicklung zum Beispiel, dass es in vielen Fällen Initiative der Einzelnen verlangt, Teil einer Gemeinschaft zu werden. Ich muss aktiv werden, mich informieren, mich entscheiden und dann damit umgehen, dass das Weitere von der Reaktion anderer abhängt. Wollen sie mich? Bin ich qualifiziert genug? Ich muss mutig genug sein, den Schritt zu wagen, und mich kümmern. Ich muss meine Sorgen überwinden, die ich vielleicht habe. Das fällt nicht immer leicht. Und es führt dazu, dass es viele Menschen gar nicht erst versuchen oder sich nach frustrierenden Erlebnissen entmutigt zurückziehen. Und vereinsamen.

Im Februar 2021 erschien in der psychologischen Fachzeitschrift *Personality and Individual Differences* ein Artikel eines sechsköpfigen Forschungsteams, der mit dem sachlichen Titel *»Loneliness around the world: Age, gender, and cultural differences in loneliness«* überschrieben war, »Einsamkeit rund um den Globus: Alter, Geschlecht und kulturelle Unterschiede in Bezug auf Einsamkeit«[19]. Die Forscherinnen und Forscher hatten Daten von mehr als 46 000

Menschen ausgewertet, zwischen 16 und 99 Jahre alt, aus 237 Ländern. Die Stichprobe ist eindrucksvoll, und die Ergebnisse sind es auch. Einsamkeit ist weit verbreitet. In individualistisch geprägten Weltgegenden fühlen sich die Menschen einsamer, Männer stärker als Frauen, und in jungen Jahren noch mehr als in älteren. Die Gruppe, die sich als besonders einsam beschreibt, sind junge Männer.

Das deutsche Bundesinstitut für Bevölkerungsforschung hat Studien durchgeführt, die diese Ergebnisse ergänzen und nuancieren.[20] Hierzulande fühlt sich jede und jeder Dritte im Alter zwischen 18 und 53 Jahren zumindest teilweise einsam. Besonders stark betroffen sind Menschen mit niedrigerem sozioökonomischem Status, solche ohne deutsche Staatsangehörigkeit sowie Alleinerziehende.

Einsamkeit ist nicht nur ein individuelles, sondern auch ein gesellschaftliches Problem. Empfinden sich viele als unverbunden, zerfasert die Gemeinschaft. Und dort, wo die Zivilgesellschaft erodiert, gewinnen andere Angebote an Attraktivität: Populistische Parteien und extreme Gruppen locken mit Versprechungen, die gerade die Einsamen anziehen. Sie bieten einen Ort, an dem sie sich aufgenommen und zugehörig fühlen, und stärken den Zusammenhalt durch Abgrenzung nach außen. Wozu das führt und wie sehr das unser Verständnis von Sinn herausfordert, darauf werden wir grundlegend auf unserer vorletzten Etappe dieser Reise eingehen.

Die Bedeutung des großen Ganzen

Wir leben in einer Welt, in der sich immer mehr Menschen einsam fühlen, obwohl unsere Lebenswelten gleichzeitig immer stärker miteinander verwoben sind. Die Hose, die wir tragen; der Kühlschrank, den wir öffnen; der Computer, auf dem wir tippen; der Kaffee, den wir trinken – wie wir leben, arbeiten und konsumieren, wirkt sich direkt aus auf die Lebensbedingungen von Menschen an verschiedensten Orten der Welt. Nur merken wir das häufig gar nicht. Weil es nicht leicht ist, ein Bewusstsein für die dritte Ebene der Gemeinschaft zu entwickeln, für die Menschheit als Ganzes.

Die meisten Menschen haben einen engen Bezug zu ihren Familien, ihren Freunden, vielleicht auch zu der Stadt, der Region, dem Land, in der und in dem sie leben. Aber zur gesamten Menschheit? Da kann einem schnell schwindelig werden, so abstrakt ist dieser Gedanke. Dabei geht es nicht darum, jederzeit alle überall mitzudenken. Das übersteigt unsere Fähigkeiten, sowohl geistig als auch emotional. Vielmehr geht es darum, zu verstehen, dass jede und jeder von uns Teil der Menschheit ist. Dass es etwas gibt, das uns alle verbindet. Dass wir alle *sind* – Mensch sind und uns mit der *conditio humana*, den Grundbedingungen des Menschseins, auseinandersetzen müssen. Wer das erkennt, erlebt eine besondere Form der Zugehörigkeit. Eine große und sinnstiftende.

Nach dem Ende des Zweiten Weltkriegs wurden Menschen interviewt, die Jüdinnen und Juden geholfen und damit ihr eigenes Leben riskiert hatten. Gefragt nach ihrer Motivation antworteten sie, dass es für sie selbstverständlich gewesen sei zu helfen. Die Verfolgten seien ja Menschen wie sie selbst.[21]

Während der Corona-Pandemie untersuchten Wissenschaftlerinnen und Wissenschaftler in mehreren Studien, ob eine Identifikation mit der gesamten Menschheit eine Rolle im Hinblick auf das konkrete Verhalten spielte. Sie fanden heraus, dass diejenigen, die sich mit der gesamten Menschheit identifizierten, eher den Richtlinien der *World Health Organization* (WHO) folgten. Sie waren eher dazu bereit, anderen zu helfen. Sie spendeten Masken, die sie übrig hatten, an Krankenhäuser, in denen diese fehlten. Und sie gingen für erkrankte Familien einkaufen.[22]

Wer andere schätzt und respektiert, vereint – auch ohne mit ihnen Gene, Religion oder Nation zu teilen. Dann geht es nicht um ein Entweder-Oder, um ein *America First* oder ein Deutschland den Deutschen. Vielmehr geht es darum, dieses Leben auf der Erde gemeinsam zu gestalten.

Natürlich ist es möglich, das Außen zu ignorieren. Und der Wunsch danach ist allzu verständlich. Wer sich darauf einlässt, auf das große Ganze zu schauen, sieht neben ganz viel Schönem auch viel Leid und Schmerz und Unrecht. Das kann einen überfordern und zur Frage führen: Was kann ich als Einzelner schon ausrichten? Ziemlich viel, lautet die Antwort. Allein indem ich hinschaue, bin ich aktiv. Ich ducke mich nicht weg, sondern halte aus, selbst wenn es wehtut. Dabei geht es nicht darum, deswegen selbst zu leiden. Ich muss das Leiden anderer nicht teilen, um solidarisch zu sein. Vielmehr scheint es in jeglicher Hinsicht besser, stattdessen Mitgefühl zu entwickeln. Mitgefühl steht dafür, wohlwollend auf Menschen oder andere Lebewesen zu schauen, wenn sie in Schwierigkeiten sind, Sorge zu verspüren und bereit zu sein, im Rahmen meiner Möglichkeiten etwas dazu beizutragen, die Situation zu verbessern.[23]

Hinschauen rüttelt auf. Es weitet meinen Blick, eventuell auch mit der Nebenwirkung, dass meine eigenen Probleme aus dieser Perspektive weniger relevant erscheinen. Und es lässt mich darauf stoßen, dass es keine klare Grenze gibt zwischen unserem menschlichen Leben und Leiden und dem der nicht-menschlichen Welt, der Tiere und der Pflanzen. Die Ökologin Robin Wall Kimmerer schreibt in ihrem Essay *Über Natur sprechen* über die Sprache ihres Großvaters, der ein Angehöriger des indigenen Volks der Potawatomi in Nordamerika war: Diese Sprache »besteht hauptsächlich aus Verben, die das lebendige Sein der Welt beschreiben. Sowohl Substantive als auch Verben gibt es in zwei Formen, nämlich als belebte und unbelebte. Man hört einen Blauhäher mit einem anderen Verb als ein Flugzeug, und unterscheidet somit das, was die Qualität des Lebens besitzt, von dem, was nur ein Objekt ist. Von Vögeln, Käfern und Beeren spricht man mit der gleichen respektvollen Grammatik wie von Menschen, als wären wir alle Mitglieder der gleichen Familie. Weil wir das sind.«[24]

Erkenne ich die Bedeutung des großen Ganzen, dann sehe ich von mir selbst ab und übernehme Verantwortung für etwas, das größer ist als ich. Wer diese »Selbstüberschreitung« lebt, erfährt viel Sinn. Das zeigt die empirische Sinnforschung. Wer dem großen Ganzen Raum im eigenen Leben gibt, berichtet von mehr Sinnerfüllung als jemand, der sich nur auf die Familie, auf Freundschaften und auf die eigene Gruppe konzentriert. Was das bedeutet, hat Helena Steinhaus in ihrem Leben erfahren, auch wenn sie das so nie geplant hatte.

Steinhaus zieht die Tür auf, hinter ihr öffnet sich ein weiter Raum mit vielen Tischen, Stühlen und Abtrennwänden. Durch eine Küche durch, einmal links, dann stehen Kilian Trotier und sie in einem geräumigen Glaskasten, dem Besprechungsraum der Etage dieses Co-Workingspaces im Berliner Stadtteil Neukölln. Es ist ein Ort, an dem viele kleine Firmen und Vereine sich eine große Fläche teilen, um ihre jeweiligen Projekte voranzutreiben. Das Projekt von Helena Steinhaus heißt Sanktionsfrei e. V., sie ist die Gründerin und Geschäftsführerin. Steinhaus setzt sich ein für Menschen in ganz Deutschland, die Bürgergeld beziehen und vom Staat aus unterschiedlichen Gründen sanktioniert werden, also nicht die ganze Summe ausgezahlt bekommen. Wie sie zu dieser Arbeit gekommen ist, die seit 2015 ihre Lebensaufgabe ist? Davon fängt sie nun zu erzählen an.[25]

Aufgewachsen ist sie im Ruhrgebiet, ihre Mutter, die sie allein erzog, arbeitete im Kindergarten, dann musste sie ihren Job aufgeben, Burn-out. Sie schaffte es nicht mehr zurück, bekam erst Arbeitslosengeld, dann Hartz IV. »Das war ein steiler Weg nach unten«, sagt Steinhaus. Sie ging in der Zeit noch zur Schule, wollte eigentlich ausziehen, mit ihrer damals besten Freundin eine Wohnung suchen, aber das ging nicht mehr so einfach, weil es Regularien gab für Kinder von Eltern, die Hartz IV bekamen. »Ich habe es dann aber geschafft, die Erlaubnis vom Jobcenter zu bekommen und eine kleine Wohnung zu finden«, erzählt Steinhaus. »Die kostete nicht viel, und wir haben uns ein kleines Paradies aufgebaut. Wir hatten wenig, aber das waren wir beide gewohnt.«

Die Mutter, die beste Freundin – Helena Steinhaus lebte in ihrem engsten Umfeld. Und auch wenn es nicht einfach war und sie bei allem, was sie ausgaben, überlegen mussten, ob sie sich das leisten konnten, hatte sie ihre wichtigen Menschen um sich. Das war ihr Fundament. Das blieb, auch als sie weiterzog. Steinhaus reiste viel, studierte in Frankfurt an der Oder, kam nach Berlin, blieb dort und lernte Menschen kennen, die sich für andere einsetzten. Erst für eine bedingungslose Grundsicherung, dann für Menschen, die Hartz IV bekamen. Steinhaus öffnete ihren Radius. Sie sah nicht mehr nur sich und ihre Lebenslage, sie wollte etwas verändern. Nicht weil sie als Jugendliche schon einen Plan gefasst hätte, sich später für die Armen der Welt einzusetzen. »Was aber stimmt: Ich habe durch meine Lebensgeschichte ein Gefühl für die Sorgen der Menschen, für die und mit denen ich arbeite.« Ihr ist wichtig zu betonen: Sie tut das nicht, weil sie sich selbst in den Menschen sieht. Sie tut das, weil sie die Menschen in ihren Nöten sieht und sie das im Innersten anficht. »Gerechtigkeit und Freiheit, das sind so pathetische Begriffe, aber die sind meine Grundlage«, sagt sie.

Weit mehr als 100 000 Euro hat ihr Verein an Spenden gesammelt. Das Geld geht an Menschen, die sich bei dem Verein mit ihren Nöten melden. Weil ihr Weiterbewilligungsantrag so lange bearbeitet wird, dass es eine Zahlungslücke gibt. Oder dem Antrag stattgegeben wurde, dann aber die Kosten für die Unterkunft nicht mehr anerkannt werden. Oder weil ihnen eine Stromsperre droht und das Jobcenter ein Darlehen verweigert hat. Steinhaus kennt niemanden der Menschen persönlich, denen ihr Verein hilft. Sie hat auch kaum mehr mit ihnen zu tun. Um die Anrufe kümmern sich Mitarbeiterinnen und Mitarbeiter, um die Verfahren Anwältinnen und Anwälte. Steinhaus setzt sich ein, weil sie daran glaubt, dass sie das Wichtige und Richtige tut. Nicht für bestimmte Menschen, die mit ihr die Herkunft oder die Weltanschauung teilen, tut sie das, sondern für Menschen, die benachteiligt sind, weil sie das System benachteiligt. So sieht sie das.

Helena Steinhaus strengt ihre Arbeit an, manchmal sogar sehr. Sie ist Mitte dreißig, hat in der Zeit, in der sie den Verein mit aufgebaut hat, Zwillinge bekommen. »Es gab Momente, in denen ich dachte: Ich kann nicht mehr, ich breche zusammen«, sagt sie. Aber auf eine Art könne sie auch sagen, dass sie mittlerweile ruhiger geworden sei. »Mein Leben ist schöner geworden, weil ich das Gefühl habe, angekommen zu sein. Ich weiß, wo mein Platz in der Gesellschaft ist.« Sie setzt sich ein, sie kämpft, sie geht über sich hinaus. Weil sie es nicht anders will und in gewisser Weise auch nicht anders kann.

»Glauben Sie, dass das Leben einen Sinn hat?«, fragt Kilian Trotier sie zum Abschluss des Gesprächs. Steinhaus, die bis zu diesem Moment immer direkt geantwortet hatte, rasant, ohne zu zögern, schweigt. Dann sagt sie: »Ich kann die Frage nur dahingehend beantworten, ob das Leben für mich einen Sinn hat. Manchmal finde ich, dass das nicht der Fall ist, aber dann denke ich auch wieder: Ja, hat es. Mein Sinn klingt total hedonistisch: Ich will Spaß und Freude im Leben haben. Aber ich kann beides nur haben, wenn die Menschen um mich herum das ebenfalls können. Abschotten ist deshalb keine Option.«

Steinhaus kann sich kein Leben vorstellen, in dem sie nur für sich ist, nur für ihre engsten Mitmenschen sorgt. Die Menschen, die Hilfe benötigen, sind da, das weiß sie, und deshalb igelt sie sich nicht ein. Sie öffnet sich und tut etwas, damit es anderen besser geht. Die Menschen um sie herum sollen Spaß und Freude im Leben haben – das wünscht sie sich. Und meint damit, ganz selbstverständlich, nicht nur ihre Familie, ihre Freunde, ihre Arbeitskolleginnen und Arbeitskollegen. Sie meint damit alle.

9
Was soll dieser Sinn?
Über den Zustand der Gleichgültigkeit

In Wien lebte zu Beginn des vergangenen Jahrhunderts ein Mann, der eindrücklich über den Sinn im Leben gesprochen und geschrieben hat. Er hieß Viktor Frankl und war von Beruf Neurologe und Psychiater. Zur selben Zeit wohnten auch der Begründer der Psychoanalyse Sigmund Freud und der Begründer der Individualpsychologie Alfred Adler in der Stadt. Die drei kannten sich und arbeiteten sogar für kurze Zeit zusammen. Bald jedoch wandte sich Frankl von Freud ab, weil er dessen Bild des Menschen als primär lustgetriebenes Wesen nicht akzeptierte. Alfred Adler war ihm inhaltlich näher, interessierten sie sich doch beide für Sinnfragen – Adler mit einem starken Fokus auf das Soziale, Frankl mit einem existenziellen und spirituellen Schwerpunkt. Doch ähnlich rasch wie Frankl nichts mehr von Freud wissen wollte, schloss Adler Frankl aus seinem Kreis aus. So entwickelte Frankl seine ganz eigene Form der »sinnzentrierten Psychotherapie«.

Frankl war als Oberarzt im Psychiatrischen Krankenhaus Wiens zuständig für suizidgefährdete Frauen. Er stellte fest, dass es häufig keine psychischen Probleme waren, die den Wunsch zu sterben begründeten, sondern ein fehlender Sinn. Diesen Sinn gibt es in jedem Menschen, davon war Frankl überzeugt. Und er wollte die Menschen dabei unterstützen, ihn zu finden. Das tat er – selbst in den furchtbarsten Jahren seines Lebens. Frankl war Jude, er wurde wie seine gesamte Familie deportiert, musste in Konzentrationslagern täglich um sein Leben fürchten. Seine Menschlichkeit bewahrte er in den unmenschlichsten Verhältnissen, indem er mit seinen Mithäftlingen über den Sinn sprach.

»Man mußte also den Lagerinsassen, sofern sich hie und da einmal die Gelegenheit hierzu bot, das ›Warum‹ ihres Lebens, ihr Lebensziel, bewußt machen, um so zu erreichen, daß sie auch dem furchtbaren ›Wie‹ des gegenwärtigen Daseins, den Schrecken des Lagerlebens, innerlich gewachsen waren und standhalten konnten«,[1] schrieb er in seinem Millionenbestseller … *trotzdem Ja zum Leben sagen*, den er nach dem Ende des Zweiten Weltkriegs veröffentlichte. Bis zu seinem Tod im Jahr 1997 ging Frankl davon aus, dass die Grundmotivation des Menschen ein Wille zum Sinn sei. Ein Bedürfnis, das, wenn es nicht gestillt wird, zu einem »existenziellen Vakuum« führe, assoziiert mit Depression, Aggression und Suchtverhalten, und anschließend zu einer »noogenen Neurose«, also einer tiefen Lebenskrise.[2] Entweder Sinn oder Krise, so lautete die Annahme von Viktor Frankl.

Mit dem von Tatjana Schnell und Peter Becker 2007 veröffentlichten Fragebogen zu Lebensbedeutungen und Lebenssinn war es erstmals möglich, Sinnerfüllung und Sinnkrise getrennt voneinander zu erheben. Dabei wurde sichtbar, dass die Annahme von Viktor Frankl so nicht der Wirklichkeit entsprach. Denn eine gar nicht geringe Anzahl von Personen gab an, keinen Sinn in ihrem Leben zu sehen, das aber auch nicht schlimm zu finden. Die repräsentative Erhebung zu Beginn unseres Jahrtausends legte nahe, dass damals mehr als ein Drittel der deutschen Bevölkerung eine solche Haltung aufwies. Tatjana Schnell bezeichnet das Phänomen als »existenzielle Indifferenz«. Wer keinen Sinn im Leben sieht, damit aber auch kein Problem hat, dem sind die großen Fragen egal. Stattdessen geht es eher darum, Erwartungen zu erfüllen oder – einfach zu leben.

Vor allem Letztgenanntes klingt verlockend. Warum soll man sich um einen Sinn im Leben bemühen, wenn man es sich auch leichter machen kann, indem man das Leben auf sich zukommen lässt und keine Ansprüche stellt? Um darauf eine Antwort zu finden, tauchen wir ein in die Gedankenwelt und Erfahrungen von Menschen, die eine existenziell indifferente Haltung aufweisen. Und beginnen mit einem Extrembeispiel, das uns einiges über mögliche Hintergründe lehren kann. Dafür wandert unser Blick nach Japan, wo es ein soziales Phänomen gibt, das eine eigene Bezeichnung bekommen hat, so zahlreich tritt es auf und so folgenreich ist es. Es heißt *»Hikikomori«*, was auf Deutsch »Rückzug« oder »Zurückgezogene« bedeutet.

Als Hikikomori werden Menschen bezeichnet, die ihr Zuhause nie oder nur ganz selten verlassen. Es sind Menschen, die bei ihren Eltern wohnen und sich abkapseln von der Außenwelt. Der Psychologe Tamaki Saito war der Erste, der das Phänomen Ende des vergangenen Jahrhunderts erforschte. Er nannte zwei Gründe für den Rückzug. Zum einen den hohen Leistungsdruck der Gesellschaft, dem die Hikikomori entkommen wollen. Zum anderen die enge familiäre Bindung, die es überhaupt erst ermöglicht, ein solches Aussteigerleben im eigenen Kinderzimmer zu führen. Mittlerweile sind einige der Zurückgezogenen selbst so alt geworden, dass ihre greisen Eltern Schwierigkeiten haben, sie noch weiter durchzubringen. Auch dieses Phänomen hat eine Bezeichnung bekommen: Es ist die 80-50-Krise. Achtzigjährige kümmern sich um ihre fünfzigjährigen Kinder, was immer schwerer zu leisten ist.[3]

Die Forschungen zur Innenwelt der Hikikomori haben ein vielschichtiges Bild hervorgebracht. Einige von ihnen berichten, dass es ihnen im Rückzug verhältnismäßig gut gehe.[4] Andere fühlen sich sehr einsam. Wieder andere verletzen sich selbst und denken an Selbsttötung, was auf zugrunde liegende Ängste und Depressionen zurückgeführt werden kann.[5] Die Hikikomori eint, dass sie den Weg des extremen Rückzugs gewählt haben, um ein mögliches Scheitern in der Gesellschaft zu umgehen. Lieber verharren sie im abschließbaren Raum ihrer Jugend, als dass sie sich hinauswagen in die Welt. Viele von ihnen schauen fern, spielen Computerspiele oder lenken sich anderweitig ab. Sie nehmen keinen Anteil mehr, weder am Alltag ihrer Mitmenschen noch an der Gesellschaft.

Diese Lebensform lässt sich nicht nur in Japan beobachten, sondern auch an vielen anderen Orten der Welt. *»Hidden Youth«* nennt man die Zurückgezogenen in Hongkong. In den USA werden sie mit dem Begriff *»adultolescent«* bezeichnet – körperlich erwachsen, im Verhalten jugendlich. In Spanien gibt es die *»Ni-ni«*, die Weder-Nochs. Und in Großbritannien spricht man von *»NEETs«*, Menschen, die *»not in education, employment or training«* sind, also nicht in Ausbildung, Arbeit oder Schulung.

Die Organisation für wirtschaftliche Zusammenarbeit und Entwicklung (OECD) veröffentlicht regelmäßig Zahlen dazu, wie hoch der Anteil der NEETs in der Altersklasse von 15 bis 29 Jahren in ihren Mitgliedsstaaten ist. Aus dem Report von 2024 geht hervor, dass es in Deutschland 8,9 Prozent sind. Besonders wenige NEETs gibt es in den Niederlanden, in Norwegen, Island, Luxemburg und Schweden, besonders viele in Südafrika, der Türkei und Kolumbien. Gerade in ärmeren Ländern ist es für viele dieser Menschen allerdings keine freie Entscheidung. Sie können sich das Schulgeld nicht leisten oder eine Ausbildung oder ein Studium. In den Industriestaaten ist die Lage anders, dort spielt Geld häufig nicht die entscheidende Rolle.

Existenzielle Indifferenz

Der Einblick in das Leben der Hikikomori und der Menschen, die in ähnlichen Formen des sozialen Rückzugs leben, schafft ein erstes Verständnis für die existenzielle Indifferenz. Was das Phänomen in deutschsprachigen Ländern ausmacht, haben Tatjana Schnell und andere Psychologinnen und Psychologen in den vergangenen Jahren erforscht und dazu belastbare Erkenntnisse gewinnen können.

Menschen mit existenziell indifferenter Haltung sind wenig involviert und engagiert – weder bezogen auf sich selbst noch auf andere noch auf das größere Ganze. Sie sind also nicht egoistisch. Sie verweigern sich auch nicht bewusst. Vielmehr wollen sie Ansprüchen gerecht werden, wollen tun, was man halt so tut, und dabei so gut wie möglich zurechtkommen. Sie haben kein Interesse daran, über sich selbst nachzudenken, sich mit den eigenen Stärken und Schwächen auseinanderzusetzen, Werte zu bestimmen, sich Ziele zu setzen.[6] Ihre persönliche Verantwortung für den Verlauf ihres Lebens schätzen sie als eher gering ein, dafür vertrauen sie stärker auf Wissenschaft und Technik.[7]

Auch wenn sich längst nicht alle Menschen während einer existenziellen Indifferenz so weit zurückziehen wie die Hikikomori, sind sie doch in der Gesellschaft weitgehend unsichtbar. Sie engagieren sich nicht, treten nicht hervor. Wer sich auf die Suche nach ihnen macht, stößt – grob gesprochen – auf eine Zweiteilung unserer kapitalistisch geprägten westlichen Gesellschaften. Den einen, die teilnehmen und sich selbstverwirklichen, stehen andere gegenüber, denen die Motivation oder der Mut dazu fehlt, die kein Interesse daran haben.

Beide Realitäten lassen sich anhand von Analysen der jüngeren Bevölkerung gut nachzeichnen. Auf der einen Seite sind auffallend viele der heute Ende Zwanzig- bis Anfang Vierzigjährigen, also der Generation Y, gut gebildet, sie nutzen Technologien, lassen sich von ihnen aber nicht vereinnahmen. Sie vertreten Werte, die ihnen als Richtschnur für ihr Leben dienen, sorgen sich weniger um Status und Karriere als um ein sinnvolles und balanciertes Leben.[8] Auf der anderen Seite gibt es in dieser Generation, genau wie in der auf sie folgenden, der Gen Z, Menschen, die nicht wissen, was sie mit ihrem Leben anfangen sollen. Der britische Autor Clive Martin gibt ihnen einprägsam und selbstkritisch eine Stimme:

> »Nicht mehr nur Teenager und Studenten scheinen vor dem echten Leben davonzulaufen, sondern jetzt auch Leute zwischen zwanzig und vierzig – Leute, die es eigentlich besser wissen sollten, aber scheinbar keinen Alternativplan zu diesem Lebensentwurf haben. […] Das ist meine Generation – die Generation, die keine wirkliche Motivation zum Erwachsenwer-

den hat. Wir haben keine Kinder, die in uns Schuldgefühle aufkommen lassen, und keine Hypothek, die wir abbezahlen müssen. Unser Gesundheitswesen ist gut genug, um uns am Leben zu halten, und wir verdienen in unseren Jobs genügend Geld, um uns zu ernähren, eine Bleibe zu finden und die Körperhygiene nicht zu vernachlässigen. [...] Meinen Eltern fiel das Erwachsenwerden leichter. Es war ja auch kaum vermeidbar: Die Gesellschaft hat dich großgezogen, ob dir das nun gefiel oder nicht. [...] Das war eine Zeit, in der selbst Leute aus der Arbeiterklasse und Leute, die keinen akademischen Abschluss vorzuweisen hatten, einen gut bezahlten Job finden konnten und sich so irgendwann ein Haus kauften, heirateten und Kinder bekamen. [...] Wir sind die Generation, die nichts mehr mit sich anzufangen weiß, weil wir jetzt dazu gezwungen sind, die Realität den großen und allumfassenden Mythen vorzuziehen, die unsere Eltern auf den Weg der relativen Sicherheit und Anständigkeit gebracht haben. Wenn dir diese wegweisenden Mythen fehlen, woran kannst du dich dann noch orientieren, wenn du nach dem Hangover und der Ausnüchterung zurück zur Normalität kehren willst?«[9]

Auf den ersten Blick scheint eine existenziell indifferente Haltung attraktiv zu sein. Einmal durchatmen und die ganzen Probleme der Welt wegschieben. Nichts denken müssen, nichts tun müssen, einfach sein. Doch schon auf den zweiten Blick zeigt sich, dass dieses Weltbild nicht wirklich erstrebenswert ist – weder für Individuen noch für die Gesellschaft. Das ist keine moralische Wertung, das zeigt sich in den empirischen Daten.

Menschen in der existenziellen Indifferenz geht es zwar nicht schlecht, aber auch nicht wirklich gut. Sie sind eher resigniert, tendenziell überfordert und scheuen die Herausforderung. Auch Nähe und Intimität vermeiden sie häufiger.[10] Sie sind nicht sonderlich pessimistisch und nicht sonderlich optimistisch. Nicht besonders hoffnungsvoll[11] oder resilient,[12] mittel zufrieden und glücklich. Sie haben nicht das Gefühl zu leiden. Sie weisen nicht vermehrt Merkmale auf, die auf psychische Störungen hinweisen.[13] Als junge Erwachsene konsumieren sie nicht häufiger Drogen, rauchen und trinken auch nicht mehr als Sinnerfüllte.[14] Allerdings erleben sie sich als weniger leistungsfähig und effektiv,[15] gehen nicht davon aus, dass ihr Handeln zu Erfolg führen wird, und sind dementsprechend weniger aktiv.[16]

Für eine demokratische Gesellschaft ist eine solche Haltung, die sich als resigniert und passiv beschreiben lässt, ein Problem. Denn sie lebt davon, dass sich ein möglichst großer Teil von Bürgerinnen und Bürgern befähigt und motiviert fühlt, aktiv mitzugestalten. Das hat der 2019 verstorbene ehemalige Richter am Bundesverfassungsgericht Ernst-Wolfgang Böckenförde auf den Punkt gebracht, als er schrieb: »Der freiheitliche, säkularistische Staat lebt von Voraussetzungen, die er selbst nicht garantieren kann.«[17] Es sind die Bürgerinnen und Bürger, die für das Gelingen der Demokratie verantwortlich sind. Ohne ihr Engagement, ohne ihren Streit, ohne ihre Leidenschaft, ohne ihr Anpacken implodiert sie. Denn »Bürgerin-Sein« bedeutet, sich einzubringen, Strukturen zu hinterfragen und zu konstruktiven Veränderungen beizutragen.

Von der Indifferenz ins Mittendrin

Deshalb ist die Frage nicht nur eine private, sondern auch gesellschaftlich relevant: Wie kann es gelingen, von einem Zustand der Indifferenz ins Mittendrin zu gelangen? Inspirieren lassen können wir uns dabei wieder von Martin Heidegger. Er hat hilfreiche Gedankenarbeit geleistet, indem er den Begriff des »Eigentlichen« neu geprägt hat. Wir nutzen das Wort meist relativierend: »Eigentlich wollte ich heute noch den Müll rausbringen, aber …« Heidegger bezieht sich hingegen auf das »Eigene« im Eigentlichen. Auf das, was mir zu eigen ist, nicht im Sinne einer Essenz, die schon in mir ist, sondern im Sinne einer Selbstbestimmtheit. Heute nennen wir das gern »authentisch«.

So stellt Heidegger das eigentliche, authentische Sein dem uneigentlichen Sein gegenüber. Das Uneigentliche kennzeichnet für ihn eine Orientierung daran, was »man« tut. Das »Man« ist die Mehrheit, das Normale. Uneigentlich sein heißt also, sich vor allem anzupassen und Erwartungen zu erfüllen. Das ist eine Haltung, die viel mit der existenziellen Indifferenz zu tun hat. Den Prozess vom Uneigentlichen zum Eigentlichen beschreibt Heidegger so: »Zunächst ist das Dasein Man und zumeist bleibt es so. Wenn das Dasein die Welt eigens entdeckt und sich nahebringt, wenn es ihm selbst sein eigentliches Sein erschließt, dann vollzieht sich dieses Entdecken von ›Welt‹ und Erschließen von Dasein immer als Wegräumen der Verdeckungen und Verdunkelungen, als Zerbrechen der Verstellungen, mit denen sich das Dasein gegen es selbst abriegelt.«[18]

Es ist ein Aufbrechen, ein Entdecken, das nicht automatisch geschieht. Als Heidegger schrieb, dass Menschen »zumeist« in der Anpassung bleiben würden, war er recht pessimistisch. Er wusste jedoch auch, was uns am ehesten herausreißen kann. Wir haben es bereits auf der Wegstrecke zu den positiven Illusionen kennengelernt: die Erkenntnis der eigenen Sterblichkeit. Mit ihr ändert sich radikal die Perspektive auf das Leben. Das war Heideggers Überzeugung, die später von empirischen Studien untermauert wurde. Wenn ich mich gedanklich ans Ende meines Lebens begebe und zurückblicke, weitet sich meine Perspektive, und ich kann mich fragen: Was sollen meine Maßstäbe gewesen sein? Wirklich nur Leistung und Erfolg, gegen die sich beispielsweise viele der Hikikomori aufzulehnen scheinen? Oder können es auch andere sein?

Eine solche Gedankenreise mag Anreize dafür schaffen, langsam loszugehen und aus dem auszubrechen, was mich lähmt. Besonders motivieren können mich dabei Erfahrungen, in denen ich mich als bedeutsam empfinde, in denen ich spüre: Es ist nicht egal, dass ich da bin! Das kann klein anfangen, wie die US-amerikanischen Psychologinnen Judith Rodin und Ellen Langer bereits in den 1970er-Jahren aufzeigten. Sie teilten die Bewohnerinnen und Bewohner eines Altenheims zwei zufällig gewählten Gruppen zu. Die einen bekamen eine Pflanze in ihre Zimmer gestellt, und es wurde ihnen mitgeteilt, dass sich das Personal um sie kümmern würde. Die anderen durften sich aus den verfügbaren Pflanzen eine aussuchen und bekamen den Auftrag, sich um sie zu kümmern. Die Hälfte der Bewohnerinnen und Bewohner, die für ihre Pflanzen verantwortlich war, zeigte sich später aktiver, positiver gestimmt und weniger depressiv.[19] Das Experiment verdeutlicht, wie bereits minimale Veränderungen zu einem Wandel der Einstellung führen können. Ich habe eine Aufgabe, mir wird etwas zugetraut, mein Handeln hat Konsequenzen. Das ist ein Anfang – und der mögliche Beginn eines Ausbruchs aus einem Korsett, das mich eingeschnürt hat.

Der Blick zurück vom Ende des Lebens bietet nicht nur eine neue Perspektive. Er kann auch einen Mechanismus offenlegen, der entscheidend dazu beiträgt, warum Menschen lange, im Rückblick viel zu lange in einer Phase der Indifferenz verharren. Ähnlich wie beim Unterschied zwischen Sinn und Glück geht es auch hier um die Differenz zwischen dem Gefühl, das in einem bestimmten Moment aufkommt, und dessen langfristige Auswirkungen: In einem konkreten Moment kann es sich durchaus gut anfühlen, nichts zu tun. Ich muss nicht hervortreten, muss nicht mutig sein, muss mich nicht zeigen. Ich kann einfach abwarten.

Meine Zurückhaltung kann dabei viele Gründe haben. Vielleicht ist es Bequemlichkeit, vielleicht aber auch die Angst, etwas Falsches zu tun. Schon Anfang der 1980er-Jahre stellten die Psychologen Daniel Kahneman und Amos Tversky fest, dass diese Angst uns häufig glauben lässt, durch Untätigkeit die bessere Entscheidung zu treffen.[20] Erweitert man allerdings den Zeithorizont, dann sieht die Sache fundamental anders aus. Langfristig bereuen wir Menschen nämlich eher, etwas nicht getan als gehandelt zu haben.[21] Im Moment selbst mag das Nichtstun also als beste Option erscheinen. Die Wahrscheinlichkeit ist aber groß, dass ich das im Rückblick bereue und mich über mein fehlendes Engagement ärgere.

Existenzielle Mobilisierung?

Existenzielle Indifferenz ist also – nach bisherigen Erkenntnissen der Forschung – kein besonders erstrebenswerter Zustand. Deshalb scheint es zunächst einmal eine gute Nachricht zu sein, dass sie heute deutlich seltener ist als noch vor zwanzig Jahren. Groß angelegte Bevölkerungsumfragen von Tatjana Schnell zeigen, dass der Anteil der Menschen, die sich in einer Phase der existenziellen Indifferenz befinden, seitdem von 35 auf 18 Prozent gesunken ist. Das ist fast eine Halbierung. Noch extremer ist die Entwicklung bei den Jugendlichen. Zu Beginn des Jahrtausends war fast die Hälfte der 18- bis 29-Jährigen existenziell indifferent, heute sind es nur noch 20 Prozent.[22] Es hat also so etwas wie ein existenzielles Wachrütteln in unserer Gesellschaft stattgefunden. Das bedeutet: Es gibt mehr Menschen, die einen Sinn im Leben sehen oder nach ihm suchen. Das ist doch begrüßenswert – oder?

Einerseits ja. Weil die existenzielle Indifferenz eine resignative Haltung ist, mit wenig Engagement und Überzeugung, konnte der US-amerikanische Psychologe Abraham Maslow sie mit drastischen Worten abkanzeln: »Die Menschen bewundern nichts; es gibt nichts, wofür sie Opfer bringen, dem sie sich unterwerfen, wofür sie sterben würden.«[23] Die Aussage von Maslow macht allerdings deutlich, warum diese Entwicklung auch problematisch sein kann: Sind Leidenschaft und Engagement per se gut? Ist Unterwerfung erstrebenswert, wenn sie dazu führt, dass Menschen voller Überzeugung Kriege führen, die Demokratie untergraben, Verschwörungstheorien verbreiten oder mit rechtsextremen

Parolen auf die Straße gehen? Wäre es für eine Gesellschaft nicht besser, wenn ihre Bürgerinnen und Bürger weniger opferbereit sind? Und ist es nicht auch zweifelhaft, wie bewusst die »existenzielle Mobilisierung« erfolgt ist, die wir in den vergangenen Jahren in Deutschland erleben? Die Gesellschaft hat sich polarisiert. Der Ton in den Debatten ist rau. Oft geht es dabei mehr um Ängste und Emotionen als um ernsthafte Diskussionen. So kann man sich leicht mitreißen lassen und bei Positionen landen, die laut, demagogisch und kämpferisch vertreten werden – die aber nicht Mitsprache, sondern Unterwerfung fordern.

Es ist ein großer Schritt, sich aus der existenziellen Indifferenz zu lösen und ins »Eigentliche« zu gehen, wie Martin Heidegger es bezeichnet. Der Schritt verlangt Mut, er kostet Überwindung und ein Vertrauen darauf, dass das Leben doch mehr sein kann, als einfach nur zu existieren. Oft sind es aber äußere Einflüsse, die den Anstoß dazu geben, und zwar keine freudigen. Gesellschaftliche Krisen, die Klimakatastrophe und Kriege können es genauso sein wie der Tod eines geliebten Menschen, eine schwere Krankheit, der Verlust eines Jobs oder der Bruch in einer Beziehung. Stößt mir etwas zu oder betrifft mich etwas direkt, dann ist es meist schwer, unbeteiligt zu bleiben. Dann wird aus Indifferenz Schmerz. Und ich beginne mich, ähnlich wie Menschen, die zuvor ein festes Sinnfundament hatten, zu fragen: Welchen Sinn hat das alles eigentlich? Dann bin ich in einer Sinnkrise.

10
Warum tut es so weh?
Über die Bedeutung von Sinnkrisen

Der letzte Tag zu viert, es hätte nicht schöner beginnen können. Es war ein Sonntag, der erste in den Herbstferien, nach dem Aufstehen kamen alle im Wohnzimmer zusammen, sie, ihr Lebensgefährte und die zwei Kinder. Der ältere, sechzehn, die jüngere, drei Jahre alt. Sie machten Musik, das »Hallelujah« von Leonard Cohen, die »Mondscheinsonate« von Ludwig van Beethoven. Am Nachmittag kam die Freundin ihres Sohnes vorbei, irgendwann zogen die beiden los, wollten ins Kino, *Bridget Jones*, der dritte Teil. Véronique Elling nahm sich ein Buch, las auf dem Sofa, es wurde dunkel, ihr Sohn kam nicht zurück. Sie wurde unruhig, schrieb eine erste Nachricht, schrieb eine zweite. Sich nicht zu melden, das passte nicht zu ihm. Sie fragte ihren Lebensgefährten, ob es hysterisch sei, wenn sie die Polizei anrufe. Wenig später klingelte es, eine Stimme in der Sprechanlage: »Hier ist die Polizei.« Sie lief ins Treppenhaus, sah von oben, wie Menschen hinaufstiegen. Sie erinnert sich an nichts mehr, aber ihr Lebensgefährte, sagt sie, habe ihr später erzählt, dass sie geschrien habe, nur geschrien. »Sind Sie die Mutter von Victor Elling?« – »Ja«, sagte Véronique Elling. – »Ich muss Ihnen leider sagen, Ihr Sohn ist verstorben.«[1]

Véronique Elling sitzt im Restaurant des Hamburger Abaton-Kinos. Zehnmal trifft sie sich an diesem Ort mit Kilian

Trotier, immer über Mittag. Sie redet leise, wählt ihre Worte mit Bedacht. Die Erinnerung, sie schmerzt, und zugleich ist sie sehr wertvoll für sie.

Die Polizisten, die Seelsorger, die dabei waren, mit allen muss sie in ihre Wohnung gegangen sein. Jedenfalls waren sie da, die Menschen in Uniform und in Warnwesten. Erstochen worden sei Victor, sagten sie. An der Außenalster. Mitten in Hamburg, an einem Sonntagnachmittag. Wenig später wurde sie ins Krankenhaus gebracht, sah ihn, setzte sich zu ihm, streichelte sein Haar, griff seine Hand, die noch warm war. Sie blieb Stunden, am liebsten wäre sie nie wieder aufgestanden. Sie musste aber. Drei Tage, drei Nächte schlief sie nicht. »Es war irreal«, sagt sie Jahre später. »So irreal, dass ich wochenlang jeden Morgen beim Aufwachen erwartete, dass es nur ein Albtraum gewesen ist. Es war, als wäre ich aus der Welt herausgerissen worden. Meine Seele erstarrte.«[2]

Es kann kaum etwas Schlimmeres für einen Menschen geben, als dass sein Kind stirbt. Noch dazu ein junges Kind. Für Véronique Elling war es der Abgrund. Sie ließ ihre Eltern kommen, die in Südfrankreich leben, auch die Familie ihres Partners kam. Wäre sie allein gewesen, sagt sie, hätte sie Angst gehabt, sich umzubringen. Sie bekam keine Luft, konnte sich kaum etwas merken. Sie musste die Beerdigung für einen Menschen planen, dessen ganzes Leben doch noch vor ihm liegen sollte. Sie wählte seine Kleidung aus, setzte sich neben ihn in die Leichenhalle, immer musste ein Aufseher dabei sein, weil die Polizei noch ermittelte. Den Aufseher musste sie bezahlen.

Nach der Beerdigung stand sie vor dem Nichts. Wie sollte es weitergehen? Wie soll ein Leben aussehen, das sie nicht leben will, gegen das sie sich wehrt, das sie abwehrt? Véronique Elling war in einer Krise, die grundlegender nicht sein konnte. Sie sah nichts mehr, schon gar keinen Sinn.

Existenzielles Leid

Es ist eine äußerst brutale Form, den Sinn infrage zu stellen, die Véronique Elling erleben musste. Solch extremes Leid erfahren – zumindest in unserer Weltgegend – nur wenige Menschen. Und dennoch: Einen geliebten Menschen verlieren, das trifft uns alle wohl irgendwann. Oder wir begleiten einen uns nahestehenden Menschen durch eine Krankheit oder erkranken selbst schwerwiegend oder verlieren unsere Arbeit oder unsere Beziehung geht kaputt. Immer dann, wenn etwas bricht im Leben, steht der Sinn infrage. Denn mit ihm ist es, wie wir schon gelernt haben, wie mit der Gesundheit: Der Sinn fällt nicht groß auf, wenn er da ist. Aber wenn er schwindet, tut es weh. Dann geht es nicht weiter, wie man es eigentlich gehofft hat, zumindest für eine Weile noch, am besten für die Ewigkeit.

Weil in Sinnkrisen Gewissheiten wanken oder zerbrechen, geht es denjenigen, die sich in einer solchen Phase befinden, meist nicht gut. Sie sind weniger resilient, unzufrieden, hoffnungslos, pessimistisch, oft auch ängstlich und depressiv.[3] Die Sinnkrise an sich ist jedoch keine klinische Störung. Sie stört – den Verlauf des Lebens. Aber sie beruht nicht, wie bei psychischen Störungen angenommen, auf dysfunktionalen Prozessen.[4] Das macht sie nicht weniger schmerzhaft. Sie kann mich derart zermürben, dass ich mich innerlich zurückziehe. Mir fehlen die Worte für das, was ich erlebe. Ich habe das Gefühl, von anderen nicht verstanden zu werden. Sinnkrisen sind oft unsichtbar für die Gesellschaft. Und viele, die sie durchschreiten, denken: Ich bin wohl die Einzige, die so fühlt.

Gleich mehrere Studien haben gezeigt, dass eine Sinnkrise ein Prädiktor für Suizidalität ist, wie es in der psychologischen Forschung heißt.[5] Das bedeutet, dass Menschen in einer Sinnkrise häufiger daran denken, ihr Leben vorzeitig zu beenden. Bei manchen kann sich dieser Impuls auch nach außen wenden. So wie bei einem Achtzehnjährigen, der in seiner ehemaligen Schule Amok lief. In seinem Abschiedsbrief schrieb er: »Wozu das alles? Wozu soll ich arbeiten? Damit ich mich kaputtmaloche, um mit 65 in den Ruhestand zu gehen und fünf Jahre später abzukratzen? Warum soll ich mich noch anstrengen irgendetwas zu erreichen, wenn es letztendlich sowieso für 'n Arsch ist, weil ich früher oder später krepiere? Ich kann ein Haus bauen, Kinder bekommen und was weiß ich nicht alles. Aber wozu? Das Haus wird irgendwann abgerissen, und die Kinder sterben auch mal. Was hat denn das Leben bitte für einen Sinn?«[6]

Mehr Menschen in einer Sinnkrise

In Deutschland haben Sinnkrisen in den vergangenen zwei Jahrzehnten stark zugenommen. Zu Beginn dieses Jahrtausends antworteten in einer repräsentativen Befragung, die Tatjana Schnell und Peter Becker durchführten, vier Prozent der Befragten so, dass man von einer Sinnkrise ausgehen konnte.[7] 2021 waren es vierzehn Prozent.[8] Das ist mehr als eine Verdreifachung der Punktprävalenz, also der Zahl derjenigen, die zu einem bestimmten Zeitpunkt die entsprechenden Merkmale aufweisen. Noch beunruhigender sind die Zahlen, die man sieht, wenn man verschiedene Altersgruppen in den Blick nimmt. Dort zeigt sich, dass bei den 18- bis 29-Jährigen jetzt fast ein Viertel eine Sinnkrise durchlebt. Je älter Menschen sind, desto seltener werden Sinnkrisen. Sie sinken von knapp zwanzig Prozent im mittleren Alter auf zwei Prozent bei Menschen über siebzig.

Fragt man, warum jemand in eine Sinnkrise geraten ist, dann nennen Personen aus unterschiedlichen Altersgruppen verschiedene Gründe. Bei den 16- bis 39-Jährigen führen vornehmlich Phasen des Übergangs in die Krise. Die Befragten in dieser Gruppe gaben an, sich mit Entscheidungen zu quälen und nicht zu wissen, wie es in ihrem Leben weitergehen soll. Im mittleren Alter zwischen vierzig und fünfzig sind es häufig Trennungen und Probleme in der Arbeitswelt, die Krisen auslösen. Bei jenen über fünfzig sind es vielfach Krankheiten und Konflikte in der Familie.

Wenn die Zahlen heute so hoch sind wie nie in den vergangenen zwanzig Jahren, ist der Wunsch umso drängender, zu verstehen: Wie geht man am besten mit einer Sinnkrise um? Und wie kommt man wieder aus ihr heraus?

Mit einer Sinnkrise umgehen

Stößt mir etwas Schreckliches zu, gibt es eine typische Reaktion. Ich frage: Warum trifft es mich? Warum gerade jetzt? Was habe ich falsch gemacht? Dieser Reflex ist urmenschlich, aber er führt in eine Sackgasse. Vor allem bei Ereignissen, die ohne mein Zutun geschehen, ist es sinnlos, nach deren Sinn zu fragen. Es kann sogar den Weg aus der Krise verstellen – selbst wenn unzählige Ratgeber etwas anderes nahelegen. Sie rufen dazu auf, den Sinn des Ereignisses zu suchen, die Vorteile zu sehen, es als Chance zu verstehen. Auch wenn es stimmt, dass wir im Nachhinein viel aus Krisen lernen können, ist dieser Ansatz gefährlich. Denn er kann verhindern, sich der Krise, ihren Ursachen und ihren Begleiterscheinungen so zu widmen, wie es angemessen wäre. Stattdessen instrumentalisiert er die Krise: Ich soll sie nutzen, zu meinem Vorteil verwerten! Solch eine Haltung baut einen falschen Druck auf in einer Zeit, in der ohnehin vieles schwerer ist.

Sinnkrisen sind normal. Viele Menschen erleben sie, manche auch häufiger. Die existenzielle Philosophie und Psychologie verstehen sie als Ausdruck einer wichtigen, kritischen Auseinandersetzung mit der eigenen Person und mit der Welt, die notwendig ist, um authentisch zu leben. Sie ermutigen dazu, Angst und Unsicherheiten zuzulassen. Denn beides tritt fast zwangsläufig auf, wenn ich mich mit meiner Existenz auseinandersetze.

Eine tiefe Hoffnung

Das Wissen darum macht den Alltag in dieser Phase nicht leichter. Wird das Leben sinnleer, gerät mein Lebensgrund ins Wanken. Oder, um es in einem Begriff Martin Heideggers zu sagen: Das Dasein wird »un-heimlich«. Ich verliere mein Daheim, die Geborgenheit, die Normalität. Was mir einst eine Zuflucht war, ist nicht mehr da. Wie unheimlich!

Die Erfahrung kann mich erschüttern. Und wahnsinnig machen. Sie kann mich lähmen oder einfach seelenlos weiterfunktionieren lassen. Gleichzeitig steckt in ihr etwas, das man nicht erwarten würde: Hoffnung. Denn wer an einem Mangel an Sinn leidet, hat eine Vorstellung davon, dass es anders sein könnte. Dass Sinn möglich ist.

Das klingt paradox. Und bis eine solche Hoffnung in oder nach der Krise greifbar wird, kann es lange dauern. Aber der Gedanke lädt zu einem Perspektivenwechsel ein. Die Tatsache, dass ich Sinn vermisse, bedeutet, dass ich eine Idee davon habe, wie ein sinnvolles Leben aussehen könnte.[9] Das macht etwas mit uns Menschen. Empirische Forschungen haben gezeigt, dass wir in einer Sinnkrise mehr ins Leben investieren als Menschen in einer existenziellen Indifferenz. Dass wir stärker involviert sind in fast allen Sinnquellen.[10] Und dass wir auf der Suche sind, illusionslos und ergebnisoffen. Wir wollen es wissen.[11] Es ist eine Suche, die sich nicht darin erschöpft, dem Ereignis, das mein Leben unterbrochen hat, einen vermeintlichen Sinn zuzuschreiben. Es ist eine Suche nach einem Sinn im Leben, der trägt, auch wenn einzelne Ereignisse unerklärlich und unfassbar sind, wenn das Leid nicht zu leugnen ist.

Véronique Elling beschreibt diesen Prozess im Rückblick so: »Ich bin dankbar, dass ich es nach und nach doch noch schaffte, wieder in den Rhythmus der Zeit und der Welt zu kommen.« Sie wusste nicht, wie es gehen sollte, aber sie wusste, dass sie es schaffen musste, für ihre Tochter. Am nächsten Morgen stand das kleine Mädchen da, im Wohnzimmer, ihr Gesicht versteinert. Nichts konnte sie begreifen. »Sie blickte mich an … Dieser Blick war für mich entscheidend«, sagt Elling.

Sie wusste, sie musste. Aber wie sollte es gehen? Sie konnte nichts denken, nichts fühlen, nur den Schmerz, der nicht versiegte, nie, in keinem Moment. Sie hätte sich ihm ausliefern können. Stattdessen rang sie, mit dem Leben, mit sich, mit der Kunst. Die Kunst, sagt sie, die als professionelle Sängerin und Gesangslehrerin arbeitet, sei ihr Weg gewesen, weiter zu atmen. Tagelang, nächtelang saß sie an ihrem Schreibtisch, entwarf Texte für Lieder, verwarf sie wieder, schmiss die Zettel weg. Ein wenig Ruhe fand sie zum ersten Mal, als sie den Ort wechselte. Sie setze sich auf den Stuhl im Zimmer ihres Sohnes. Dort fühlte sie sich ihm näher.

Sie sang jeden Tag, wenn sie das Gefühl hatte zu ersticken. »Beim Singen greifen meine Seele und mein Körper wieder ineinander«, sagt sie. »Die Seele gestaltet den Atem, der Atem verbindet sich mit den Gefühlen, es kommt alles in den Fluss.« Wenige Monate nach dem Tod ihres Sohnes trat sie zum ersten Mal wieder auf, auf einer kleinen Bühne in Hamburg, die sie kannte. »Ne me quitte pas« sang sie, »Bitte verlass mich nicht«. »Quand on a que l'amour«, sang sie, »Wenn man nur noch die Liebe hat«. Beides Lieder von Jacques Brel. Dann trug sie einen Text vor, den der niederländische Sänger Herman van Veen geschrieben hat:

»Früher hatte ich immer Geburtstag, starb niemand.
Jetzt höre ich jede Woche jemanden sagen:
– Jacques, Lungenkrebs
– Jean, die Treppe heruntergefallen
– Édith, Liebeskummer
– Georges, hat sich zu Tode geschuftet
– Stéphane, du weißt schon
– Irène, hat nie gelebt

> François ist auch schon tot, zumindest hoffe ich das,
> denn man hat ihn gestern begraben.
> Gut. Das Leben ist eine ablaufende Angelegenheit.
> Aber wenn man erst 16 ist …«

Die letzte Zeile hatte sie verändert. Im Originaltext heißt es »Aber wenn man erst 18 ist …«. 16 Jahre alt war ihr Sohn, als er starb.

Véronique Elling ist losgegangen, auch wenn sie keine Ahnung hatte, wie das gehen sollte. In der größten Krise ihres Lebens, die alles hätte zerstören können, hat sie sich besonnen auf etwas, das ihr zuvor Halt gegeben hat. Sie tat das nicht bewusst. Sie griff zum Einzigen, das sie die Tage durchstehen ließ. Aus Perspektive der Sinnforschung könnte man sagen, dass sie ein gutes Fundament hatte. Dass sie vor diesem brutalen Einschnitt, dem Tod ihres Sohnes, aus mehreren Sinnquellen geschöpft hat und sie ihr deshalb auch nach diesem Moment gleich zur Verfügung standen.

Wir alle gehen auf jeweils eigene Art damit um, wenn das Leben fragwürdig wird. Wenn ich mehr oder weniger plötzlich realisiere, dass mir Sinn fehlt. Wenn eine wichtige Veränderung ansteht oder wenn mir oder einem mir lieben Menschen etwas zustößt. Wir alle fühlen auf jeweils eigene Weise Ödnis, Leere und Verzweiflung. Aber das, was bei Véronique Elling eine leise Form der Rettung war, kann für uns alle, so individuell die Krise auch ist, ein Anhaltspunkt sein. Was hat mir bislang Kraft gegeben? Was hat mir bisher Sinn gegeben? Ist wirklich alles weg oder schimmert irgendwo noch etwas hervor, das für mich Leben bedeutet? Bei uns allen gibt es da etwas, das zu unserer Identität gehört, das uns *auch noch* als Person ausmacht, neben dem Leid.

In einer Sinnkrise wird schmerzhaft deutlich, dass Sinn kein Luxus ist. Er ist nicht die Sahne auf dem Kuchen, kein Extra, das unser Leben bereichert. Sinn ist fundamental, er ist der Grund dafür, warum wir morgens aufstehen. Klar, es geht auch anders. Wir können funktionieren, das Notwendige tun und uns ansonsten so weit wie möglich vergnügen. So lebt es sich auch in der Indifferenz einigermaßen gut. Aber der Boden, auf dem ich dann stehe, ist dünn. Bei Belastung bricht er schnell. Dann steht viel in frage: War das *mein* Leben, das ich gelebt habe, oder bin ich gelebt worden?

Der Anspruch, das eigene Leben bewusst zu leben und einen Grund zu leben zu haben, ist kein Bonus. Das Bedürfnis, nicht egal zu sein, mit mir selbst im Reinen zu sein, meinen eigenen Weg zu gehen und einen Platz auf dieser Welt zu haben, ist kein nettes Accessoire. Im Gegenteil: Bemerken wir, dass etwas davon nicht passt, ist es essenziell, genauer hinzuschauen. Natürlich ist das selten einfach. Ich habe einen Alltag, ich habe Verpflichtungen. In den meisten Fällen kann ich nicht einfach aussteigen und mich neu definieren. Aber wenn ich das Gegenteil tue, immer weiter und weiter mache, wenn ich meine existenziellen Fragen ignoriere und hoffe, dass es schon von selbst besser wird, dann wird es meist nur schlimmer. »Die Zeit heilt alle Wunden«, sagt das Sprichwort. Aber selten heilt die Zeit allein eine Sinnkrise. Die Krise ist vielmehr ein Aufruf dazu, etwas zu tun.

Der Philosoph Martin Heidegger bietet für das Verständnis des häufig mühsamen Akts des Sich-Stellens einen Begriff an. Er spricht davon, dass dies ein »not-wendiger« Prozess sei. Er ist nötig, um die Not, die ich spüre, zu wenden. Die Krise ist also doch eine Chance. Nicht aus sich heraus, weil alles in der Welt in etwas Positives gewendet werden kann. Sondern weil ich durch sie das Leben in seiner Ganzheit sehen lerne. Die Sinnkrise lehrt mich Ehrlichkeit. Das kann meine Augen öffnen.

Aus der Sinnkrise herauskommen

Ich möchte an den Punkt gelangen, an dem die Not gewendet ist. Wie aber kann mir das gelingen, wenn es mir so dreckig geht, dass ich das Gefühl habe, gelähmt zu sein und gar nicht handeln zu können? Die Philosophie des Dänen Søren Kierkegaard bietet in solch einer Situation einen Ansatz. Für Kierkegaard waren Denken und Leben eine Einheit. Philosophie war für ihn kein rein rationaler Diskurs, sondern eng mit der menschlichen Erfahrung verbunden. Es gibt nicht die Theorie auf der einen und den Menschen auf der anderen Seite, davon war er überzeugt. Man könne nicht klar trennen zwischen Subjekt und Objekt, denn es ist das Subjekt, das das Objekt wahrnimmt, wodurch bereits eine Beziehung besteht.

Die psychologische Bedeutung dieser Erkenntnis finden wir heute in vielen empirischen Studien belegt. Je nachdem, wer und wie wir in einem bestimmten Moment sind, nehmen wir die Welt wahr. Und diese Wahrnehmung, das so gewonnene Bild, wirkt sich auf uns, unseren Körper, unser Befinden aus. Auf der nächsten Wegstrecke über Sinn und Gesundheit gehen wir genauer darauf ein. Jetzt ist wichtig zu verstehen: Es lässt sich nicht vorhersagen, wie sich ein objektives Ereignis – seien es die Weltkrisen, sei es eine schwierige private Situation oder ein Schicksalsschlag – auf mich auswirkt. Die Konsequenzen hängen davon ab, wie ich mich zu dem Ereignis verhalte. Das heißt: Probleme, Krisen und Leid stoßen mir zu. Sie sind da. Ich kann darauf aber unterschiedlich reagieren: Ich kann versuchen, sie zu ignorieren – oder ich lasse mich auf sie ein. Dann wird das Leid zum Leiden, zu etwas, das ich tue.

Leiden ist ein Verb. Es kommt aus dem Mittelhochdeutschen und meinte »in die Fremde ziehen, Not durchstehen«. Das ist es, was ich tue, wenn ich mich darauf einlasse. Ich breche auf ins Unbestimmte. Ich bin nicht länger nur diejenige, der etwas widerfährt. Ich bin die, die leidet, etwas aktiv tut, agiert. Dieser Schritt auf die Krise zu ist bereits der erste Schritt aus ihr heraus. Weil ich mich einlasse, sie zulasse – und damit letztlich auch loslassen kann, so beschreibt es die Kierkegaard-Expertin Almut Furchert.[12]

Zu Beginn unserer Reise haben wir die Herkunft des Sinnbegriffs erwähnt. Das Wort Sinn bedeutete ursprünglich »eine Richtung nehmen, eine Fährte suchen«. Beides, der Sinn und das Leiden, handeln also vom Aufbrechen und Losgehen. Davon, sich zu orientieren, den richtigen Weg zu suchen, der noch offen ist. Und der mich auch vor Herausforderungen stellen kann.

Leiden gehört zum Leben. Unsere moderne Gesellschaft versucht, es allerdings so weit wie möglich zu unterdrücken. »Du sollst nicht leiden« – dieser Satz ist zu einer Art Glaubensbekenntnis geworden. Er hat viele Errungenschaften gebracht, in der Medizin, im Wohlfahrtsstaat. Aber er hat auch seine Kosten. Wir streben nach Bequemlichkeit und Sicherheit, erleben es oft als Zumutung, wenn wir uns anstrengen.

Deshalb gilt die Prämisse: Wenn wir Leiden vermeiden können, dann sollten wir das auch tun. Wer leidet, passt nicht in dieses Schema. Vermiest die Laune. Zieht runter. Mindert die Effizienz.

Diese Perspektive ist verständlich – wer möchte schon gern leiden? Aber sie ist unrealistisch. Welches Leben gibt es, trotz allen Fortschritts, ohne Leiden? Das Leiden verdrängen zu wollen, führt nicht dazu, dass es weniger wird. Vielmehr ist es so: Erst wenn ich anerkenne, dass ich leide, wenn ich es zulasse, kann ich die Ursachen angehen und etwas ändern.

Die verändernde Kraft der Sinnkrise

Merke ich, dass mir ein Sinn im Leben fehlt und ich diesen schmerzhaft vermisse, ist es wichtig, dieser Sehnsucht auf den Grund zu gehen. Dabei wird einiges passieren. Es kann sein, dass ich so, wie ich bislang auf die Welt geschaut habe, nicht weiterkomme. Dass mir meine Sicherheit, mein Wissen, meine Macht oder meine Kenntnisse von Technik nicht helfen. Ich habe nicht alles selbst im Griff, das lehrt die Sinnkrise. In ihr liegt eine verändernde Kraft, die ich nur bedingt steuern kann.

Erwartungen können uns Wege eröffnen, sie aber auch verstellen. So sollten wir nicht erwarten, dass uns die Krise den Sinn finden lässt, plötzlich, wie einen Edelstein. Er lässt sich auch nicht herstellen, wie ein Produkt. Vielmehr geht es zunächst darum zu verstehen, was mir fehlt, wenn ich Sinn vermisse. Wo er mir fehlt. Wo ich Lücken entdecke zwischen dem, wie ich mir mein Leben vorstelle, und wie es tatsächlich ist. Der unverstellte Blick kann hart sein, aber gleichzeitig entsteht nur so ein Impuls zur Veränderung. Wenn ich mir des Unterschieds zwischen dem, was ist, und dem, was sein könnte, bewusst werde.

Ich blicke ehrlich auf mich und die Welt, kläre mein Selbstverständnis und entwickle eine Idee davon, was für mich ein gutes, sinnvolles Leben bedeuten kann – das sind die Grundlagen, die während einer Sinnkrise neu gelegt werden. Dieser Prozess kann einer sein, der mich kontinuierlich wachsen lässt, mich stärker macht, je länger er dauert. Der Prozess kann jedoch auch ganz anders verlaufen. Er kann es zuerst umso düsterer um mich werden lassen, je mehr ich mich den Sinnfragen aussetze. Diese Erfahrung machen viele Menschen. Der evangelische Theologe Paul Tillich kannte das Gefühl des Verlorenseins und rang ihm etwas tiefgründig Gutes ab: Wer den »Mut zur Verzweiflung« aufbringt, zeigt nach Tillich auch den Mut zum Sein. Ich setze mich diesem Leben aus, ich bin bereit, bis zum Grund zu gehen. So beschreibt es der Dichter Rainer Maria Rilke: »Unser Herz ist tief, aber wenn wir nicht hineingedrückt werden, gehen wir nie bis auf den Grund. Und doch, man muss auf dem Grund gewesen sein. Darum handelt sich's.«[13]

Eben dort, auf dem Grund, geschieht etwas, das schwer zu beschreiben ist, und doch von unzähligen Menschen erfahren wird. Ich erlebe, dass ich am Boden zerstört bin. Aber immer noch – bin ich. Das Sein, dieses abstrakte Ding, die Erfahrung, dass ich lebe, geht nicht verloren. Oft ist es gar das Gegenteil. Genau dort, im Dunklen, entsteht ein neues Vertrauen auf die Möglichkeit eines sinnvollen Lebens. Ich kann dann an diesem düsteren Ort zu den Quellen zurückkehren, die mir einmal Sinn geschenkt haben. Ich kann auch versuchen, mir neue zu erschließen. Mir meinen Pfad zu bahnen, in meiner eigenen Geschwindigkeit.

Einige Jahre nach ihrer ersten Begegnung treffen sich Véronique Elling und Kilian Trotier wieder. Trotier ist mit seiner Kollegin Merle Schmalenbach nach Hamburg gereist, sie wollen mit Elling über ihr Leben nach dem Tod ihres Sohnes Victor sprechen, und über den Sinn. Ein halbes Jahrzehnt ist der Mord nun her, ein Täter wurde nie gefasst. Elling arbeitet weiter als Sängerin und Gesangslehrerin. Sie lebt weiter in Hamburg. Sie hat nicht radikal mit ihrem Leben gebrochen, aber sie ist innerlich einen langen Weg gegangen.

Sie habe gelernt, dass der Schmerz an sich nicht zur Erkenntnis führe, erzählt Elling. »Doch der Weg aus dem Schmerz klärt vieles.«[14]

Wie führt der Weg aus dem Schmerz hinaus?, wollen Schmalenbach und Trotier wissen.

»Ich habe Schauspiel studiert, da gibt es ein wunderbares Bild«, sagt Elling. »Man darf sich nicht umhauen lassen von den Emotionen, sondern muss lernen, auf ihnen zu surfen wie auf einer Welle. Das habe ich mir immer wieder gesagt, wenn die Welle über mich schwappte und ich Wasser schluckte. Ich versuchte, auf einem Tsunami zu surfen. Gar nicht so einfach.«

Manche Menschen zerbrechen daran, erwidern Schmalenbach und Trotier.

»Du zerbrichst, wenn du nicht mehr weißt, wo oben und unten ist. Ich muss nach oben streben, zum Licht und zur Luft, um atmen zu können.«

Woher weiß man, wo oben ist?

»Loslassen.«

Was lassen Sie los?

»Den Kampf. Wenn du kämpfst und deine Energie im Kampf verbrauchst, ist es kaum möglich, nicht zu ertrinken. Wenn du loslässt, treibt dein Körper an die Oberfläche. So sind wir Menschen geschaffen, in der physischen Welt, aber auch metaphorisch.«

Was für ein Kampf ist das?

»Sich wehren gegen das, was passiert ist. Gegen das Schicksal. Denn das ist der erste Impuls.«

Wie sind Sie zu dieser Erkenntnis gelangt?

»Etwa ein Jahr nach Victors Tod hatte ich einen Traum: Ich war in der Dunkelheit im Meer, ich wusste nicht mehr, in welcher Richtung die Küste liegt. Ich erkannte, wenn ich mit dem Wasser kämpfe, habe ich keine Chance. Nur, wenn ich es annehme und mich treiben lasse, kann ich es schaffen. Vielleicht hat dieser Traum meinen Überlebensinstinkt geweckt und mir gezeigt, wie ich meine Trauer überstehen kann. Dafür war ich zutiefst dankbar. Sonst wäre ich vielleicht nicht mehr hier. Als ich aufgewacht bin, fing ich an zu schreiben. Als wäre ein Korken geplatzt. In den folgenden Monaten sind zahlreiche Lieder entstanden. Gemeinsam mit meinem Mann Henrik, auch Berufsmusiker, haben wir unser Album für Victor komponiert. Es war die Rettung.«

Auf dem Album gibt es ein Lied, das sie *»Le garçon tendre«* genannt hat, »Der liebevolle Junge«. Gemeint ist damit Victor. Es endet so:

»Er sagt mir zum Schluss /
Schließe deine Augen /
Du siehst besser /
Mit dem Herzen /
Das Glück, das dich umweht.«

Eine Frau, deren sechzehnjähriger Sohn erstochen wurde, singt über das Glück. Weil sie die dunkelsten Momente gelehrt haben, das Glück wieder zuzulassen. Auf diese Art ist sie bei ihrem Sohn. Und auf diese Art hat sie der Krise Adieu gesagt.

11
Tut das gut?
Über Sinn und Gesundheit

Reiner Calmund hat 14 Uhr in sein Haus eingeladen. Es liegt am Ende einer ruhigen Straße der beschaulichen saarländischen Stadt Saarlouis. Als Kilian Trotier klingelt, öffnet seine Frau Sylvia die Tür und sagt, er sei noch im Fitnessstudio. Wie passend. Fünf Minuten später ist Calmund da, im dunkelblauen Trainingsanzug, Sporttasche in der Hand. »Komm, wir setzen uns auf die Terrasse«, sagt er, der sofort jeden duzt, und fragt: »Etwas Kleines zu essen?« Da tritt seine Frau schon heraus, mit einer Schüssel in der Hand, und serviert Linsensuppe. Reiner Calmund isst zwei kleine Portionen, dann schiebt er den Teller von sich. Er braucht nicht mehr viel, seit er sich den Magen hat verkleinern lassen.

Sein massiger Bauch war seine Marke, jahrzehntelang. Er hatte ihn schon, als er bei Bayer Leverkusen als Manager auf der Tribüne saß und den Verein groß machte. Leverkusen spielte für eine Weile den attraktivsten Fußball der Bundesliga, wurde innerhalb von sechs Jahren viermal Zweiter, verlor einmal erst im Champions League Finale gegen Real Madrid. Calmund weinte bei Niederlagen und war stolz auf seinen Verein, den er zwischen 1976 und 2004 prägte wie kein anderer.

Sein Bauch war massig, als er anfing, regelmäßig in TV-Shows aufzutreten. Bei »alfredissimo!«, in der »Kocharena«, bei »Grill den Henssler«. Der Calli, wie er von allen genannt wird, der macht gute Stimmung. Der Calli, der hat 'nen Spruch auf Lager. Der Calli, der ist gemütlich, der isst bestimmt noch ein Stück Sahnetorte mit. So wurde er zu einem Mann, über den es hieß: Der Calli, der ist Kult.

Sein Bauch war massig, 180 Kilo wog Reiner Calmund. Dann machte er einen radikalen Schnitt, ging in eine Klinik, ließ sich operieren. Und jetzt sitzt da ein schlanker Mann auf seiner saarländischen Terrasse, der diese Entscheidung zu erklären beginnt.[1]

Alles nahm seinen Verlauf mit einem USA-Urlaub im Sommer 2019. Reiner Calmund war bei Bekannten, ganz im Süden Kaliforniens, und wollte nach San Francisco. Ein kurzer Flug, er fuhr mit seiner Frau und ihrer Tochter zum Flughafen, »und da ging es los«, sagt er. »Zack, schob mir ein Mitarbeiter vom Handicap Counter einen Rollstuhl unter den Arsch. Als wir in San Francisco ankamen, die gleiche Sache.« Erst habe er gedacht: Ach, eigentlich ganz nett und komfortabel. Aber dann rebellierte er innerlich: »Wie viele Menschen würden alles dafür geben, nicht im Rollstuhl fahren zu müssen? Kinder, junge Leute, alte Menschen? Und ich setze mich da rein, obwohl ich ihn doch gar nicht brauche? Nein, das kann es nicht sein!«

Viele Jahre lang hatte er immer wieder versucht abzunehmen. Mit seinem Freund Joey Kelly, dem ehemaligen Sänger der Kelly Family und heutigem Extremsportler, schaffte er einmal dreißig Kilo. Aber das Gewicht war schnell wieder zurück. Der Jo-Jo-Effekt habe ihn jedes Mal besiegt, sagt Calmund. Als er aus Kalifornien zurück nach Deutschland kam, fuhr er zum ehemaligen Manager von Bayern München, Uli Hoeneß. Er wollte mit ihm etwas besprechen, es ging um Fußball. Als Calmund sich verabschiedete, sagte

Hoeneß zu ihm: »Mensch Calli, was ist eigentlich mit deiner Plauze, willst du da nicht mal was machen?« So erinnert sich Calmund. Hoeneß empfahl ihm einen Arzt. Calmund fuhr hin, der Arzt sagte: »Herr Calmund, das geht bei Ihnen nur mit einer Magenverkleinerung.« Wenig später fuhr Calmund zur Operation. Da war er 71 Jahre alt.

Sein Bauch, der war seine Marke. Aber sein Bauch, der war auch ein Problem. Das wurde Calmund erst spät klar, weil er all die Jahrzehnte durchgehend gute körperliche Werte gehabt habe, wie er sagt; Herz, Blut, alles in Ordnung. Er realisierte es jedoch in dieser Zeit noch aus einem anderen Grund. Da war auch seine Tochter, damals noch ein kleines Kind, die er mit seiner Frau Sylvia adoptiert hatte. »Deswegen habe ich die Operation gemacht«, sagt Reiner Calmund, der sich urplötzlich, innerhalb von wenigen Sekunden, auf seiner Terrasse vom jovialen Plauderer in einen nachdenklichen, leise redenden Familienvater verwandelt. »Weil ich so lange leben will wie möglich, um bei meiner Frau zu sein und unsere jüngste Tochter auf dem Weg zur jungen Frau zu begleiten.«

Daher rührte sein Wille, etwas Grundlegendes zu verändern: Reiner Calmund will da sein für seine liebsten Menschen, solange es geht. Das geht aber nur, wenn er verantwortungsvoller lebt, als er das über viele Jahrzehnte getan hat. Das hat er realisiert. Und deshalb hat er gehandelt. Aus psychologischer Sicht kann man es so formulieren: Calmund sieht einen großen Sinn in seinem Leben. Er hat unterschiedliche Sinnquellen, aus denen er schöpft, wobei die Sorge um seine Familie mittlerweile die alles Überragende ist. Diese Orientierung bringt ihn auch dazu, gesünder zu leben. Denn Gesundheit ist die Basis für so vieles.

Sinn und Gesundheit – sie hängen eng miteinander zusammen, dafür liefert Reiner Calmund ein eindrucksvolles Beispiel. Die Frage ist nur: Wie genau? Und: Was ist zuerst da – der Sinn oder die Gesundheit? Sehen gesunde Menschen besonders viel Sinn im Leben oder ist es der Sinn, der die Gesundheit verbessert?

Sinn macht gesund

Zu keinem anderen Sinn-Thema wurde in den vergangenen Jahren so viel geforscht. Es gibt weltweit Hunderte von Studien, die sich ihm widmen, teilweise sehr komplex angelegt und über Jahre laufend. Fasst man die Ergebnisse zusammen, zeichnen sie ein überraschend eindeutiges Bild: Menschen, die ihr Leben als sinnvoll erachten, sind gesünder, körperlich und seelisch. Und diese Gesundheit ist zu einem beträchtlichen Teil auf den Sinn zurückzuführen.

Das heißt nicht, dass sinnerfüllte Menschen nicht erkranken. Sie tun es allerdings seltener als Menschen ohne Sinn. Und wenn sie krank sind, erleben sie die Krankheit anders. Untersuchungen haben gezeigt, dass sinnerfüllte Menschen bei verschiedenen Erkrankungen geringere Symptome aufweisen und weniger unter der Krankheit leiden. Einen Sinn im Leben zu haben, schützt mich also nicht unbedingt vor einer Erkrankung. Aber es verändert, wie ich mit ihr umgehe.

Die Studien sind so vielfältig, dass wir sie hier nur schlaglichtartig beleuchten. In Japan wurden Anfang des Jahrhunderts die Mitglieder einer Krankenversicherung über mehrere Jahre hinweg regelmäßig zu ihrem Gesundheitszustand befragt. Insgesamt waren es mehr als 43 000 Personen. Diejenigen, die zur ersten Befragung angegeben hatten, Sinn in ihrem Leben zu sehen, waren sieben Jahre später deutlich gesünder und hatten weniger Schmerzen als diejenigen, die angegeben hatte, keinen Sinn zu sehen.[2] Eine Meta-Analyse, die die Ergebnisse vieler anderer Studien vereint, fand heraus, dass die Wahrscheinlichkeit, eine Herz-Kreislauf-Erkrankung zu erleiden, deutlich geringer ist für sinnerfüllte Menschen.[3] Eine US-amerikanische Studie zeigte auf, dass sinnerfüllte Menschen seltener an Alzheimer erkranken. Gemeinsam mit mehreren Kollegen interviewte die Neuropsychologin Patricia Boyle jährlich mehr als tausend Personen und untersuchte sie sowohl psychologisch als auch körperlich. Viele der Studienteilnehmenden waren außerdem damit einverstanden, dass ihre Gehirne nach ihrem Tod autopsiert werden würden. Dabei zeigte sich, dass sich die geistigen Fähigkeiten bei den sinnerfüllten Menschen viel langsamer abbauten. Und dass es sogar Menschen gab, deren Gehirne bei der Autopsie Anzeichen einer Alzheimer-Erkrankung aufwiesen, die zu Lebzeiten aber nichts davon gemerkt hatten.[4] Auch das waren diejenigen, die ein sinnerfülltes Leben geführt hatten.

Gleich mehrere Teams unterschiedlicher Universitäten haben sogar aufzeigen können, dass Menschen, die einen Sinn in ihrem Leben sehen, später sterben. Eine US-amerikanische Studie aus dem Jahr 2015 berechnete, dass das Sterblichkeitsrisiko bei Menschen mit einer hohen Sinnerfüllung um 23 Prozent geringer sei.[5] Wer hingegen wenig Sinn in seinem Leben sieht, hat ein zweieinhalbmal größeres Risiko zu sterben – das zumindest ergeben die Daten einer US-amerikanischen Studie mit 7000 Erwachsenen ab einem

Alter von fünfzig Jahren, die über vier Jahre lang begleitet wurden.[6] In der gerade beschriebenen großen japanischen Studie war das Sterblichkeitsrisiko innerhalb der sieben Jahre, während der die Untersuchungen durchgeführt wurden, um fünfzig Prozent höher bei denjenigen, die kaum oder keinen Sinn in ihrem Leben sahen.

Man könnte jetzt einwenden: Lebenssinn schön und gut, aber lässt sich das längere Leben nicht durch andere Faktoren erklären, die vielleicht die Ursache für den Lebenssinn *und* für die Gesundheit sind? Was ist mit dem Familienstand, der Ausbildung, dem Einkommen, dem Stresserleben, der Krankheitsgeschichte, der Schlafdauer, dem Body-Mass-Index, der Bewegung? Alle Studien haben das überprüft und festgestellt, dass das Sinnerleben unabhängig davon, über all diese Merkmale hinaus, die Lebensdauer vorhersagt. Warum das so ist? Dem lässt sich näherkommen, wenn wir zurückkehren auf die Terrasse in Saarlouis.

Nach den Maßstäben unserer leistungsorientierten Gesellschaft hat Reiner Calmund viel erreicht: In seinem Beruf war er einer der besten, ein innovativer Fußball-Bundesligamanager, der Erfolge feierte. Er hat dabei sein Image gepflegt, wurde zu einem Prominenten, der über die Fußballwelt hinaus bekannt ist, hat viel Geld verdient und ist beliebt. Das sieht er selbst. Er hat aber auch einen anderen Blick auf das, was er erlebt hat: »Das Leben ist nicht nur Zuckerschlecken, nicht nur Sonnenschein«, sagt Calmund, der ganz ernst und langsam spricht – etwas, was man von ihm aus dem Fernsehen nicht kennt. »Es gibt auch schlechte Momente, harte Tage, traurige Erfahrungen und sogar Grausames.«

Calmund hat die Härte des Lebens früh mitbekommen. Sein Vater starb, da war der Sohn sechs. Gekannt hat er ihn kaum, nach einem Familienstreit war er geflohen, hatte sich in der französischen Fremdenlegion gemeldet, zog in den Vietnamkrieg und kam dort um. Calmund besuchte über fünfzig Jahre später das Grab. Tränen steigen in seine Augen, als er von dieser Reise erzählt. »Ich hätte gedacht, dass ich traurig sein werde, aber diese Gefühle, das kann ich nicht beschreiben«, sagt er. »Wenn ich mir Fotos ansehe, habe ich einen total leeren Blick. Da waren keine Vorwürfe wegen seinem Leben in Vietnam in mir, einfach tiefe Trauer.«

In seinem Privatleben lief nicht alles so, wie er es sich gewünscht hätte. Die Ehe mit seiner ersten Frau zerbrach, mit der zweiten auch. Der Fußball habe seine Liebe aufgegessen, sagte er damals. Calmund war nicht immer der Familienmensch, als der er sich heute zeigt. Er war aufgesogen von der Glitzerwelt des Sports und gierig nach Erfolg, nach Siegen, Siegen, Siegen. »Haben Sie jemals gedacht: Ich habe den Großteil meiner Lebenszeit in etwas reingesteckt, das am Ende nichts weiter ist als ein Spiel?«, fragt Kilian Trotier. »Nie«, antwortet Calmund. »Ich war immer ganz drin. Immer bekloppt.« Und heute? »Ich bin älter, ich bin vernünftiger geworden. An erster Stelle stehen meine Frau und meine Kinder. Und an zweiter auch. Dann kommen meine Enkelkinder und gute Freunde.«

Wenn Reiner Calmund zurückblickt, sieht er Dinge, die er anders machen würde. Er sieht, dass er Prioritäten gesetzt hat, die nun, mit Mitte siebzig, nicht mehr die richtigen sind. Ihm ist klar geworden, was für ihn jetzt zählt. Das will er ausleben. Das motiviert ihn.

Sinn als Motivator

Motivation – dieser Begriff ist zentral. Wir haben ihn schon auf unserer ersten Wegstrecke zur Persönlichkeit als Motor, der uns antreibt, näher umrissen. Als solcher bietet er den ersten Erklärungsansatz dafür, warum es Menschen gesundheitlich besser geht, wenn sie einen Sinn in ihrem Leben sehen.

Um den Effekt besser verstehen zu können, reisen wir gedanklich in die Siebzigerjahre des vergangenen Jahrhunderts zu einem Forscher namens Aaron Antonovsky. Antonovsky wurde in New York geboren, er kämpfte während des Zweiten Weltkriegs als amerikanischer Soldat, studierte im Anschluss Soziologie und emigrierte einige Jahre später nach Israel. Weltweit bekannt geworden ist er durch die Entwicklung eines Konzeptes, das er »Salutogenese« nannte, also Entstehung von Gesundheit. Antonovsky veränderte darin die Perspektive der Forschung: Ihm ging es weniger darum zu ergründen, was einen Menschen krank macht, als darum herauszufinden, was ihn gesund hält.[7]

Auf sein Lebensthema stieß er eher zufällig. Eigentlich wollte Antonovsky die Frage erforschen, wie Frauen in unterschiedlichen Kulturen durch die Wechseljahre kommen. Einige der Teilnehmerinnen waren Jüdinnen, die zwischen 1914 und 1926 in Zentraleuropa geboren waren und nun in Israel lebten. Antonovsky fragte sie unter anderem, ob sie in einem Konzentrationslager gewesen seien. Als er anschließend die Daten auswertete, realisierte er, dass 29 Prozent der Frauen, die das Grauen der Nazis überlebt hatten, angaben, seelisch gesund zu sein.[8] Dieses Ergebnis ließ ihn nicht mehr los. Er fragte sich: Wie kann es jemandem gut gehen, der etwas derart Schreckliches erlebt hat? In den darauffolgenden Jahren orientierte er seine Forschung immer mehr an dieser Frage, bis er das Modell des »Kohärenzsinns« entwickelte. Darunter verstand er ein Vertrauen darauf, das eigene Leben verstehen, bewältigen und in ihm Sinn sehen zu können.

Verstehe ich mein Leben in seinen Grundzügen, kann ich Erfahrungen einordnen. Sie werden nachvollziehbar, und ich lasse mich nicht von ihnen überrollen. Habe ich das Gefühl, mein Leben *bewältigen* zu können, vertraue ich darauf, mit dem, was mir begegnet, zurechtzukommen, entweder aufgrund meiner Fähigkeiten oder durch Unterstützung von außen. Sehe ich einen *Sinn* in dem, was ich tue, empfinde ich mein Leben als lebenswert. Diesen dritten Punkt sah Antonovsky als den wichtigsten an. Erst wenn ich mein Leben als lebenswert ansehe, bin ich auch motiviert, gesund zu sein. Der Sinn lässt mich weitermachen, auch wenn ich auf Widerstände stoße.

Es ist nicht unbedingt leicht, gesund zu leben. Es ist noch nicht einmal leicht, Gesundheit zu definieren. Ich bin immer mehr oder weniger gesund, und das auf verschiedenen Ebenen: Ich kann körperlich beschwerdefrei sein, aber seelisch leiden, oder körperlich beeinträchtigt sein, aber psychisch gesund. Für jede Form der Gesundheit gilt jedoch, dass ich, will ich sie erhalten, immer wieder den sprichwörtlichen »inneren Schweinehund« überwinden muss: um mich ausreichend zu bewegen, um ausgewogen zu essen, um nicht Alkohol, Zigaretten oder Drogen zu verfallen. Die Motivation dafür entsteht, wenn ich glaube, dass es sich lohnt, weil ich dieses Leben leben will. Mehrere Studien haben diese Theorie belegt. Sie bestätigten die Grundannahme, dass sinnerfüllte Menschen es als lohnend ansehen zu leben – und deshalb auch Zeit und Energie darauf verwenden, ihr Leben zu erhalten. Sie übernehmen Verantwortung für ihre Gesundheit.[9] Damit leben sie gesünder.

Eine US-amerikanische Studie hat die Dynamik dahinter nachgezeichnet. Eine Gruppe von 130 Patientinnen und Patienten mit Herzproblemen wurde gebeten, ihren Gesundheitszustand einzuschätzen und anzugeben, als wie sinnvoll sie ihr Leben empfanden. Diejenigen, die einen Sinn in ihrem Leben sahen, fühlten sich gesünder. Außerdem bewegten sie sich mehr. Ihr Lebenssinn motivierte sie dazu, körperlich aktiv zu sein; das wiederum trug dazu bei, dass sie sich als gesünder empfanden.[10]

In Deutschland führten die Psychologen Ulrich Wiesmann und Hans-Joachim Hannich eine Studie mit 170 relativ gesunden Erwachsenen durch, die im Durchschnitt 67 Jahre alt waren. Sie erfassten unter anderem, ob die Befragten zum Arzt gingen, sich gut ernährten, viel unterwegs waren, genügend schliefen und verantwortungsvoll mit Alkohol und Nikotin umgingen. Auch hier konnte die Sinnhaftigkeit am besten vorhersagen, wie gesund die Menschen lebten.[11]

Während die gerade beschriebenen Studien sogenannte Querschnittsstudien waren, in denen die Studienteilnehmenden nur einmal befragt wurden, untersuchte eine Studie unter Jugendlichen in Rumänien eine ähnliche Fragestellung mit zwei Befragungszeitpunkten. Das Ergebnis: Die Sinnerfüllung zum ersten Zeitpunkt konnte vorhersagen, ob sich die jungen Menschen dreizehn Monate später gesund ernähren und bewegen würden.[12] Das gleiche Resultat auch bei einer repräsentativen US-Studie, die über sechs Jahre lief. 7000 Bürgerinnen und Bürger über fünfzig Jahre machten mit. Der Lebenssinn konnte besser als alle anderen untersuchten Einflussfaktoren prognostizieren, ob sich die Menschen sechs Jahre später darum kümmern würden, ihren Cholesterinspiegel zu testen, eine Darmspiegelung zu machen oder ihre Prostata untersuchen zu lassen. Diejenigen, die Sinn in ihrem Leben sahen, waren zudem deutlich seltener im Krankenhaus.[13]

Wenn ich weiß, wofür ich etwas tue, tue ich es eher – selbst dann, wenn es mir schwerfällt und ich eigentlich keine Lust darauf habe, wenn es anstrengend und beschwerlich ist. Das ist die Erkenntnis, die durch zahlreiche Studienergebnisse gedeckt ist. Sinn ist also ein Motivator. Sinn ist aber noch mehr als das. Er kann auch moderieren. Das heißt: einen Mittler spielen zwischen einem Stressor und dem Stresserleben, wie es in der Fachsprache heißt. Was das bedeutet, wird deutlich, wenn man Reiner Calmund dabei zuhört, wie er von seiner Magenverkleinerung erzählt.

Sinn als Moderator

»Als ich dahinfuhr, hatte ich Schiss«, sagt er über die Fahrt zum Krankenhaus. »Was für eine Sorge war das?« – »Das war eine Unsicherheit, ich konnte nichts organisieren, nichts kontrollieren.« Für Calmund war die Situation deshalb besonders hart: Er, der Macher, war machtlos. Er fürchtete sich, aber er zog nicht zurück. Das lag daran, dass er genau wusste, warum er die Entscheidung getroffen hatte. Um seinen Bauchumfang zu verringern, klar. Aber im tieferen Sinne, um seiner Familie mehr gemeinsame Zeit zu schenken.

Diese Motivation, dieser Sinn machte etwas mit der Beziehung zwischen dem Stressor und dem Stresserleben. Die Operation war dabei der Stressor, das Stresserleben sein Gefühl. Es war nicht leicht für ihn, weil die Situation ungewohnt und auch riskant war. Doch er zog sein Vorhaben durch, weil es der einzige Weg für ihn war, sein Ziel zu erreichen. In den letzten Minuten vor der Operation gelang es ihm, zur Ruhe zu kommen. Sein bester Freund war bei ihm, der auch sein Anwalt ist. Als Calmund in den Operationssaal geschoben wurde, fragte er den Freund: »Ist alles geregelt, wenn mir was passiert? Für meine Frau, für meine Kinder?« Ja, habe der geantwortet. »Damit hat er mir die Last genommen.«

Es ging alles gut. Calmund wachte auf. Er probte das Leben mit neuem Körpergefühl. Er war leichter, er war ein neuer Mann – und im Fernsehen ganz schnell wieder der Alte, der mit kölschem Dialekt alles und alle niederredete. Blickt man auf sein ganzes Leben, sieht man, dass dieses Muster ein wiederkehrendes ist: Reiner Calmund stand weinend vor dem Grab seines Vaters. Dann machte er weiter und war der fröhliche Calli. Er verlor seine Mutter, schon Ende der 1990er-Jahre. Der Schmerz ist immer noch da, nach so langer Zeit, was sich zeigt, als er, ohne zu zögern, auf die Frage »Was wäre Ihr größter Wunsch im Leben?« antwortet: »Ich hätte gern meiner Mutter gezeigt, wie ich heute mit meiner Familie lebe.« Er machte damals weiter und wurde wieder der fröhliche Calli. Auch nach seiner ersten Scheidung. Und nach der zweiten. Reiner Calmund kennt seine öffentliche Rolle. Er füllt sie aus, sie gibt ihm Halt, gerade in den Krisen seines Lebens. Er verlor nie seinen Sinn, zumindest erzählt er davon nicht. Er entwickelte ihn weiter, hin zu Fürsorge und Generativität, die er heute leben will.

Menschen gehen unterschiedlich mit harten Zeiten um. Mit Schwierigkeiten, brutalen Schlägen, Traumata. Das hat auch der Soziologe Aaron Antonovsky mit seinen Studien über Holocaustüberlebende gezeigt. Der Sinn dient hier oft als ein Mittler, als Puffer. Der Schmerz wird nicht verdrängt. Er wird aber abgefedert, wenn das Ereignis eingebettet ist in ein Leben, das als lohnend empfunden wird. So war es bei Reiner Calmund. Und so ist es durch viele Studien belegt.

Der Gesundheitsforscher Neal Krause befragte mehr als tausend US-Amerikanerinnen und -Amerikaner anhand von Fragebögen, ob sie im Laufe ihres Lebens Traumata wie sexuellen Missbrauch, tödliche oder fast tödliche Unfälle oder Naturkatastrophen erfahren hätten. Er erhob ebenfalls, als wie sinnerfüllt die Menschen sich empfanden und ob sie an Depressionen litten. Dabei zeigte sich, dass Menschen, denen ein furchtbares Ereignis widerfahren war, deutlich weniger depressive Symptome aufwiesen, wenn sie ihr Leben als sinnvoll ansahen. Krause deutete das so, dass der Sinn die schlimmen Folgen von Traumata kompensieren kann.[14]

Zu diesem Ergebnis kam auch eine Studie mit 1119 Küstenbewohnerinnen und -bewohnern im US-Bundesstaat Mississippi, die vom Untergang der Bohrplattform Deepwater Horizon und der darauffolgenden Ölpest im Jahr 2010 direkt betroffen waren. Wie Forscherinnen um die Psychologin Bethany Aiena herausfanden, litt ein Drittel der Befragten unter einer posttraumatischen Belastungsstörung. Das waren vor allem Menschen, die wenig Sinn in ihrem Leben sahen.[15]

Besonders eindrücklich sind die Erkenntnisse, die in der Krebsforschung gewonnen wurden. Die körperlichen Leiden bei einer Krebserkrankung gehen häufig einher mit seelischen. Der Psychologe Joseph Winger hat mit seinen Kolleginnen Rebecca Adams und Catherine Mosher 62 Studien ausgewertet, die sich mit dem Sinn in dieser auf allen Ebenen kritischen Lebensphase beschäftigten. Auch hier zeigte sich deutlich, dass diejenigen, die einen Sinn in ihrem Leben sahen, besser mit dem, was ihnen widerfuhr, umgehen konnten.[16] Und noch etwas anderes wurde deutlich: Menschen, die Sinn in ihrem Leben sehen, suchen weniger nach dem Sinn der Krankheit selbst. Sie fragen seltener: »Warum ich?« Auf der vorangegangenen Wegstrecke haben wir gesehen, dass sich diese Frage zwar immer wieder stellt, dass es aber meist nicht sinnstiftend ist, sie weiter zu verfolgen.

Sinn kann motivieren. Sinn kann Härte abpuffern. Sinn kann sogar das Immunsystem stärken und Entzündungsprozesse regulieren, wie wir auf der Etappe zum Ich gelernt haben. Wir sind unseren Genen nicht ausgeliefert, wir können ihre Auswirkungen auf unser Leben durch unsere Einstellung beeinflussen. Sinn scheint also die Lösung zu sein für fast alle Lebenslagen! Und ja, es stimmt: Für Menschen, die einen Sinn in ihrem Leben sehen, ist das gut und wertvoll. Der Sinn fördert die Gesundheit, bereichert das Leben, macht es im existenziellen Sinne lebenswert. Wäre das nicht so, hätten wir uns nicht auf diese lange Reise begeben. Aber wir müssen auch vorsichtig auf diese Prozesse schauen. Aus zwei Gründen.

Zum einen haben all die gesundheitlichen Vorteile des Sinns, die wir aufgezeigt haben, eine Kehrseite – für diejenigen, die gern einen Sinn in ihrem Leben sehen würden, ihn aber nicht finden und denen es deswegen schlecht geht. Während einer Sinnkrise erleben Menschen vieles als belastend. Sie sind ängstlich und haben weniger Hoffnung. Es ist also keine Situation, in der sie motiviert sind, fit zu bleiben, gut zu essen, die Gesundheit wichtig zu nehmen. Daher kann dieser Gedanke allen, die sich gerade in einer Sinnkrise befinden, möglicherweise helfen: Es gibt ein Leben nach der Krise. Und eine gesunde Lebensführung ist eine gute Unterstützung auf dem Weg dorthin.

Zum anderen heißt es nicht, dass mit dem Sinn alles gut ist, nur weil er guttut. Denn Sinn ist nicht *per se* gut. Diese Erkenntnis mag verblüffen. Und sie hat Konsequenzen, die wir jetzt, kurz vor Ende unseres Weges, unbedingt in den Blick nehmen wollen.

12

Ist Sinn immer gut?

Über die Frage der Moral

Adolf Hitler sah viel Sinn in dem, was er tat. Josef Stalin auch. Genauso wie Mao Tse-Tung, Alexander der Große und der marokkanische Sultan Mulai Ismail, der dafür berüchtigt war, stets gelbe Kleidung zu tragen, wenn er Hinrichtungen befehligte. Unter ihrer Herrschaft starben Abermillionen von Menschen, die Despoten aber schienen mit sich und ihren Entscheidungen im Reinen zu sein. Ihr Werk war einer höheren Sache gewidmet – der Herrschaft einer Rasse, einer Ideologie, einer Religion. Dem hatte sich alles andere unterzuordnen.

Sinn ist doch etwas Gutes, oder nicht? Ja, auf einer persönlichen Ebene auf jeden Fall. Er motiviert zu handeln, stärkt das Wohlbefinden, hilft dabei, gesünder zu leben und besser mit Krisen umzugehen. Das haben wir auf unserem bisherigen Weg gelernt. Sinn ist auch gesellschaftlich oft gut. Wenn man sich engagiert, sich einbringt, etwas zum großen Ganzen beiträgt. Auch das haben wir gelernt. Doch die Autokraten dieser Welt führen uns ein Problem vor Augen: Was bedeutet das denn – sich engagieren? Und für welche Form der Gesellschaft eigentlich?

Die Gewaltherrscher sind ein krasses Beispiel. Man könnte sich deshalb zurücklehnen und sagen: Ich habe keine Menschenleben auf dem Gewissen, das hat mit mir nichts zu tun. Diese Haltung verkennt aber, dass es hier nicht um einige wenige Irre geht, sondern um ein Phänomen, das uns alle betrifft. Der Sinn, der auf den ersten Blick so rein wirkt, hat nämlich eine dunkle Seite. Und mehr noch: Er kann über diese dunkle Seite sogar intensiver erfahrbar sein.

Im Januar 2022 veröffentlichten die Psychologen Abdo Elnakouri, Candice Hubley und Ian McGregor von der kanadischen University of Waterloo einen Artikel in der Fachzeitschrift *Journal of Experimental Social Psychology.*[1] Darin beschreiben sie die Ergebnisse eines Experiments, das sie zweimal hintereinander mit insgesamt 847 Menschen durchgeführt haben. Sie hatten die Teilnehmenden jeweils in zwei Gruppen eingeteilt. Die einen hatten sie gebeten, darüber nachzudenken, was sie nicht mögen, die anderen, was sie hassen. Zusätzlich wurde erfragt, ob die Abneigung beziehungsweise der Hass gegen eine bestimmte Person gerichtet war oder ob sich die Gefühle auf eine Gruppe, eine Institution oder ein gesellschaftliches Phänomen bezogen. Anschließend sollten die Teilnehmenden aufschreiben, woher ihre Abneigung oder ihr Hass rührten und wie es ihnen mit dem jeweiligen Gefühl erging. Als sie damit fertig waren, hatten sie zwei weitere Dinge zu tun. Zunächst baten die Psychologen sie anzugeben, wie sie sich während des Schreibens gefühlt haben: Waren sie eifrig, entschlossen, engagiert, enthusiastisch? Oder eher konfus und verwirrt? Schließlich sollten sie einschätzen, als wie sinnvoll sie ihr Leben erachteten.

Bei der Auswertung sahen die Forschenden deutliche Effekte. Wenn der Hass nicht gegen Einzelpersonen, sondern gegen eine Gruppe, eine Institution oder ein gesellschaftliches Phänomen gerichtet war, ging er mit Gefühlen einher, die als aktivierend beschrieben werden können. Die Teilnehmenden gaben an, überdurchschnittlich eifrig, entschlossen und enthusiastisch gewesen zu sein. Verwirrt und unsicher waren sie hingegen nicht, auch Widersprüche empfanden sie nicht. Bei denjenigen, die aufgeschrieben hatten, was sie nicht mochten, waren die Werte unauffällig. Und was machte das Experiment mit dem Sinn? Wer sich in einen kollektiven Hass hineinversetzt hatte, berichtete ein stärkeres Sinnerleben.

Wir Menschen erfahren Sinn, wenn die vier Elemente gegeben sind, die wir bereits kennengelernt haben: Orientierung, Kohärenz, Bedeutsamkeit und Zugehörigkeit. Die Erkenntnisse der kanadischen Studie zeigen, dass alle vier Elemente auch dann zutage treten, wenn es um einen zerstörerischen Sinn geht. Kollektiver Hass motiviert und aktiviert. Ein solcher Hass – zum Beispiel gegen Frauen, Juden, Grüne, Ausländer oder Woke – gibt eine klare Ausrichtung. Dieser Orientierung werden alle Informationen untergeordnet. So entsteht Kohärenz, alles ist in sich schlüssig. Der Hass findet Ausdruck, in Worten oder Taten, und gibt denen, die hassen, damit ein Gefühl von Bedeutsamkeit. Sie bewegen etwas. Und weil sie ihren Hass meist mit Gleichgesinnten teilen, erleben sie sich als zugehörig.

Diese Form der Selbstermächtigung scheint gerade in unserer immer komplexer werdenden Welt, die von Unsicherheiten und Unklarheiten geprägt ist, höchst attraktiv zu sein. Offen für populistische, autoritäre und totalitäre Gedanken sind dabei besonders die, die sich ausgeschlossen fühlen. Indem sie sich einer Gruppe oder Bewegung anschließen, die sich nach außen abgrenzt und andere abwertet, werten sie sich selbst auf. Es ist ein einfacher Mechanismus, der in vielen Bereichen Wirkung zeigt.

Einige Männer ertragen nicht, dass Frauen gleichberechtigt sein sollen. Sie verbünden sich und propagieren die Vorherrschaft der Männer. Der Influencer Andrew Tate beispielsweise wird für seine frauenfeindliche Haltung gefeiert. Gruppen wie die der Incels, eine Kurzform für den englischen Begriff *»Involuntary Celibates«*, was unfreiwillig sexuell enthaltsam lebende Männer meint, solidarisieren sich miteinander und fantasieren in Onlineforen über Gewalt an Frauen. Faktisch nimmt häusliche Gewalt gegenüber Frauen zu,[2] und Frauen, die in der Öffentlichkeit stehen, werden immer wieder beschimpft, bedroht und angegriffen.

Einige Weiße ertragen nicht, dass People of Colour gleichberechtigt sein sollen. Sie schließen sich zusammen und kämpfen für eine *»White Supremacy«*, eine Vorherrschaft der Weißen. Manche von ihnen tun sich mit Gleichgesinnten zusammen und versuchen, sogenannte »national befreite Zonen« zu schaffen, in denen sie rechtsextremes Denken ausleben und fördern. Auch hier entsteht Gemeinschaft, zum Beispiel in Siedlungsprojekten, in denen die Bewohnerinnen und Bewohner eine faschistische Ideologie verherrlichen. Sie sorgen füreinander, schließen Fremde und Andersdenkende aus und ziehen Kinder im Glauben daran groß, dass sie alle für eine gute Sache einstehen, die größer ist als sie selbst.

Einige Menschen haben ihr Vertrauen in Staat und Gesellschaft verloren, und damit ist mehr geschehen als das – ihnen ist auch der Sinn abhandengekommen. Sie fühlen sich ausgeschlossen, abgehängt und benachteiligt. In einer Studie, die Tatjana Schnell mit ihren Kollegen Roberto Viviani, Claudia Lenz und Henning Krampe veröffentlicht hat,[3] berichtete ein Fünftel der Befragten von einer solchen Entfremdung. Die Stichprobe war repräsentativ im Hinblick auf Geschlecht, Alter, Bildung und Wohnsitz in den alten und neuen Bundesländern. Allgemein galt dabei: Je stärker sich die Befragten als entfremdet empfanden, desto weniger Sinn sahen sie in ihrem Leben. Das war allerdings anders, wenn sie an Verschwörungstheorien glaubten. Bei denen, die sich als entfremdet erlebten, stieg der Sinn mit der Überzeugung, mit der diese Vermutungen vertreten wurden. Offenbar bietet die Annahme, zur Gruppe derjenigen zu gehören, die Zugang zu einer verborgenen Wahrheit haben, einen Ersatz für den Mangel an Sinn, der verloren gegangen ist durch das Gefühl, nicht mehr zur Gesellschaft dazuzugehören.

All diesen Menschen ist gemein, dass sie einen Sinn in dem sehen, was sie tun. Sie fühlen sich durch die Gemeinschaft gestärkt und getragen, durch das gemeinsame Feindbild geeint. Manche so sehr, dass sie gewalttätig werden. Sie haben eine Aufgabe, sie setzen sich ein, sie sind überzeugt von ihren Ansichten und häufig auch von sich selbst.

Ein kritischer Blick

Was für eine Erkenntnis. Wir haben uns auf den Weg gemacht, um Sinn im Leben zu finden. Wir haben uns unserer Persönlichkeit genähert, den Unterschied zwischen Sinn und Glück offengelegt, uns mit positiven Illusionen auseinandergesetzt und unsere Sinnquellen kennengelernt. Wir sind durch die existenzielle Indifferenz und die Sinnkrise gewandert, haben von der Bedeutung des Sinns für unsere Gesundheit erfahren – um jetzt, kurz vor Ende unserer Reise, zu sehen, wie fragwürdig dieser Sinn ist?

Das klingt enttäuschend. Warum sollte etwas, das so gut erscheint, denn gerade bei denen zu finden sein, die repressiv, faktenfremd oder zerstörerisch unterwegs sind? Aus der Enttäuschung lässt sich allerdings etwas Entscheidendes lernen: wie wichtig es ist, nicht nur beim Blick auf unser Leben, sondern auch beim Blick auf den Sinn realistisch zu sein. Es hilft nicht, den Sinn zu verklären und zu idealisieren, wie es heute allzu leichtfertig getan wird, getreu der Gleichung: Wer einen Sinn hat, dem geht es gut, und das ist gut. Was aber braucht es zu einem gelingenden Leben, damit es nicht in Fanatismus, Verschwörungsglaube oder Hass endet?

Sinnerfahrungen haben eine starke Überzeugungskraft. Wer etwas als sinnvoll erlebt, findet richtig und wichtig, was er oder sie tut. Aber der Maßstab dafür, was als richtig und wichtig gilt, wohnt dem Sinn nicht inne. Deshalb brauchen wir eine andere Perspektive auf den Sinn. Nennen wir sie »Sinn Plus«. Was das sein könnte? Dafür lohnt sich abermals ein Blick zurück ins antike Griechenland, zu Aristoteles und dem Konzept der Eudämonie.

Sinn Plus: Eine ethische Perspektive

Der Philosoph aus dem vierten Jahrhundert vor Christus hat seine Vorstellung vom guten Leben nicht wertneutral gedacht. Es ging ihm darum, dass jedes Individuum die ihm gegebenen Tugenden, die man heute auch als Stärken bezeichnet, auslebt. Tugenden wie Geduld, Bescheidenheit, Hilfsbereitschaft, Mut, Großzügigkeit, Freundlichkeit, Humor, Einfühlsamkeit, Klugheit. Doch eine Tugend war ihm, wie wir geschrieben haben, die wichtigste: die Gerechtigkeit, die seiner Meinung nach alle anderen Tugenden enthielt. Er verstand darunter die »vollkommene Gutheit des Charakters, jedoch nicht absolut gesehen, sondern in Bezug auf den anderen Menschen«.[4]

Der Ökonom Amartya Sen und die Philosophin Martha Nussbaum haben gemeinsam ein theoretisches Konzept entwickelt, mit dem sie die Eudämonie in die Gegenwart holten. Auf Englisch heißt es *»Capability Approach«*, auf Deutsch wird das als »Befähigungsansatz« übersetzt. Es geht den Wissenschaftlern darum zu verstehen, wie es gelingen kann, dass Menschen nicht nur Freiheiten und Rechte haben, sondern dass sie ihr Leben tatsächlich so führen können, wie sie es als wertvoll und lohnend ansehen. Dafür ist es notwendig, die entsprechenden Ressourcen zu haben und sie so einsetzen zu können, dass man einen Nutzen davon hat. Aus diesem Ansatz hat Martha Nussbaum eine praktisch orientierte Ethik abgeleitet. Sie beinhaltet eine Liste von zehn Grundfähigkeiten, die sie als zentral und notwendig für ein gelingendes Leben betrachtet. Zusammengefasst sind das die folgenden Punkte:

1. Die Fähigkeit zu leben.
2. Die Fähigkeit, gesund zu sein.
3. Die Fähigkeit, körperlich unversehrt zu sein.
4. Die Fähigkeit, sich auf Grundlage einer angemessenen Bildung Dinge vorzustellen und zu denken.
5. Die Fähigkeit zu fühlen – zu lieben, zu trauern, Ärger zu erleben.
6. Die Fähigkeit, sich das Gute vorzustellen und es kritisch zu reflektieren.

7. Die Fähigkeit, mit anderen zu leben und sich mitfühlend um sie zu kümmern, ebenso wie sich selbst zu respektieren und nicht von anderen gedemütigt zu werden.
8. Die Fähigkeit, Rücksicht auf Tiere, Pflanzen und die Umwelt zu nehmen.
9. Die Fähigkeit zu lachen, zu spielen und zu genießen.
10. Die Fähigkeit, die eigene Umgebung mitzugestalten, politisch wie materiell.[5]

Die Liste ist umfangreich und komplex, aber sie ist auch nah dran an unserem Alltag, an ganz unmittelbaren Erfahrungen. Der Kerngedanke hinter den zehn Punkten ist für Martha Nussbaum »der des Menschen als eines würdigen freien Wesens, das sein eigenes Leben in Zusammenarbeit und im Austausch mit anderen gestaltet, anstatt passiv von der Welt geformt oder umhergetrieben zu werden«.[6] Diese Überlegung zeigt auf, warum das Konzept das Plus sein kann, das dem Sinn fehlt.

Sinn Plus in der Umsetzung

Das Plus zum Sinn ist eine ethische Perspektive. Es ist die Bereitschaft, das, was ich als sinnvoll erfahre, auf seine Folgen hin abzuklopfen, für mich und für andere. Leicht umzusetzen ist das allerdings nicht. Denn wenn wir Menschen etwas als richtig oder falsch ansehen, reagieren wir häufig schnell und emotional. Bin ich für oder gegen Abtreibung? Für oder gegen Tempolimit? Für oder gegen die Schuldenbremse? Für oder gegen Fleischessen? Intuitiv haben wir eine Meinung. Die psychologische Forschung nennt das, was dabei im Gehirn passiert, »heiße« Prozesse. Ich überlege nicht erst oder rufe mir Argumente ins Bewusstsein, ich weiß direkt, welcher Ansicht ich bin. Ich bin mir sicher, vertrete sie mit Verve und lasse mich meist nicht durch Gegenbeweise davon abbringen.[7]

Sinnerfahrungen haben häufig etwas damit zu tun, mittendrin zu sein, engagiert und überzeugt. Gerade deshalb ist die zusätzliche Perspektive umso wichtiger. Der Blick auf die Welt und das Leben, der uns auf unserem Weg zum Sinn begleitet hat, beinhaltet nämlich genau das, was im Befähigungsansatz von Amartya Sen und Martha Nussbaum steckt: Schau hin. Geh nicht über Widersprüche hinweg. Weite den Blick und bedenke auch längerfristige Folgen. Lasse ich mich darauf ein, bin ich nicht mehr in den »heißen« Prozessen gefangen, sondern beginne, »kühler« nachzudenken. Mit Abstand, mit Zeit, mit Selbstkritik. Ich beginne, mich zu hinterfragen.

Hinterfragen – ein belgisches Forschungsteam wollte verstehen, wie dieser kognitive Prozess die Weltsicht von Menschen prägt.[8] Dafür haben sie die Teilnehmenden ihrer Studie gebeten, Aussagen wie diese zu bewerten: Die Fähigkeit, die eigenen Überzeugungen zu hinterfragen und neu zu bewerten, ist eine gute Eigenschaft. Oder diese: Meine Sicht auf die Welt wird sich sicherlich verändern. Die Forscher fanden heraus, dass diejenigen, die der Relevanz des Hinterfragens eher zustimmten, weniger autoritär und dogmatisch waren und eine hohe Ambiguitätstoleranz aufwiesen. Sie konnten also mit Unsicherheit umgehen, Widersprüche zur Kenntnis nehmen, ohne dadurch gestresst zu sein, und Mehrdeutigkeit aushalten. Die Wissenschaftler entdeckten außerdem, dass Menschen, die sich und ihr Leben hinterfragten, empathischer und altruistischer waren und eine größere Bereitschaft aufwiesen, abweichende Sichtweisen ernst zu nehmen. Zu ähnlichen Erkenntnissen kam ein italienisches Forschungsteam, das 2023 einen Aufsatz veröffentlichte zum Zusammenhang von existenziellem Hinterfragen und Vorurteilen.[9] Sie kamen zu dem Schluss: Wer sich und die Welt hinterfragt, identifiziert sich eher mit der gesamten Menschheit, vertritt universalistische Werte und ist weniger anfällig für Vorurteile gegenüber anderen Ländern, Ethnien oder Religionen.

Hinterfrage ich mich, bin ich aufmerksam und bewusst, zumindest dann, wenn es zählt. Hinterfrage ich mich, lerne ich zu verstehen, wie ich lebe und wie ich wirklich leben möchte. Ich norde meinen Kompass, habe eine Peilung. Ich verstehe, was Sinn für mich bedeuten kann und was nicht.

Sinn kann eine dunkle Seite haben. Doch wenn ich bereit bin, meinen Sinn zu hinterfragen, dann bringe ich, metaphorisch gesprochen, Licht in die Sache. Wenn das Hinterfragen zum Sinn gehört, wird der Sinn nicht fanatisch – also leidenschaftlich, aber rücksichtlos. Was Diktatoren, Rassisten, Frauenhasser und Verschwörungsgläubige gemein haben, ist, dass sie nicht offen sind für Zweifel, für Widersprüche und andere Sichtweisen. Sie propagieren eine Wahrheit, die für sie absolut ist. Sie ist unantastbar. Lasse ich mich hingegen darauf ein, meinen Sinn auf die Probe zu stellen, heißt das nicht, dass ich ihn mindere. Im Gegenteil. Ich prüfe ihn von allen Seiten. Dabei bilde ich eine ethische Haltung heraus. Und indem ich eine ethische Haltung herausarbeite, imprägniere ich meinen Sinn gegen seine dunklen Seiten. Die Liste von Martha Nussbaum kann dafür ein guter Leitfaden sein.

Das kühlere Denken ist aufwendiger als das heiße. Aber es ist die Basis für einen Lebenssinn, der realistisch ist und in der Welt verankert, nicht in einer Parallelwelt. Dabei passiert einiges. Ich lerne mich selbst besser kennen. Ich lege Illusionen ab. Ich sehe, dass es andere Sichtweisen als die meine gibt. Ich lerne, dass ich es aushalten kann, Zweifel zuzulassen. Und ich realisiere, dass mein Sinn nur dann ethisch tragbar ist, wenn er nicht auf Kosten anderer geht.

Wenn ich das verstanden und eingeübt habe – was fehlt dann noch? Dann fehlt der letzte Schritt. Der entscheidende Schritt: vom Denken zum Handeln. Denn erst im Handeln kann ich Sinn erfahren. Wir werden »gerecht, indem wir gerecht handeln, besonnen, indem wir besonnen, und tapfer, indem wir tapfer handeln«, schrieb Aristoteles.[10] Wie sich das umsetzen lässt? Das gilt es herauszufinden, auf der letzten Etappe dieser Reise. Wenn der Sinn in Action gerät und ich sinnerfüllt werde, indem ich sinnvoll handle.

13
Wie komme ich ins Handeln?
Über einen sinnvollen Neuanfang

Es ist nur wenige Monate her, da ging es Rufus Weibel blendend.[1] Er hatte eine Stelle an einer renommierten Universität bekommen, die erste echte seines Lebens, freute sich auf die Forschung, die Kolleginnen und Kollegen, die Aufgabe. Sein Leben war leicht, Studium mit 1,0 abgeschlossen, auf den Job beworben, den Job gekriegt. Es kann losgehen!

Jetzt steht Weibel vor dem Nichts. Er hat gerade sein Büro wortlos verlassen. Das war's mit dem Job, für immer, ist sein Gefühl. Aber geht das überhaupt? Er hat doch diese Stelle, einen Vertrag, eine Verpflichtung. Weibels Ohren pfeifen, in den vergangenen Tagen hatte er mehrere Schwächeanfälle. Gemeinsam mit seiner Freundin, die ihn an diesem Tag zu seiner Arbeit begleitet hat, geht er zu seiner Hausärztin. Er wird krankgeschrieben, »akutes Belastungssyndrom«.

In seinem Leben war bislang alles ziemlich glatt gelaufen. Solch einen Crash hatte er nicht kommen sehen. Der Druck der Arbeit, der war in ihm gewachsen und gewachsen. Weibel hatte das Gefühl, nicht mehr atmen zu können, nie genug schaffen zu können. Mit seiner Chefin kam er nicht klar. Einen Weg zurück gab es nicht. Doch was sollte er nun tun? Wie sollte er weitermachen? Ein Neuanfang – ist der möglich?

Wir haben unsere Reise zum Sinn mit Rufus Weibel begonnen und kehren nun, kurz vor dem Schluss, zu ihm zurück. Weibel ist an einem Punkt angekommen, an dem er spürt, dass es nicht so weitergeht wie bisher. Sein Rhythmus ist unterbrochen, sein Alltag unerträglich, seine Träume sind zersplittert. Ihm geht es schlecht, psychisch und körperlich. Und doch weiß er: Er kann sich jetzt nicht wegducken, sonst geht er unter. Er muss etwas tun, er muss handeln.

Damit hat er etwas gemein mit all den Menschen, die uns auf dieser Reise begleitet haben. Sie alle waren an diesem Punkt. Die Schauspielerin Sibel Kekilli brach aus, weil sie es in der Enge ihrer Familie nicht ertrug. Maximilian Karl sah für sich keinen anderen Weg, als mit seinem Sohn auf eine lange Reise loszuziehen, um Raum zum Trauern zu haben nach dem plötzlichen Tod seiner Frau. Der Hamburger Kneipenwirt Daniel Schmidt kam erst zur inneren Ruhe, als er den Glauben für sich entdeckte. Der Popsänger Axel Bosse hörte mit dem Rauchen auf, nachdem er sich geschworen hatte, das jetzt endlich zu schaffen. Florian Greller ließ zwanzig Jahre in der Versicherungsbranche hinter sich, weil Hebamme der Beruf war, für den er brannte. Susann Bewosch teilte ihr Jahr auf in eine Zeit in Hamburg und eine in den Alpen, um mit dem Skilanglauf auszuleben, was sie liebt. Helena Steinhaus entschied sich, Menschen zu helfen, deren Bürgergeld sanktioniert wird, weil sie sich nicht vom Leid anderer abschotten kann und will. Véronique Elling durchlitt das Schlimmste, das einer Mutter passieren kann – den Tod ihres Kindes – und zerbrach doch nicht, weil sie Halt in ihrer Familie fand, in der Musik und in sich. Reiner Calmund ließ seinen Magen verkleinern und nahm neunzig Kilo ab, weil er so lange wie möglich bei seiner Frau und seiner Tochter sein will.

So unterschiedlich sie sind, so verschieden ihre Hintergründe, ihre Lebensumstände und Weltanschauungen – sie eint diese Erfahrung: Das Leben ist brüchig, es verändert sich, ob gewollt oder ungewollt, es verlangt nach einer anderen Perspektive, nach einem neuen Sinn.

Rahmenbedingungen

Sinn kann sich anschleichen. Sinn kann sich andeuten. Sinn kann brachial reinbrechen. Sinn lässt sich herausfordern. In jedem Leben ist der Sinn auf eine ganz eigene Art präsent – und sei es dadurch, dass er nicht erwünscht ist oder nicht vermisst wird. Deshalb gibt es auch kein universelles Rezept dafür, wie das geht, sinnvoll ins Handeln zu kommen. Es gibt aber bestimmte Rahmenbedingungen, die für uns alle gelten und innerhalb derer wir uns bereit machen können, der Gewohnheit zu trotzen. Und es gibt konkrete Schritte, die die psychologische Forschung erarbeitet hat. Sie können mich dabei unterstützen, einen Weg in meiner ganz persönlichen Lebenslage zu bahnen.

Der Gewohnheit trotzen

Ich weiß, in welcher Lage ich bin. Jetzt mache ich mir klar, was ich will: Weitermachen wie bisher, vielleicht nur etwas bewusster? Mein Leben an einigen, für mich entscheidenden Stellen ändern? Oder es radikal umwälzen?

Egal, was ich tun möchte, eine Voraussetzung ist unabdingbar: Ich muss mein Vorhaben wirklich umsetzen wollen.

Im Englischen heißt der passende Begriff dafür *»commitment«*, er trägt in sich, sich ganz einzulassen. Das scheint ein besseres Wort als die deutsche Übersetzung »Verpflichtung«, bei der viel Gehorsam mitschwingt. In jedem Fall geht es darum, sich dem, was man vorhat, zu widmen. Denn selbst wenn es stimmt, dass jedem Anfang ein Zauber innewohnt, wie der Schriftsteller Hermann Hesse in seinem Gedicht »Stufen« schrieb, stimmt auch, was das Sprichwort sagt: Aller Anfang ist schwer.

Wir Menschen sind Gewohnheitstiere. Darüber haben wir auf der Wegstrecke zu guten Entscheidungen nachgedacht. Evolutionär begründet belassen wir lieber alles beim Alten.[2] Wir sind da, wo wir sind, wir leben, also müssen wir doch etwas richtig gemacht haben. Diese Einstellung ist tief in uns verankert. Eine Vielzahl psychologischer Studien hat gezeigt, dass wir uns an Dinge und Situationen gewöhnen und sie – nur aufgrund dessen, dass sie da sind – mit der Zeit immer mehr schätzen. Das gilt auch für Menschen. Je häufiger wir mit ihnen zu tun haben, desto mehr mögen wir sie. Natürlich ist das ein statistischer Wert, es gibt auch Gegenbeispiele. Aber bei der großen Mehrheit der Menschen zeigt sich immer wieder, dass wir dazu neigen, Strukturen zu bewahren. In diesem Sinne sind wir intuitiv konservativ veranlagt. Es ist eben leichter, so weiterzumachen wie bisher. Deshalb sorgen wir uns auch eher darum, etwas verlieren zu können, als dass wir darauf hinarbeiten, etwas Neues zu gewinnen. Wir wollen vermeiden, etwas bereuen zu müssen. Da fangen wir doch lieber gar nicht erst an!

Sich mit der Zukunft vertraut machen

Es ist nicht leicht, aus diesem Muster auszubrechen. Was dabei hilft, ist, sich das, was man vorhat, möglichst lebendig vorzustellen. Welche Wirkung das haben kann, hat eine Serie von Studien eines Forschungsteams aus Arkansas gezeigt.[3] Sie fand vor der US-Wahl 2008 statt, als noch nicht entschieden war, wer für die Demokratische Partei kandidieren würde. Die Studierenden, die am Experiment teilnahmen, erhielten eine fingierte Prognose, nach der Hillary Clinton und Barack Obama gleichauf lägen. Dann wurden sie per Zufall in zwei Gruppen eingeteilt. Die eine Gruppe sollte sich lebhaft ausmalen, wie es wäre, wenn Obama gegen Clinton gewinnen und die Kandidatur beim Parteitag bewegt annehmen würde. Die andere Gruppe sollte sich vorstellen, dass Clinton gewinnen würde. Im Anschluss wurden alle befragt, für wie wahrscheinlich sie das von ihnen imaginierte Szenario hielten und wie sehr sie es unterstützten. Das Ergebnis: Wer sich Clinton als Kandidatin vorgestellt hatte, glaubte, dass ihr Sieg wahrscheinlicher sei. Die Studierenden in dieser Gruppe fanden außerdem, dass es gut und richtig sei, wenn sie zur Kandidatin gekürt würde. Das Ergebnis war spiegelbildlich für diejenigen, die sich einen Sieg Obamas vorgestellt hatten.

Wie würde ich mich fühlen? Was würde ich machen? Wo und wie würde ich leben? Je klarer mein Bild von meiner Zukunft ist, desto eher gehe ich davon aus, dass es so kommen kann, ja, sogar so kommen wird. Auf diese Art kann ich Entscheidungen beeinflussen und mich zum Handeln motivieren. Denn so mache ich mich vertraut mit der Vorstellung eines sinnvollen Lebens.

Was genau das bedeutet, darüber lässt sich viel lernen in einem kleinen Büchlein, das 1943 erschien und seitdem ein Weltbestseller ist: Antoine de Saint-Exupérys *Der kleine Prinz*. Der kleine Prinz ist in dieser märchenhaften Erzählung auf einer großen Reise. Er stammt von einem fernen, sehr kleinen Asteroiden, mit einer Rose und drei Vulkanen drauf. Er hat auf vielen Planeten Halt gemacht, bevor er auf der Erde landet. Dort entdeckt er eine Straße, die ihn zu einem Garten mit 5000 Rosen führt. Die schiere Zahl macht ihn traurig: »Ich dachte, ich wäre reich mit einer einzigen Blume, doch ich habe nur eine gewöhnliche Rose«, lässt Saint-Exupéry ihn sagen. »Sie und meine drei Vulkane, die mir kaum bis zu meinem Knie reichen, von denen einer vielleicht für immer erloschen ist, das macht aus mir keinen großen Fürsten …« Der kleine Prinz beginnt zu weinen. Dann begegnet er einem Fuchs. Zwischen beiden entspinnt sich ein Dialog, der nicht nur anrührend und klug ist, sondern uns eine Perspektive für einen guten Neuanfang schenkt:

> »Guten Tag«, sagte der Fuchs.
> »Guten Tag«, antwortete der kleine Prinz höflich, obwohl er niemanden sah, als er sich umdrehte.
> »Ich bin hier«, sagte die Stimme, »unter einem Apfelbaum …«
> »Wer bist du?«, fragte der kleine Prinz. »Du bist sehr hübsch …«
> »Ich bin ein Fuchs«, sagte der Fuchs.
> »Komm und spiel mit mir«, schlug der kleine Prinz ihm vor. »Ich bin so traurig …«
> »Ich kann nicht mit dir spielen«, sagte der Fuchs. »Ich bin nicht gezähmt.«

»Oh! Entschuldige«, sagte der kleine Prinz.

Aber nachdem er nachgedacht hatte, fügte er hinzu: »Was bedeutet ›zähmen‹?«

»Du bist nicht von hier«, sagte der Fuchs, »was suchst du?«

»Ich suche die Menschen«, antwortete der kleine Prinz. »Was bedeutet ›zähmen‹?«

»Die Menschen«, sagte der Fuchs, »haben Gewehre und sie jagen. Das ist sehr unangenehm! Und sie halten Hühner. Das ist das Einzige, was sie interessiert. Suchst du Hühner?«

»Nein«, sagte der kleine Prinz. »Ich suche Freunde. Was bedeutet ›zähmen‹?«

»Das ist leider in Vergessenheit geraten«, sagte der Fuchs. »Es bedeutet ›sich vertraut machen‹.«

»Sich vertraut machen?«

»Ja«, sagte der Fuchs. »Für mich bist du bisher nur ein kleiner Junge wie hunderttausend andere kleine Jungen. Ich brauche dich nicht. Und du brauchst mich auch nicht. Ich bin für dich nur ein Fuchs wie hunderttausend andere Füchse. Aber wenn du mich zähmst, werden wir einander brauchen. Du wirst für mich einzigartig auf der Welt sein. Und ich werde für dich einzigartig auf der Welt sein …«[4]

Was der Fuchs über Menschen und Tiere und Pflanzen sagt, gilt auch für Ideen. Das haben wir im Kleinen bei dem Experiment zur Präsidentschaftskandidatur in den USA gesehen. Wenn ich mir etwas vertraut mache, es mir also genau vorstelle, hineintauche, durchdenke, eigne ich es mir an. Deshalb lohnt es sich zu fragen: Was möchte ich erreichen?

Wie soll mein Leben konkret aussehen? Wie soll es sich anfühlen? Ich kann es mir im Kopf ausmalen oder auch aufschreiben. Dabei ist es hilfreich, eventuelle Probleme gleich mitzudenken. Was kann mir im Weg stehen, wo könnte es schiefgehen? Kann ich potenzielle Hindernisse vermeiden? Wenn nicht, wie lassen sie sich überwinden?

Eins nach dem anderen

Wichtig ist, dass auch ein so großes Wort wie »Neuanfang« nicht bedeutet, alles auf einmal machen zu müssen. Selbst lebensverändernde Entscheidungen entstehen aus kleinen Schritten. Am wohlsten fühlen wir Menschen uns, wenn wir das Neue an uns Bekanntes, bereits Vertrautes anknüpfen können, und uns so nach und nach voran wagen. Nicht ohne Grund folgt dieser Erkenntnis auch die Produktentwicklung: Produkte verändern sich selten radikal, sie kommen stattdessen in verschiedenen Varianten auf den Markt. Wir legen uns lieber ein »Update« zu als etwas ganz Neues. Und auch kulturell funktionieren Sequels, Fortsetzungen und Serien in Film und Buch sehr gut.

Mache ich mich auf den Weg, etwas zu verändern, lasse ich mich auf etwas Ungewisses ein. Ich setze mich aus. Im Gegensatz zu denen, die nicht auf dem Weg sind, kann ich als Reisende und Reisender stolpern. Ich kann mich verlaufen, auch mal im Kreis gehen. Eventuell geht mir manchmal die Puste aus. In all diesen Situationen darf ich Mitgefühl mit mir selbst haben. Das gelingt gerade denjenigen in unserer Gesellschaft nicht so gut, die von sich erwarten, Leistung abzuliefern. Das haben Studien zum sogenannten Selbstmitgefühl gezeigt.[5] Viele Menschen sind streng mit sich, kritisch, oft auch harsch und gemein. Frauen offenbar noch etwas mehr als Männer.[6] Die Psychologin Kristin Neff, die viel zu diesem Phänomen geforscht hat, schlägt vor, wie es gelingen kann, gut zu sich zu sein: Ich darf so wohlwollend und verständnisvoll mit mir selbst sein, wie ich es auch mit engen Freunden bin. Dazu kann ich in einen Dialog mit mir selbst gehen. Tief durchatmen und mir erlauben, gelassen zu sein. Und ich darf mich daran erinnern, dass es menschlich ist, Höhen und Tiefen zu erfahren.[7]

Gemeinsam losziehen

Es spricht nichts dagegen, allein loszugehen. Aber es spricht einiges dafür, Veränderungen mit anderen anzugehen. Wenn mehrere ein gemeinsames oder auch ein ähnliches Ziel verfolgen, motivieren sie sich gegenseitig. Manchmal ist der eine stärker und zieht die anderen mit, manchmal die andere. Man hält sich auf dem Laufenden – und am Laufen. Gemeinsam erleben wir Menschen auch weniger Stress. Eine Vielzahl von Untersuchungen hat gezeigt, dass es wie ein »sozialer Puffer« wirkt, wenn wir mit anderen zusammen sind, die wir mögen. Der soziale Puffer federt unsere Stressreaktion ab. In schwierigen, herausfordernden oder neuen Situationen reagieren viele von uns gelassener, wenn wir nicht allein sind. Wir sind offener und weniger angespannt.[8]

Wenn ich niemanden finde, der den gleichen Weg gehen will, oder wenn ich lieber für mich losziehe, kann es dennoch nützlich sein, andere einzubinden. Denn schon, wenn ich einem anderen Menschen von meinem Vorhaben erzähle, bin ich weniger allein unterwegs. Die andere Person kann mich gedanklich unterstützen und bereits dadurch motivieren, dass sie Bescheid weiß. Es ist nun mal so, dass wir Menschen unsere Pläne leichter aufgeben, wenn niemand sonst von ihnen weiß. Und wir bleiben vor allem dann eher dabei, wenn wir sie mit Menschen teilen, deren Meinung wir besonders respektieren.[9]

Wir sind nämlich gut darin, uns selbst auszutricksen und Gründe zu finden, warum wir unsere Vorhaben doch nicht verfolgen. Der Psychologe Albert Bandura hat die Mechanismen untersucht, anhand derer wir uns gern von unseren Standards abkoppeln, wenn es konkret wird.[10] Wir vergleichen uns mit anderen und relativieren damit unser Nicht-Handeln: Die Nachbarin wollte doch auch mal was Neues machen, aber die hat es nicht einmal probiert, im Gegensatz zu mir! Wir spielen die Konsequenzen unserer Tat herunter: Ob ich jetzt irgendetwas verändere oder nicht, ist im Großen und Ganzen doch egal. Wir streuen die Verantwortung: Warum sollte ich etwas anders machen, wenn um mich herum alle so weitermachen wie bisher? Wir geben anderen die Schuld dafür, wenn wir nicht weiterkommen: Meine Familie besteht halt darauf, dass ich genauso weitermache wie immer, da kann ich nichts gegen machen.

Natürlich sind diese Ausreden plausibel, deshalb funktionieren sie so gut. Und gerade der letzte der genannten Punkte von Bandura spricht etwas Wichtiges an. Mache ich mich auf den Weg, dann breche ich aus einer Umgebung auf, die mich kennt. Verändere ich mich, werde ich von den Menschen um mich herum erst einmal weiter so gesehen und behandelt, als sei ich noch dieselbe Person. Denn meist bekommen sie nicht so viel davon mit, was in mir drin geschieht. Deshalb kann mich mein Umfeld immer wieder bremsen. Es ist also gut für mich und mein Vorhaben, meine engsten Mitmenschen mit einzubeziehen. Oder besser noch: sie für verschiedene Schritte zu rekrutieren. Mit meinem Partner oder meiner Partnerin beispielsweise spreche ich ab, was ich plane, und versuche so, eine freudige Erwartung zu schaffen. Mit einem Freund oder einer Freundin melde ich mich gemeinsam für einen Kurs an, beginne ein Ehrenamt, plane eine Reise. Mit meiner Schwester, meinem Bruder, meinen Eltern tauche ich in die Vergangenheit ein, schaue mir Fotos an, hole die Erinnerungskiste hervor, um das Band zu stärken, wenn es jetzt in eine neue Richtung geht. Meinem Kind sichere ich zu: Auch wenn sich etwas verändert, unsere Nähe verändert sich nicht.

Konkrete Schritte

Weiß ich, wohin ich will, kann ich die grundlegenden Ratschläge mit ins Reisegepäck nehmen, die wir bislang auf dieser Schlussetappe herausgearbeitet haben: Ich lasse mich auf die Veränderung ein. Ich mache mich mit meiner Zukunft vertraut. Ich gehe einen Schritt nach dem anderen. Ich bin gnädig mit mir selbst. Ich hole mir Unterstützung. Weiß ich jedoch nur, *dass* ich etwas ändern will, aber nicht *was*, setze ich an einem anderen Punkt an.

Habe ich das Empfinden, dass etwas in meinem Leben nicht stimmt, nicht stimmig ist oder fehlt, kann ich häufig gar nicht direkt benennen, was genau das Problem ist. Das

Gefühl ist diffus, aber es geht nicht weg. Um dem auf die Spur zu kommen, kann ich versuchen, die Erkenntnisse dieser Reise zum Sinn systematisch für mich und mein Leben abzuklopfen.

Sinnquellen

Ich kann zurückgehen zu den 26 Sinnquellen und überlegen, welche mir wichtig sind. Allein mit mir, im Gespräch mit anderen Menschen oder auch begleitet durch *Sinnmacher,* eine von Tatjana Schnell und ihrem Team entwickelte digitale Plattform, auf der jede und jeder den eigenen Sinn erkunden kann.[11] Ich entscheide mich bewusst, welchen der Sinnquellen ich mehr Raum geben möchte im Leben. Manchmal sind erste Schritte schnell umzusetzen. Wenn ich in der Reflexion erkenne, dass es für mich einen hohen Wert hat, mich mit der Natur verbunden zu fühlen, ich aber den ganzen Tag vor dem Computer sitze und viel zu selten dazu komme rauszugehen, kann ich mich fragen: Wäre es möglich, mir jeden zweiten Tag eine Stunde im Kalender zu blocken, in der ich einen Spaziergang mache oder eine Runde Fahrrad fahre? Am besten verabrede ich mich dazu mit jemandem, denn gemeinsam geht es besser.

Wenn ich merke, dass mir die Sinnquelle Selbsterkenntnis wichtig ist, sie aber in meinem Leben viel zu kurz kommt, lässt es sich ebenfalls niedrigschwellig angehen. Ich suche nach Romanen, Gedichten, Sachbüchern und Geschichten, die Menschen in meiner Lebenssituation viel bedeuten, und nehme mir jeden Abend etwas Zeit zum Lesen. Oder ich überrasche Freunde oder Bekannte mit der Frage, was *ihr* Leben sinnvoll macht. Allein dieses Thema anzusprechen, führt häufig dazu, etwas Wertvolles zu erfahren – über meine Freunde und über mich selbst.[12] So kann ich mich vortasten und spüren, ob es das ist, was ich vermisst habe.

Die vier Sinnelemente

Will ich mein Sinnerleben besser verstehen, kann ich mir die vier Elemente vornehmen, die im Zusammenspiel den Sinn erfahrbar machen. Auf welche Weise sind sie in meinem Leben verankert?

Was gibt mir *Orientierung*? Habe ich eine Art inneren Kompass? Einen Glauben zum Beispiel oder eine humanistische Überzeugung? Welche Werte vertrete ich? Von wem habe ich sie? Sind es wirklich meine Werte oder habe ich sie unbewusst übernommen? Will ich sie verändern? Oder bewusster für sie eintreten?

Erfahre ich, dass mein Leben eine *Bedeutung* hat? Fühle ich mich gesehen? Ist es anderen wichtig, dass ich da bin? Habe ich das Gefühl, mich einbringen zu können? Kann ich durch mein Handeln etwas bewirken?

Fühle ich mich *zugehörig*? Habe ich einen Platz auf dieser Welt, ein Zuhause? Wer oder was verschafft mir dieses Empfinden, wo kann ich andocken? Sind es Menschen mit ähnlichen Überzeugungen? Oder Gruppen, mit denen ich ein Anliegen teile? Die Kollegen? Ein Verein? Vielleicht aber auch die Natur an sich, die Welt der Tiere und Pflanzen?

Wie *kohärent* ist mein Leben? Fühlt es sich stimmig an? Sind meine kleinen und großen Ziele miteinander vereinbar oder empfinde ich mich im Alltag zerrissen zwischen verschiedenen Anforderungen? Darf ich so sein, wie ich bin? Muss ich mich verbiegen?

Entdecke ich Spuren dieser vier Elemente in meinem Leben und werde mir bewusst, dass sie da sind, dann kann ich sie stärken. Dort, wo ich merke, dass etwas fehlt, kann ich konkret werden: meine Sinnquellen erkunden, um Klarheit zu gewinnen und Entscheidungen zu erleichtern. Mich engagieren, anpacken und mich dabei als bedeutsam erfahren. Mich auf Beziehung einlassen und dadurch als verbunden und zugehörig erleben. Widersprüche in meinem Handeln aufdecken und auflösen, um die Kohärenz zu stärken.

Das hierarchische Sinnmodell

Die Kohärenz lässt sich gut am hierarchischen Sinnmodell von Tatjana Schnell aufzeigen, das wir bereits kennengelernt haben. Ich kann es mir aufmalen und von oben nach unten ausfüllen: Bin ich sinnerfüllt, in der Krise oder ist mir die Sinnfrage egal? Kenne ich meine Sinnquellen? Welche konkreten Ziele ergeben sich aus ihnen, langfristig und kurzfristig? Und welche Handlungen ergeben sich aus den kurzfristigen Zielen? Ist beispielsweise Gesundheit eine wichtige Sinnquelle für mich, dann will ich langfristig in guter körperlicher Verfassung sein, ich möchte beweglich sein und eine ordentliche Ausdauer haben. Konkret kann ich versuchen, meine Mahlzeiten bewusster zu planen, mehr Gemüse, weniger Fett und Süßes, Fastfood nur ausnahmsweise. Je mehr ich mich mit gesunder Ernährung vertraut mache, desto positiver nehme ich sie wahr. Dann kann es sein, dass das Biogemüse zur Freude wird und der Hamburger aus dem Schnellrestaurant gar nicht mehr so gut schmeckt.

Das Sinnmodell lässt sich auch von unten nach oben lesen, ausgehend von den Handlungen: Was tue ich in einer typischen Woche? Welche Konsequenzen hat das, was ich tue? Trägt es dazu bei, Ziele zu erreichen, die ich mir gesetzt habe? Passen die Ziele, die ich verfolge, zu meinen Sinnquellen?

Geduld und Vertrauen

Der Weg sieht bei jedem Menschen anders aus. Auch das Tempo ist individuell. Ich kann zunächst bewusst ins Nachdenken gehen. Wie wir bei der Etappe über die Sinnkrise erfahren haben, ist schon das etwas Aktives. Nicht meine Sorgen beherrschen mich, sondern ich bin es, der sich zum Grübeln entscheidet. Vom Grübeln komme ich ins Klären, zum Beispiel indem ich jeden Abend einige Gedanken notiere. Oder indem ich das Gespräch suche mit Menschen, denen ich vertraue.

Veränderung beginnt häufig unbemerkt. Erst im Rückblick werde ich mir des Anfangs bewusst. Es ist ein leiser Prozess, ich sehe die Welt aus einer anderen Perspektive, ich probiere etwas aus, ich sehe neue Möglichkeiten. Ich erlebe aber auch Herausforderungen, derer ich mir zuvor nicht bewusst war. Ich nehme Dinge wahr, die ich bisher ausgeblendet habe. Denn wie wir gelernt haben,[13] ist eine sinnvolle Perspektive auf die Welt eine andere als eine, die sich dem Glück verschrieben hat. Das Glück ist eine Sache des Moments, während es beim Sinn darum geht, Vergangenheit, Gegenwart und Zukunft miteinander zu verbinden. Beschäftige ich mich ernsthaft mit Dingen, die über mich selbst und mein Vergnügen hinausgehen, dann entsteht Sinn. Allerdings geschieht das öfters auch auf Kosten des Glückserlebens, zumindest im jeweiligen Moment. Denn in dem sind wir involviert, beteiligt, verantwortlich, manchmal auch besorgt – dann ist es etwas anderes als ein Glücksmoment, der per Definition sorglos, leicht und fröhlich ist.

Und doch sind sinnerfüllte Menschen prinzipiell glücklicher als solche ohne Sinn. Es ist ein Glück, das entsteht, wenn ich realisiere: Ich habe mich zu etwas entschieden, freiwillig. Ich bin es angegangen, habe es umgesetzt und etwas gelernt aus dieser Erfahrung. Dadurch erlebe ich mich als tiefer verbunden – mit der Welt oder mit bestimmten Menschen. Diese Erfahrungen erfüllen die drei psychologischen Grundbedürfnisse Autonomie, Kompetenz und soziale Einbindung. Sie klingen nicht so sexy wie Spaß, Sorglosigkeit und Unbeschwertheit, aber sie versprechen eine tiefere Zufriedenheit.

Generativität

Fällt es mir immer noch schwer, mir einen ersten Schritt zu einem sinnvolleren Leben vorzustellen, kann ich mir die Erkenntnisse der psychologischen Forschung zunutze machen und schauen: Was hilft anderen?

Eindrückliche Ergebnisse haben Studien zu einer archaischen Form des Unterwegsseins geliefert – dem Pilgern. Pilgern ist ein altes Ritual, das in allen großen Religionen seit Jahrhunderten verbreitet ist. Im säkularen Westen hat es nicht an Beliebtheit verloren, im Gegenteil. In den Jahren seit der Corona-Pandemie wanderte allein jeweils fast eine halbe Million Menschen den bekanntesten Pilgerweg Europas, den Jakobsweg nach Santiago de Compostela, über viele Wochen und Hunderte von Kilometern.[14] Bei Weitem nicht alle tun das aus religiösen Motiven. Gemeinsam mit Sarah Pali veröffentlichte Tatjana Schnell 2013 eine Studie mit 85 Pilgerinnen und Pilgern im Alter zwischen sechzehn und siebzig Jahren.[15] Im Fragebogen, den die Studienteilnehmenden vor ihrer Abreise beantworteten, gab die große Mehrheit, nämlich 66 Prozent, an, ihre Motivation für diese Reise sei es, Klarheit zu gewinnen. Für 44 Prozent waren athletische Motive wichtig, während nur rund ein Drittel spirituelle oder religiöse Motive nannte. Bei einer Befragung von Pilgernden auf dem norwegischen St. Olavsweg waren diese vier Motive die meist erwähnten: »Ruhe und Frieden«, »Erholung in einer ursprünglichen Umgebung«, »Kennenlernen fremder Orte und Landschaften« und »im Hier und Jetzt sein«.[16]

Die Menschen brechen auf mit einer Sehnsucht im Herzen. Oft auch mit Sorgen und Nöten. Viele sind in einer Sinnkrise, wollen etwas Altes abstreifen, etwas klären und sich neu finden auf dem Weg. Das scheint ihnen zu gelingen – das jedenfalls zeigt die Studie von Schnell und Pali mit Pilgern auf dem Jakobsweg. Die Forscherinnen befragten die 85 Studienteilnehmenden nochmals nach ihrer Rückkehr, einmal unmittelbar danach, einmal vier Monate später. Bei allen, die zuvor in einer Sinnkrise gewesen waren, war davon nichts mehr zu sehen. Stattdessen teilten sie mit, deutlich sinnerfüllter zu sein, direkt nach der Wanderung, aber auch noch zum späteren Zeitpunkt.

Die slowenische Forscherin Snežana Brumec befragte in einer 2022 veröffentlichten Studie eine viel größere Zahl von Pilgernden auf dem Jakobsweg, 630 Personen, allerdings nur einmal. Sie sollten sich zurückerinnern und einschätzen, ob sie sich nach dem Pilgern verändert hatten. Ihrer eigenen Einschätzung nach hatten sie das. Sie meinten, sie würden nun offener für Sinn sein, ihr Leben stärker wertschätzen, spiritueller sein, sich selbst mehr akzeptieren und sich mehr um andere sorgen. An »weltlichen« Erfolgen hingegen – so die Formulierung der Autorin – waren sie weniger interessiert als zuvor. Die Wirkung der Pilgerreise war ihrer Einschätzung nach enorm und sogar zu vergleichen mit Effekten von mystischen Erlebnissen oder Nahtoderfahrungen.[17]

Ist Pilgern nichts für mich, bieten die Ergebnisse der empirischen Sinnforschung weitere konkrete Vorschläge. So kann ich mich dem stärksten Sinnstifter zuwenden, der Generativität. Denn auch wenn das in unserer individualistisch geprägten Gesellschaft paradox klingen mag, zeigen Studien immer wieder: Geht es uns schlecht, dann tut es gut, uns nicht nur um uns selbst zu sorgen, sondern auch um andere. Es tut uns gut, über uns selbst hinauszuschauen und uns zu fragen, was wir für andere, für das größere Ganze tun können. Was wird gebraucht, und was kann ich beitragen? Wo findet zusammen, was ich gut kann und was benötigt wird?

Auch hier kann ich mit kleinen Schritten beginnen. Einen Kuchen backen für Kolleginnen und Kollegen. Jemandem ein Paar selbst gestrickte Socken schenken, der oft im Kalten ist. Mit einer Person, die Deutsch lernen will, einen Tee trinken und reden. Beim Spazierengehen eine Tüte mitnehmen und Müll aufsammeln. Jemandem einen Brief schreiben, der in meinem Leben wichtig war und ihm das sagen. Zu Vereinen, Institutionen oder Gemeinden gehen und fragen, wo sie Hilfe brauchen.

Welche Wucht in dieser Form des Sich-Kümmerns liegt, haben wir in der Studie gesehen, in der Bewohnerinnen und

Bewohner eines Altenheims eine Pflanze geschenkt bekamen. Die einen wurden gebeten, sich um sie zu kümmern. Den anderen wurde gesagt, das Personal sei für sie verantwortlich. Diejenigen, die selbst die Verantwortung übernahmen, blühten auf.

Hier ist ein weiteres einprägsames Beispiel aus der Forschung: Ein Team von Psychologinnen und Psychologen aus Hongkong wollte das Leben von Jugendlichen verbessern, die sich – ähnlich den Hikikomori in Japan – extrem aus der Gesellschaft zurückgezogen hatten. Sie baten die jungen Menschen, sich jeweils um einen Hund im Tierheim zu kümmern. Die Hunde hatten einiges hinter sich, sie waren misshandelt worden, vernachlässigt und traumatisiert. Der Beginn war für beide Seiten hart. Die jungen Menschen waren ähnlich scheu wie die Tiere und wussten wenig mit den aggressiven und verstörten Hunden anzufangen. Aber mit der Zeit änderte sich das Verhältnis. Die Jugendlichen machten sich die Hunde vertraut. Sie spürten, dass sie den Tieren wichtig waren. Sie erlebten, dass sie einen Unterschied machten. Auch sie blühten auf. Sie brachen aus ihrer Isolation aus, entwickelten Ideen für ihre Zukunft und setzen sie um. Einige begannen danach, mit Tieren zu arbeiten.[18]

Der Schritt war riesig für die jungen Menschen. Sie hatten völlig zurückgezogen gelebt, doch die Sorge um die Hunde brachte sie wieder ins Leben. Sie hatten eine Aufgabe, die ihnen das Gefühl gab, nicht egal zu sein, dazuzugehören. Aus dieser Erfahrung wuchs ihre Motivation, in diesem oder in anderen Bereichen weiterzumachen. Es hilft, sich diese Reihenfolge vor Augen zu führen: Die jungen Menschen haben sich nicht ins Tierheim aufgemacht, um Sinn zu finden oder etwas, das sie glücklich macht. Sie haben sich auf etwas eingelassen – in ihrem Fall: notgedrungen. Der Sinn kam nach und nach. Dieser Unterschied ist essenziell.

Offen für das Unverfügbare

Sinn lässt sich nicht produzieren. Wenn ich Socken stricke oder Deutsch lehre oder Müll aufsammle, um Sinn zu finden, stehen die Chancen schlecht, dass es klappt. Geht es mir allerdings um die Sache, dann kann er irgendwann da sein, der Sinn. Dann merke ich, dass ich morgens lieber aufstehe, dass ich mich auf das Leben freue, dass mich Schwierigkeiten nicht mehr lähmen, sondern herausfordern.

Sinn lässt sich nicht machen. Aber er beruht darauf, dass ich etwas mache. Nicht mit der Erwartung: Ich habe etwas angeblich Sinnvolles getan, jetzt soll es mir bitte guttun. Sondern mit einer Haltung, die fragt, was nötig ist: Wo kann ich mit dem, was ich bin und kann, einen Unterschied machen? Ich lasse mich selbst beiseite – und lasse mich ganz ein.

Was aber, wenn ich viele dieser Ratschläge beherzige und der Sinn auf sich warten lässt? Wenn ich vieles versuche, aber zurückgestoßen werde und meinen Platz nicht finde? Dann erlebe ich, was es bedeutet, dass sich Sinn nicht herstellen lässt. Dass er nicht verfügbar ist. So schwer mir das fallen mag, es lohnt sich, weiter geduldig zu sein in dem Wissen, dass es manchmal dauert. Und dass es Früchte trägt dranzubleiben, fragend, offen, bereit.

So wie es Rufus Weibel getan hat, der von seinem Bürostuhl aufstand und einfach ging. Er hatte große Hoffnungen in diesen Job gehabt. Der Beginn seiner wissenschaftlichen Karriere sollte er sein. Alle Voraussetzungen stimmten. Aber die Wirklichkeit, sie stimmte nicht überein mit dem, was er sich vorgestellt hatte. Nun sitzt er zu Hause, krankgeschrieben, und weiß, dass er seiner Familie und seinen Freunden wird erklären müssen, dass er vor eine Wand gefahren ist, seinen Job weggeschmissen hat, seine Perspektive. So formuliert er es selbst. Aber erst einmal tut er etwas, das eine Last von ihm nimmt: Er gibt Verantwortung ab, schiebt seiner Freundin seinen Computer rüber, sie soll in die Mails schauen, darum bittet er sie. Ob seine Chefin ihm je geschrieben hat? Darüber haben die beiden nie gesprochen.

»Ich atmete zum ersten Mal seit Monaten durch«, sagt Weibel. In den nächsten Tagen geht es ihm langsam besser. Er erfährt, dass seine Probezeit zwei Wochen später ausläuft. In der Zeit bleibt er krankgeschrieben zu Hause und kündigt. Er muss wirklich nicht mehr zurück ins Büro, was für eine Erleichterung für ihn. Dann tastet er sich vor, Schritt für Schritt in ein neues Leben. Er löscht seine Accounts in den sozialen Medien, räumt seine Wohnung auf, wirft viel weg. »Mein Gefühl war: Wenn ich schon so einen krassen Schritt mache, dann kann ich auch andere Dinge auf den Prüfstand stellen«, sagt er.

Nach einigen Wochen beginnt er, nach offenen Stellen zu suchen. Er bewirbt sich und wird nicht genommen. Wieder und wieder nicht. »Einen Uni-Abgänger ohne Praxiserfahrung wollten viele nicht.« Doch dann, nach vielen vergeblichen Versuchen, wird er nach einem Vorstellungsgespräch angerufen: Die Stelle bekomme er nicht, aber ob er nicht etwas anderes machen wolle in dem Bereich? Will er. So kann Rufus Weibel in der Stadt bleiben, das ist ihm wichtig. Denn er habe nicht flüchten wollen, sagt er. Sein neues Leben nimmt langsam Form an: mit dem neuen Job, mit seiner

Freundin, seiner Familie, seinen Freunden. Die Zeit der Unsicherheit hat an ihm gezehrt. Aber er hat an eine Zukunft geglaubt, in der er wieder einen Sinn in dem sehen würde, was er tut. »Was sich aus dem Scheitern entwickelt hat, ist total erfüllend«, sagt er im Rückblick.

Rufus Weibel hat vertraut. Das ist das stärkste Fundament für jeden Neuanfang. Und das Vertrauen ist gerechtfertigt, wie all die Forschung zeigt, die wir auf unserer Reise kennengelernt haben. Denn wenn ich mich einlasse, ins Handeln komme, etwas tue, weil ich es für wichtig und richtig erachte, dann erfahre ich Sinn, früher oder später. Dann schließe ich Frieden mit diesem Leben, und quasi nebenbei, ohne es anzustreben, kommt es zu Momenten der Freude, des Glücks und der Dankbarkeit.

Ich darf darauf vertrauen. So wie die Lyrikerin Hilde Domin es tat, in einer dunklen Phase ihres Lebens, über die sie schrieb: »Ich setzte den Fuß in die Luft, / und sie trug.«[19]

Quellennachweis

1 Wer will ich sein? Über die Notwendigkeit der Selbstkenntnis

1 https://www.zeit.de/2021/45/sibel-kekilli-schauspielerin-tod-familie-leben-sinn/komplettansicht.

2 Kim, J., Chen, K., Rivera, G. N., Hong, E. K., Kamble, S., Scollon, C. N., … & Schlegel, R. J. (2022): »True-self-as-guide lay theory endorsement across five countries«, in: *Self and Identity*, *21*(8), S. 939–962.

3 Arendt, H. (1960): *Vita activa – oder vom tätigen Leben.* W. Kohlhammer Verlag.

4 Lyotard, J.-F. (1986): *Das postmoderne Wissen: Ein Bericht.* Herausgegeben von P. Engelmann. Böhlau.

5 McAdams, D. P. (1993): *The Stories We Live By: Personal Myths and the Making of the Self.* William Morrow, S. 11.

6 McAdams, D. P. (1996): »Personality, Modernity, and the Storied Self: A Contemporary Framework for Studying Persons«, in: *Psychological Inquiry*, 7(4), S. 295–321.

7 McAdams, D. P., & McLean, K. C. (2013): »Narrative identity. Current Directions«, in: *Psychological Science*, 22(3), S. 233–238.

8 Millar, B. M., Wang, W., & Pachankis, J. E. (2016): »The Moderating Role of Internalized Homonegativity on the Efficacy of LGB-Affirmative Psychotherapy: Results From a Randomized Controlled Trial With Young Adult Gay and Bisexual Men«, in: *Journal of Consulting and Clinical Psychology*, 84(7), S. 565–570.

9 David, E. J. R., Schroeder, T. M., & Fernandez, J. (2019): »Internalized racism: A systematic review of the psychological literature on racism's most insidious consequence«, in: *Journal of Social Issues*, 75(4), S. 1057–1086.

10 Silván-Ferrero, P., Recio, P., Molero, F., & Nouvilas-Pallejà, E. (2020): »Psychological quality of life in people with physical disability: The effect of internalized stigma, collective action and resilience«, in: *International Journal of Environmental Research and Public Health, 17*(5), 1802.

11 Bignardi, G., Smit, D. J., Vessel, E. A., Trupp, M. D., Ticini, L. F., Fisher, S. E., & Polderman, T. J. (2024): »Genetic effects on variability in visual aesthetic evaluations are partially shared across visual domains«, in: Communications Biology, 7(1), 55.

12 Domingue, B. W., Fletcher, J., Conley, D., & Boardman, J. D. (2014): »Genetic and educational assortative mating among US adults«, in: *Proceedings of the National Academy of Sciences, 111*(22), S. 7996–8000.

13 https://www.zeit.de/gesundheit/2023-12/genforschung-gewicht-dick-duenn-verhalten.

14 Neyer, F. J., & Asendorpf, J. B. (2024): *Psychologie der Persönlichkeit.* Springer.

15 Perkins, A. M., Arnone, D., Smallwood, J., & Mobbs, D. (2015): »Thinking too much: Self-generated thought as the engine of neuroticism«, in: *Trends in Cognitive Sciences, 19*(9), S. 492–498.

16 Lin, J., Chen, Y., Xie, J., Cheng, Q., Zou, M., & Mo, L. (2022): »Brain Structural Correlates of Dispositional Insight and the Mediation Role of Neuroticism in Young Adults«, in: *Frontiers in Behavioral Neuroscience, 16*, 846377.

17 Sweeny, K., & Dooley, M. D. (2017): »The surprising up-

sides of worry«, in: *Social and Personality Psychology Compass, 11*(4), e12311.

18 Wilmot, M. P., Wanberg, C. R., Kammeyer-Mueller, J. D., & Ones, D. S. (2019): »Extraversion advantages at work: A quantitative review and synthesis of the meta-analytic evidence«, in: *Journal of Applied Psychology*, *104*(12), S. 1447–1470.

19 Helgoe, L. A. (2013): *Introvert power: Why your inner life is your hidden strength*. Sourcebooks, Inc.

20 Wilmot, M. P., & Ones, D. S. (2022): »Agreeableness and its consequences: A quantitative review of meta-analytic findings«, in: *Personality and Social Psychology Review*, 26(3), S. 242–280.

21 Hayes, N., & Joseph, S. (2003): »Big 5 correlates of three measures of subjective well-being«, in: *Personality and Individual Differences*, 34(4), S. 723–727.

22 Carter, N. T., Guan, L., Maples, J. L., Williamson, R. L., & Miller, J. D. (2016): »The downsides of extreme conscientiousness for psychological well-being: The role of obsessive compulsive tendencies«, in: *Journal of Personality*, 84(4), S. 510–522.

23 Aristoteles: Nikomachische Ethik I.1.3: Verstandesbildung und Fertigkeit. http://www.zeno.org/Philosophie/M/Aristoteles/Nikomachische+Ethik/I.+Teil.+Die+sittliche+Anforderung/1.+Kennzeichen+der+sittlichen+Beschaffen heit+und+ihrer+Bet%C3%A4tigung/3.+Verstandesbildung+und+Fertigkeit#google_vignette.

24 Damian, R. I., Spengler, M., Sutu, A., & Roberts, B. W. (2019): »Sixteen going on sixty-six: A longitudinal study of personality stability and change across 50 years«, in: Journal of Personality and Social Psychology, 117(3), S. 674–695.

25 Ryan, R. M., & Deci, E. L. (2017): *Self-Determination Theory: Basic Psychological Needs in Motivation, Development, and Wellness*. The Guilford Press.

26 Deci, E. L., Koestner, R., & Ryan, R. M. (1999): »A meta-analytic review of experiments examining the effects of extrinsic rewards on intrinsic motivation«, in: *Psychological Bulletin*, 125(6), S. 627–668.

27 Assmann, A. (2018): *Menschenrechte und Menschenpflichten: Schlüsselbegriffe für eine humane Gesellschaft*. Picus Verlag.

2 Warum Sinn? Über die Kraft des Perspektivwechsels

1 Schürmann, L. (2022): »Scham und Verdacht: Subjektivierung im Niedriglohnsektor«, in:Traue, B., Pfahl, L., Bosancic, S., Spies, T., Schürmann, L., & Folke, B. (Hrsg.): *Following the Subject: Grundlagen und Zugänge empirischer Subjektivierungsforschung-Foundations and Approaches of Empirical Subjectivation Research*, S. 171–196. Springer Fachmedien Wiesbaden.

2 https://de.statista.com/statistik/daten/studie/239869/umfrage/arbeitsunfaehigkeitstage-aufgrund-von-burn-out-erkrankungen/

3 https://www.aerzteblatt.de/nachrichten/134416/Mehr-Schoenheitsbehandlungen-in-der-Krise.

4 https://www.sinus-institut.de/media/pages/sinus-milieus/6191c4121c-1623420390/informationen-zu-den-sinus-milieus.pdf.

5 https://www.zeit.de/2023/51/trauerbewaeltigung-tod-witwer-reise-trauer.

6 Sartre, J. P. (2023): *Der Existentialismus ist ein Humanismus: und andere philosophische Essays 1943–1948*. Rowohlt Verlag.

3 Wonach suche ich eigentlich? Über den Unterschied von Sinn und Glück

1 Mill, J.S. (2008): *Utilitarismus*. Reclam, S. 33.

2 Mauss, I.B., Tamir, M., Anderson, C.L., & Savino, N.S. (2011): »Can seeking happiness make people unhappy? Paradoxical effects of valuing happines«, in: *Emotion*, 11(4), S. 807–815.

3 Ford, B.Q., Mauss, I.B., & Gruber, J. (2015): »Valuing happiness is associated with bipolar disorder«, in: *Emotion*, 15(2), S. 211–222.

4 Mauss, I.B., Tamir, M., Anderson, C.L., & Savino, N.S. (2011): »Can seeking happiness make people unhappy? Paradoxical effects of valuing happiness«, in: *Emotion*, 11(4), S. 807–815.

5 Kasser, T. (2016): »Materialistic values and goals«, in: *Annual Review of Psychology*, 67(1), S. 489–514; Dittmar, H., & Isham, A. (2022): »Materialistic value orientation and wellbeing«, in: *Current Opinion in Psychology*, *46*, 101337.

6 Wiese, C.W., Kuykendall, L., & Tay, L. (2018): »Get active? A meta-analysis of leisure-time physical activity and subjective well-being«, in: *The Journal of Positive Psychology*, *13*(1), S. 57–66.

7 Diener, E., & Diener, C. (1996): »Most people are happy«, in: *Psychological Science*, 7(3), S. 181–185.

8 Diener, E., Diener, C., Choi, H., & Oishi, S. (2018): »Revisiting ›Most People Are Happy‹ – and discovering when they are not«, in: *Perspectives on Psychological Science*, *13*(2), S. 166–170.

9 Asselmann, E., & Specht, J. (2023): »Dramatic effects but fast adaptation: Changes in life satisfaction and different facets of affective well-being around the death of a partner

and death of a child«, in: *Applied Psychology: Health and Well-Being*, *15*(2), S. 451–465.

10 Jacobi, K. (1979): »Aristoteles' Einführung des Begriffs ›eudaimonia‹ im I. Buch der *Nikomachischen Ethik*«, in: *Philosophisches Jahrbuch 86* (1979), S. 300–325, hier: S. 320.

11 Schueller, S. M., & Seligman, M. E. (2010): »Pursuit of pleasure, engagement, and meaning: Relationships to subjective and objective measures of well-being«, in: *The Journal of Positive Psychology*, 5(4), S. 253–263.

12 Vötter, B., & Schnell, T. (2019): »Cross-lagged analyses between life meaning, self-compassion, and subjective well-being among gifted adults«, in: *Mindfulness*, *10*, S. 1294–1303.

13 Kreiss, C., & Schnell, T. (2022): »Have a good day! An experience-sampling study of daily meaningful and pleasant activities«, in: *Frontiers in Psychology*, *13*, 977687.

14 https://www.zeit.de/2023/40/daniel-schmidt-elbschlosskeller-st-pauli-reeperbahn-glaube/.

15 Hillesum, E. (1987): *Das denkende Herz*. Rowohlt Verlag, S. 124.

16 Ebd., S. 128.

17 Bailey, C., & Madden, A. (2016, Summer): »What makes work meaningful – or meaningless«, in: *MIT Sloan Management Review*, S. 52–63.

18 Mill, J. S. (2008): *Utilitarismus*. Reclam, S. 33.

4 Wie fühlt sich Sinn an? Über die Notwendigkeit, den Kopf einzuschalten

1 https://www.zeit.de/2023/45/axel-bosse-musik-leben-therapie-emotionen.

2 Kohelet 1, 13f, GNB.

3 Markus 12, 29-31, GNB.

4 Römer 11, 33, GNB.

5 Nietzsche, F. (1882/1980): »Die fröhliche Wissenschaft«, in: Ders.: *Kritische Studienausgabe in 15 Bänden*, hrsg. von G. Colli und M. Montinari. dtv, S. 480.

6 Ebd.

7 Camus, A. (2004): *Der Mythos des Sisyphos*. Reinbek, hier: S. 160.

8 Schamoni, R. (2011): *Tag der geschlossenen Tür*. Piper, S. 7 f.

9 Zu diesem Zweck wurde die Plattform »Sinnmacher« von Tatjana Schnell und Team entwickelt: www.sinnmacher.eu.

10 Arora, A., Bansal, S., Kandpal, C., Aswani, R., & Dwivedi, Y. (2019): »Measuring social media influencer index-insights from Facebook, Twitter and Instagram«, in: *Journal of Retailing and Consumer Services*, 49, S. 86–101.

11 Alighieri, D.: *Die Göttliche Komödie*, Die Hölle – Erster Gesang, 11 (Zeno.org).

12 Agarwal, S., Guntuku, S. C., Robinson, O. C., Dunn, A., & Ungar, L. H. (2020): »Examining the phenomenon of quarter-life crisis through artificial intelligence and the language of twitter«, in: *Frontiers in Psychology, 11*, S. 517–594.

13 Tronick, E., Als, H., Adamson, L., Wise, S., & Brazelton, T. B. (1978): »The infant's response to entrapment between contradictory messages in face-to-face interaction«, in: *Journal of the American Academy of Child Psychiatry*, *17*(1), S. 1–13.

14 Runkel, G., & Burkart, G. (Hrsg.) (2012): *Funktionssysteme der Gesellschaft: Beiträge zur Systemtheorie von Niklas Luhmann*. Springer.

15 Ratcliffe, M. (2009): »Existential feeling and psychopatho-

logy«, in: *Philosophy, Psychiatry, & Psychology*, *16*(2), S. 179–194.
16 Wheeler, M. (2020): »Martin Heidegger«, in: Zalta, E. N. (Hrsg.): Stanford Encyclopedia of Philosophy (Fall 2020 Edition). Stanford University. https://plato.stanford.edu/archives/fall2020/entries/heidegger/.
17 Yalom, I. D. (2015): *Existenzielle Psychotherapie*. EHP-Verlag Andreas Kohlhage.
18 Bailey, C., & Madden, A. (2016, Summer): »What makes work meaningful – or meaningless«, in: *MIT Sloan Management Review*, S. 52–63.

5 Bin ich ehrlich zu mir? Über einen realistischen Blick auf die Welt

1 Platon (1991): *Sämtliche Werke V, Politeia*. Insel, S. 511.
2 Boyd, R. L., Bresin, K., Ode, S., & Robinson, M. D. (2013): »Cognitive egocentrism differentiates warm and cold people«, in: *Journal of Research in Personality*, *47*(1), S. 90–96.
3 Metzinger, T. (2014): »Spiritualität und intellektuelle Redlichkeit«. http://www.blogs.uni-mainz.de/fb05philosophie/files/2013/04/TheorPhil_Metzinger_SIR_2013.pdf.
4 Musil, R. (2013): *Mann ohne Eigenschaften*. Anaconda, S. 526.
5 Taylor, S. E., & Brown, J. D. (1988): »Illusion and well-being: a social psychological perspective on mental health«, in: *Psychological Bulletin*, *103*(2), S. 193–210, hier: S. 203 f. (eigene Übers.)
6 Robins, R. W., & Beer, J. S. (2001): »Positive illusions about the self: Short-term benefits and long-term costs«, in: *Journal of Personality and Social Psychology*, *80*(2), S. 340–352.
7 Sedikides, C., Meek, R., Alicke, M. D., & Taylor, S. (2014):

»Behind bars but above the bar: Prisoners consider themselves more prosocial than non-prisoners«, in *British Journal of Social Psychology*, 53(2), S. 396–403.

8 Dunning, D. (2011): »The Dunning-Kruger effect: On being ignorant of one's own ignorance«, in: Olson, J.M., & Zanna, M.P. (Hrsg.): *Advances in Experimental Social Psychology*, S. 247–296.

9 Platon (1991): *Sämtliche Werke I, Protagoras, Apologie*. Insel, S. 213.

10 Shepperd, J.A., Pogge, G., & Howell, J.L. (2017): »Assessing the consequences of unrealistic optimism: Challenges and recommendations«, in: *Consciousness and Cognition*, 50, S. 69–78.

11 Van der Leeuw, S. & Dirks, G. (2024): »The illusion of control«, in: *Global Perspectives*, 5(1), 115453.

12 IPCC (2023): Summary for Policymakers. In: Climate Change 2023: *Synthesis Report. Contribution of Working Groups I, II and III to the Sixth Assessment Report of the Intergovernmental Panel on Climate Change* [Core Writing Team, H. Lee and J. Romero (Hrsg.)]. IPCC, Geneva, S. 1–34.

13 Rede A. Weidel, AfD, im Bundestag, 31. Januar 2024.

14 Dalbert, C. (2009): »Belief in a just world«, in: Leary, M. R., & Hoyle, R. H. (Hrsg.): *Handbook of individual differences in social behavior*. Guilford Press, S. 288–297.

15 Yalom, I. D. (2015): *Existenzielle Psychotherapie*. EHP-Verlag Andreas Kohlhage, S. 139.

16 Spitzenstätter, D., & Schnell, T. (2022): »The existential dimension of the pandemic: Death attitudes, personal worldview, and coronavirus anxiety«, in: *Death Studies*, 46(5), S. 1031–1041; Sallnow, L., Smith, R., Ahmedzai, S.H., Bha-

delia, A., Chamberlain, C., Cong, Y., & Wyatt, K. (2022): »Report of the Lancet Commission on the Value of Death: bringing death back into life«, in: *The Lancet*, 399(10327), S. 837–884.

6 Wie kann ich wissen, was richtig für mich ist? Über gute Entscheidungen

1 Iyengar, S. S., & Lepper, M. R. (2000): »When choice is demotivating: Can one desire too much of a good thing?«, in: *Journal of Personality and Social Psychology*, 79(6), S. 995–1006.

2 Pronk, T. M., & Denissen, J. J. (2020): »A rejection mind-set: Choice overload in online dating«, in: *Social Psychological and Personality Science*, *11*(3), S. 388–396.

3 Iyengar, S. S., Wells, R. E., & Schwartz, B. (2006): »Doing better but feeling worse: Looking for the ›best‹ job undermines satisfaction«, in: *Psychological Science*, *17*(2), S. 143–150.

4 Roets, A., Schwartz, B., & Guan, Y. (2012): »The tyranny of choice: A cross-cultural investigation of maximizing-satisficing effects on well-being«, in: *Judgment and Decision Making*, 7(6), S. 689–704.

5 Schwartz, B., Ward, A., Monterosso, J., Lyubomirsky, S., White, K., & Lehman, D. R. (2002): »Maximizing versus satisficing: happiness is a matter of choice«, in: *Journal of Personality and Social Psychology*, 83(5), S. 1178–1197.

6 Sevdalis, N., Harvey, N., & Yip, M. (2006): »Regret triggers inaction inertia-but which regret and how?«, in: *British Journal of Social Psychology*, 45(4), S. 839–853.

7 Lenow, J. K., Constantino, S. M., Daw, N. D., & Phelps, E. A. (2017): »Chronic and acute stress promote overexploitation

in serial decision making«, in: *Journal of Neuroscience*, 37(23), S. 5681–5689.

8 https://www.zeit.de/2024/23/berufswunsch-hebamme-arbeitswechsel-neuorientierung.

9 Fuchs, T. (2017): »Karl Jaspers – Denker der Grenze«, in: Busche, H. & Fuchs, T.: *Zwei Philosophen der Medizin – Leibniz und Jaspers*. Springer, S. 28–42.

7 Worin kann ich Sinn finden? Über die Kraft der Sinnquellen

1 https://www.zeit.de/2024/09/saisonarbeit-neben-dem-beruf-skilehrerin.

2 Schnell, T. (2020). *Psychologie des Lebenssinns*. Springer, S. 104.

3 Schnell, T. (2009): *Implizite Religiosität – Zur Psychologie des Lebenssinns*. Pabst.

4 Schnell, T., & Becker, P. (2007): *Der Fragebogen zu Lebensbedeutungen und Lebenssinn* (LeBe). Hogrefe.

5 Schnell, T. (2020). *Psychologie des Lebenssinns*. Springer, S. 76ff.

6 Heine, S. J., Proulx, T., & Vohs, K. D. (2006): »The meaning maintenance model: On the coherence of social motivations«, in: *Personality and Social Psychology Review*, *10*(2), S. 88–110.

7 Schnell, T. (2011): »Individual differences in meaning-making: Considering the variety of sources of meaning, their density and diversity«, in: *Personality and Individual Differences*, *51*(5), S. 667–673; Schnell, T. (2008): »Deutsche in der Sinnkrise? Ein Einblick in die Sinnforschung mit Daten einer repräsentativen Stichprobe«, in: *Journal für Psychologie*, *16*(3), Artikel 09.

8 Schnell, T., & Becker, P. (2006): »Personality and meaning in life«, in: *Personality and Individual Differences*, *41*(1), S. 117–129; Lavigne, K. M., Hofman, S., Ring, A. J., Ryder, A. G., & Woodward, T. S. (2013): »The personality of meaning in life: Associations between dimensions of life meaning and the Big Five«, in: *The Journal of Positive Psychology*, 8(1), S. 34–43.

9 Margolis, S., & Lyubomirsky, S. (2020): »Experimental manipulation of extraverted and introverted behavior and its effects on well-being«, in: *Journal of Experimental Psychology: General*, *149*(4), S. 719–731.

10 Erikson, E. H. (1966): *Identität und Lebenszyklus*. Suhrkamp.

11 King, V. (2020): »Das Konzept ›Emerging Adulthood‹ aus jugendtheoretischer und zeitdiagnostischer Sicht«, in: *Diskurs Kindheits- und Jugendforschung / Discourse. Journal of Childhood and Adolescence Research*, *15*(4), S. 355–369.

12 Bakan, D. (1966): *The duality of human existence: Isolation and communion in Western man*. Beacon Press.

8 Soll jemand mit mir gehen? Über die Bedeutung von Gemeinschaft

1 Twenge, J. M., Catanese, K. R., & Baumeister, R. F. (2003): »Social exclusion and the deconstructed state: time perception, meaninglessness, lethargy, lack of emotion, and self-awareness«, in: *Journal of Personality and Social Psychology*, 85(3), S. 409-423.

2 Lambert, N. M., Stillman, T. F., Baumeister, R. F., Fincham, F. D., Hicks, J. A., & Graham, S. M. (2010): »Family as a salient source of meaning in young adulthood«, in: *The Journal of Positive Psychology*, 5(5), S. 367–376.

3 Karwetzky, C., Werdecker, L., & Esch, T. (2021): »What matters most in life? A German cohort study on the sources of meaning and their neurobiological foundations in four age groups«, in: *Frontiers in Psychology, 12*, 777751.

4 Hudak, J., & Giammattei, S. V. (2014): »Doing family: Decentering heteronormativity in ›marriage‹ and ›family‹ therapy«, in: Nelson, T. & Winawer, H. (Hrsg.): *Critical topics in family therapy: AFTA monograph series highlights*, S. 105–115. Springer International Publishing.

5 Schnell, T. (2012): »›Für meine Freunde könnte ich sterben‹ – Implizite Religiosität und die Sehnsucht nach Transzendenz«, in: Kropac, U., Meier, U., & König, K. (Hrsg.): *Jugend – Religion – Religiosität. Resultate, Probleme und Perspektiven der aktuellen Religiositätsforschung*. Pustet, S. 87–108, hier: S. 98.

6 Ebd., S. 97.

7 Stavrova, O., & Luhmann, M. (2016): »Social connectedness as a source and consequence of meaning in life«, in: *The Journal of Positive Psychology, 11*(5), S. 470–479.

8 Sarkisian, N., & Gerstel, N. (2016): »Does singlehood isolate or integrate? Examining the link between marital status and ties to kin, friends, and neighbors«, in: *Journal of Social and Personal Relationships*, 33(3), S. 361–384.

9 Schnell, T. (2000): »I Believe in Love«, *in: Implicit Religion*, 3(2), S. 111–122.

10 Jenkins, C. (2022): *Sad love: Romance and the search for meaning*. John Wiley & Sons.

11 Schneider, N. F., Diabaté, S., & Ruckdeschel, K. (Hrsg.) (2015): »Familienleitbilder in Deutschland. Kulturelle Vorstellungen zu Partnerschaft, Elternschaft und Familien-

leben«, in: *Beiträge zur Bevölkerungswissenschaft*, Bd. 48. Opladen.

12 Luhmann, M., Hofmann, W., Eid, M., & Lucas, R. E. (2012): »Subjective well-being and adaptation to life events: A meta-analysis«, in: *Journal of Personality and Social Psychology*, 102(3), S. 592–615.

13 Baumeister, R. F., Vohs, K. D., Aaker, J. L., & Garbinsky, E. N. (2013): »Some key differences between a happy life and a meaningful life«, in: T*he Journal of Positive Psychology*, 8, S. 505–516; Pedersen, H. F., Birkeland, M. H., Jensen, J. S., Schnell, T., Hvidt, N. C., Sørensen, T., & La Cour, P. (2018): »What brings meaning to life in a highly secular society? A study on sources of meaning among Danes«, in: *Scandinavian Journal of Psychology*, 59(6), S. 678–690; Pollet, E., & Schnell, T. (2017): »Brilliant: But what for? Meaning and subjective well-being in the lives of intellectually gifted and academically high-achieving adults«, in: *Journal of Happiness Studies, 18*, S. 1459–1484; Schnell, T., & Danbolt, L. J. (2023): »The Meaning and Purpose Scales (MAPS): development and multi-study validation of short measures of meaningfulness, crisis of meaning, and sources of purpose«, in: *BMC Psychology, 11*(1), 304.

14 Deaton, A., & Stone, A. A. (2014): »Evaluative and hedonic wellbeing among those with and without children at home«, in: *Proceedings of the National Academy of Sciences, 111*(4), S. 1328–1333.

15 Musick, K., Meier, A., & Flood, S. (2016): »How parents fare: Mothers' and fathers' subjective well-being in time with children«, in: *American Sociological Review*, 81(5), S. 1069–1095.

16 Maslow, A. H. (1954): *Motivation and personality*. Harpers.

17 Stavrova, O., & Luhmann, M. (2016): »Social connectedness as a source and consequence of meaning in life«, in: *The Journal of Positive Psychology*, *11*(5), S. 470–479.

18 Simonson, J., Kelle, N., Kausmann, C., Tesch-Römer, C. (Hrsg.) (2022): *Freiwilliges Engagement in Deutschland. Der Deutsche Freiwilligensurvey 2019*. Springer VS.

19 Barreto, M., Victor, C., Hammond, C., Eccles, A., Richins, M. T., & Qualter, P. (2021): »Loneliness around the world: Age, gender, and cultural differences in loneliness«, in: *Personality and Individual Differences*, *169*, 110066.

20 Freda (2024): *The German Family Demography Panel Study*. Policy Brief Mai 2024; https://www.bib.bund.de/Publikation/2024/pdf/Freda-Policy-Brief-Einsamkeit-im-juengeren-und-mittleren-Erwachsenenalter-angestiegen.pdf?__blob=publicationFile&v=2.

21 Monroe, K. R. (2004): *The Hand of Compassion: Portraits of Moral Choice During the Holocaust*. Princeton University Press.

22 Barragan, R. C., Oliveira, N., Khalvati, K., Brooks, R., Reinecke, K., Rao, R. P., & Meltzoff, A. N. (2021): »Identifying with all humanity predicts cooperative health behaviors and helpful responding during COVID-19«, in.: *PLoS One*, *16*(3), e0248234.

23 Singer, T., & Klimecki, O. M. (2014): »Empathy and compassion«, in: *Current Biology*, *24*(18), R875-R878.

24 Kimmerer, R. W. (2017): »Speaking of Nature«, in: *Orion Magazine*, March/April 2017. https://orionmagazine.org/article/speaking-of-nature/ (eigene Übers.).

25 https://www.zeit.de/sinn/2023-08/helena-steinhaus-kinder grundsicherung-armut-aktivismus.

9 Was soll dieser Sinn? Über den Zustand der Gleichgültigkeit

1 Frankl, V. E. (2009): *… trotzdem Ja zum Leben sagen: Ein Psychologe erlebt das Konzentrationslager*. Kösel-Verlag, S. 116f.

2 Frankl, V. E. (1996): *Der Wille zum Sinn. Ausgewählte Vorträge über Logotherapie*. Huber, S. 14.

3 Yamazaki S., Ura, C., Shimmei, M., & Okamura, T. (2021): »In search of lost time: Long-term prognosis of hikikomori called 8050 crisis«, in: *International Journal of Geriatric Psychiatry*, 36(10), S. 1590–1591.

4 Chan, G. H. Y., & Lo, T. W. (2014): »Hidden youth services: What Hong Kong can learn from Japan«, in: *Children and Youth Services Review*, 42, S. 118–126.

5 Fong, T. C., & Yip, P. S. (2023): »Prevalence of hikikomori and associations with suicidal ideation, suicide stigma, and help-seeking among 2,022 young adults in Hong Kong«, in: *International Journal of Social Psychiatry*, 69(7), S. 1768–1780.; Yong, R., & Nomura, K. (2019): »Hikikomori is most associated with interpersonal relationships, followed by suicide risks: a secondary analysis of a national cross-sectional study«, in: *Frontiers in Psychiatry*, *10*, 442147.; Zhu, S., Lee, P. H., & Wong, P. W. (2021): »Investigating prolonged social withdrawal behaviour as a risk factor for self-harm and suicidal behaviours«, in: *BJPsych open*, 7(3), e90.

6 Damásio, B. F., & Koller, S. H. (2015): »Complex experiences of meaning in life: Individual differences among sociodemographic variables, sources of meaning and psychological functioning«, in: *Social Indicators Research*, *123*(1), S. 161–181; Schnell, T. (2010): »Existential Indifference:

Another Quality of Meaning in Life«, in: *Journal of Humanistic Psychology*, 50(3), S. 351–373.

7 Schnell, T. (2013): »Meaning in the making. Contemporary sources and types of meaning«, *in: International Association for the Psychology of Religion (IAPR)*, August 2013.

8 Bund, K. (2014): *Glück schlägt Geld. Generation Y: Was wir wirklich wollen.* Murmann Verlag.

9 Martin, C. (2014): *Eine Abrechnung mit der traurigen Generation der Ewig-Jungen.* https://www.vice.com/de/article/qbmjbd/wenn-die-party-nie-endet-eine-abrechnung-mit-unserer-traurigen-generation-997.

10 Hörmann, C. (2016): *Bindung, Selbstkonzept und Lebenssinn. Über den Zusammenhang zwischen Selbstwahrnehmung, Beziehungsverhalten und persönlichem Sinnerleben. Vergleich existentiell Indifferenter mit anderen Sinnerlebnisqualitäten.* Unveröffentlichte Masterarbeit, Universität Innsbruck.

11 Damásio & Koller, 2015.

12 Chmielewski, F., Hanning, S., Juckel, G., & Mavrogiorgou, P. (2022): »Relationship between Psychopathology and Sources of Meaning in Psychotherapeutically Treated Patients: A Naturalistic Cross-Sectional Analysis«, in: *Psychopathology*, 55(5), S. 301–309; Damásio, B. F., & Koller, S. H. (2015); Schnell, T. (2010): »Existential Indifference: Another Quality of Meaning in Life«, in: *Journal of Humanistic Psychology*, 50(3), S. 351–373; Vötter, B., & Schnell, T. (2024): »Life Meaning versus Intelligence? An Analysis of three Qualities of Meaning among Gifted Adults«, in: McLafferty, Jr., C. L., & Levinson, J. (Hrsg.): *Logotherapy and Existential Analysis: Proceedings of the Viktor Frankl Institute Vienna*, Volume 2. Springer, S. 241–258.

13 Chmielewski et al., 2022; Schnell, 2013.
14 Schnell, 2013.
15 Ebd.
16 Hörmann, 2016.
17 Böckenförde, E.-W. (2006): »Die Entstehung des Staates als Vorgang der Säkularisation«, in: Ders.: *Recht, Staat, Freiheit.* Suhrkamp, S. 112.
18 Heidegger, M. (1963): *Sein und Zeit.* Niemeyer, S. 129.
19 Rodin, J., & Langer, E. J. (1977): »Long-term effects of a control-relevant intervention with the institutionalized aged«, in: *Journal of Personality and Social Psychology*, 35(12), S. 897–902.
20 Kahneman, D., & Tversky, A. (1982): »The psychology of preferences«, in: *Scientific American*, 246(1), S. 160–173.
21 Gilovich, T., & Medvec, V. H. (1994): »The temporal pattern to the experience of regret«, in: *Journal of Personality and Social Psychology*, 67(3), S. 357–365; Gilovich, T., Wang, R. F., Regan, D., & Nishina, S. (2003): »Regrets of action and inaction across cultures«, in: *Journal of Cross-Cultural Psychology*, 34(1), S. 61–71; Namkoong, J. E., Ro, J. H., Hur, T., & Choi, E. (2022): »Regrets over ›me‹ versus regrets over ›us‹: The influence of culture on action versus inaction regrets«, in: *Asian Journal of Social Psychology*, 25(3), S. 532–543; Yeung, S. K., & Feldman, G. (2022): »Revisiting the temporal pattern of regret in action versus inaction: Replication of Gilovich and Medvec (1994) with extensions examining responsibility«, in: *Collabra: Psychology*, 8(1), 37122.
22 Schnell, T. (2008): »Deutsche in der Sinnkrise? Ein Einblick in die Sinnforschung mit Daten einer repräsentativen

Stichprobe«, in: *Journal für Psychologie*, *16*(3), Artikel 09; Schnell, T. (2016): *Psychologie des Lebenssinns*. Springer.

23 Maslow, A. H. (1964): *Religions, values, and peak-experiences*. Ohio State University Press, S. 42.

10 Warum tut es so weh? Über die Bedeutung von Sinnkrisen

1 https://www.zeit.de/2019/10/alstermord-kennedybruecke-victor-elling-erstochen-trauma.

2 https://www.zeit.de/2021/52/veronique-elling-trauer-sohn-sinn/.

3 Chmielewski, F., Hanning, S., Juckel, G., & Mavrogiorgou, P. (2022): »Relationship between Psychopathology and Sources of Meaning in Psychotherapeutically Treated Patients: A Naturalistic Cross-Sectional Analysis«, in: *Psychopathology*, 55(5), S. 301–309; Damásio, B. F., Koller, S. H., & Schnell, T. (2013): »Sources of Meaning and Meaning in Life Questionnaire (SoMe): Psychometric properties and sociodemographic findings in a large Brazilian Sample«, in: *Acta de Investigación Psicológica*, 3(3), S. 1205–1227; Dyrendal, A., & Hestad, K. (2021): »Trust in crisis: conspiracy mentality, lack of trust and religiosity predicted conspiracy beliefs about COVID-19 in a Norwegian sample«, in: *Approaching Religion*, 11, S. 98–114; Hanfstingl, B. (2013): »Ego- and spiritual transcendence: relevancies for psychological resilience and the role of age«, in: *Evidence-Based Complementary and Alternative Medicine*, 9 pages. DOI:10.1155/2013/949838; Pedersen, H. F., Handegard Birkeland, M., Søndergaard Jensen, J., Schnell, T., Hvidt, N. C., Sørensen, T., & la Cour, P. (2018): »What brings meaning to life in a highly secular society? A study on sources of mean-

ing among Danes«, in: *Scandinavian Journal of Psychology*, 59(6), S. 678–690; Schnell, T. (2009): »The Sources of Meaning and Meaning in Life Questionnaire (SoMe): Relations to demographics and well-being«, in: *The Journal of Positive Psychology*, 4(6), S. 483–499; Schnell, T., & Krampe, H. (2020): »Meaning in life and self-control buffer stress in times of COVID-19: Moderating and mediating effects with regard to mental distress«, in: *Frontiers in Psychiatry, 11*, 582352; Schnell, T., & Krampe, H. (2022): »Meaningfulness protects from and crisis of meaning exacerbates general mental distress longitudinally«, in: *BMC Psychiatry*, 22(1), 285; Schnell, T., & Danbolt, L. J. (2023): »The Meaning and Purpose Scales (MAPS): development and multi-study validation of short measures of meaningfulness, crisis of meaning, and sources of purpose«, in: *BMC Psychology*, *11*(1), 304; Spitzenstätter, D., & Schnell, T. (2022): »Effects of mortality awareness on attitudes toward dying and death and meaning in life – a randomized controlled trial«, in: *Death Studies*, *46*(5), S. 1219–1233; Sørensen, T., Stifoss-Hansen, H., Lien, L., Pedersen, H. F., la Cour, P., DeMarinis, V., Danbolt, L. J., & Schnell, T. (2019): »The Sources of Meaning and Meaning in Life Questionnaire (SoMe) in the Norwegian context: Relations to mental health, quality of life and self-efficacy«, in: *International Journal for the Psychology of Religion, 29(1)*, S. 32–45; Vötter, B. (2019): »Crisis of meaning and subjective well-being: The mediating role of resilience and self-control among gifted adults«, in: *Behavioral Sciences*, *10*(1), 15.

4 Falkai, P., Wittchen, H. U., Döpfner, M., & American Psychiatric Association (2015): *Diagnostisches und statistisches Manual psychischer Störungen DSM-5*. Hogrefe.

5 Chmielewski, F., Hanning, S., Juckel, G., & Mavrogiorgou, P. (2022): »Relationship between Psychopathology and Sources of Meaning in Psychotherapeutically Treated Patients: A Naturalistic Cross-Sectional Analysis«, in: *Psychopathology*, 55(5), S. 301–309; Schnell, T., & la Cour, P. (2018): »Von der Tiefe im Leben sprechen. Erkenntnisse der empirischen Sinnforschung und Exploration von Lebensbedeutungen mit der LeBe-Kartenmethode«, in: *Wege zum Menschen*, 70(1), S. 33–47; Zhu, C., Su, R., Huang, F., & Liu, Y. (2022): »Existential isolation and suicide ideation among Chinese college students: a moderated mediation model«, in: *Journal of Humanistic Psychology 0(0).*, 00221678221106916.

6 B., B. (2006): Abschiedsbrief. https://www.telepolis.de/features/Ich-will-R-A-C-H-E-3408904.html.

7 Schnell, T., & Becker, P. (2007): *Der Fragebogen zu Lebensbedeutungen und Lebenssinn (LeBe)*. Hogrefe.

8 Schnell & Danboldt (2023).

9 Schnell, T. (2020): *Psychologie des Lebenssinns*. Springer.

10 Ebd.

11 Klinger, E. (1998): »The search for meaning in evolutionary perspective and its clinical implications«, in: Wong, P. T. P., & Fry, P. S. (Hrsg.): *The human quest for meaning*, S. 27–50. Erlbaum; Skaggs, B. G., & Barron, C. R. (2006): »Searching for meaning in negative events: Concept analysis«, in: *Journal of Advanced Nursing*, 53(5), S. 559–570: Tobias, T. (2010): *Die Sinnkrise – Auslöser, Erleben, Bewältigung und die gewonnene Einsicht*. Unveröffentlichte Diplomarbeit: Universität Innsbruck.

12 Furchert, A. (2012): *Das Leiden fassen: Zur Leidensdialektik Søren Kierkegaards*. Alber.

13 Rilke, R. M. (1905): Brief an Arthur Holitscher, 13. Dezember 1905 – https://www.marschler.at/worte-rilke-zitate.htm.

14 https://www.zeit.de/2021/52/veronique-elling-trauer-sohn-sinn/.

11 Tut das gut?
Über Sinn und Gesundheit

1 https://www.zeit.de/2021/47/reiner-calmund-magenverkleinerung-gewicht-vater-vietnam.

2 Sone, T., Nakaya, N., Ohmori, K., Shimazu, T., Higashiguchi, M., Kakizaki, M., & Tsuji, I. (2008): »Sense of life worth living (ikigai) and mortality in Japan: Ohsaki Study«, in: *Psychosomatic Medicine*, *70*, S. 709–715.

3 Cohen, R., Bavishi, C., & Rozanski, A. (2016): »Purpose in life and its relationship to all-cause mortality and cardiovascular events: A meta-analysis«, in: *Psychosomatic Medicine*, *78*(2), S. 122–133.

4 Boyle, P. A., Buchman, A. S., Wilson, R. S., Yu, L., Schneider, J. A., & Bennett, D. A. (2012): »Effect of purpose in life on the relation between Alzheimer disease pathologic changes on cognitive function in advanced age«, in: *Archives of General Psychiatry*, *69*(5), S. 499–504.

5 Mount Sinai Medical Center. (2015): »Have a sense of purpose in life? It may protect your heart«, in: *ScienceDaily*, 6 March 2015, S. 7. http://www.sciencedaily.com/releases/2015/03/150306132538.htm

6 Alimujiang, A., Wiensch, A., Boss, J., Fleischer, N. L., Mondul, A. M., McLean, K., … & Pearce, C. L. (2019): »Association between life purpose and mortality among US adults older than 50 years«, in: *JAMA Network Open*, 2(5), e194270-e194270.

7 Antonovsky, A. (1979): *Health, stress and coping*. Jossey-Bass; Antonovsky, A., & Franke, A. (1997): *Salutogenese. Zur Entmystifizierung der Gesundheit*. Forum für Verhaltenstherapie und psychosoziale Praxis, Bd. 36. dgvt-Verlag.

8 Antonovsky, A., Maoz, B., Dowty, N., & Wijsenbeek, H. (1971): »Twenty-five years later: A limited study of the sequelae of the concentration camp experience«, in: *Social Psychiatry*, *6*, S. 186–193.

9 Wiesmann, U., & Hannich, H. J. (2011): »Salutogenic perspectives on health maintenance: The role of resistance resources and meaningfulness«, in: *GeroPsych: The Journal of Gerontopsychology and Geriatric Psychiatry*, *24*(3), S. 127–135.

10 Holahan, C. K., Holahan, C. J., & Suzuki, R. (2008): »Purposiveness, physical activity, and perceived health in cardiac patients«, in: *Disability and Rehabilitation*, *30*(23), S. 1772–1778.

11 Wiesmann & Hannich (2011).

12 Brassai, L., Piko, B. F., & Steger, M. F. (2015): »A reason to stay healthy: The role of meaning in life in relation to physical activity and healthy eating among adolescents«, in: *Journal of Health Psychology*, *20*(5), S. 473–482.

13 Kim, E. S., Strecher, V. J., & Ryff, C. D. (2014): »Purpose in life and use of preventive health care services«, in: *Proceedings of the National Academy of Sciences*, *111*(46), S. 16331–16336.

14 Krause, N. (2007): »Evaluating the stress-buffering function of meaning in life among older people«, in: *Journal of Aging and Health*, *19*(5), S. 792–812.

15 Aiena, B. J., Buchanan, E. M., Smith, C. V., & Schulenberg, S. E. (2016): »Meaning, resilience, and traumatic stress

after the Deepwater Horizon oil spill: A study of Mississippi coastal residents seeking mental health services«, in: *Journal of Clinical Psychology*, 72(12), S. 1264–1278.

16 Winger, J. G., Adams, R. N. and Mosher, C. E. (2016): »Relations of meaning in life and sense of coherence to distress in cancer patients: a meta-analysis«, in: *Psychooncology*, 25(1), S. 2–10.

12 Ist Sinn immer gut? Über die Frage der Moral

1 Elnakouri, A., Hubley, C., & McGregor, I. (2022): »Hate and meaning in life: How collective, but not personal, hate quells threat and spurs meaning in life«, in: *Journal of Experimental Social Psychology*, 98, 104227.

2 https://www.bka.de/DE/AktuelleInformationen/StatistikenLagebilder/Lagebilder/HaeuslicheGewalt/haeuslicheGewalt_node.html.

3 Schnell, T., Viviani, R., Lenz, C., & Krampe, H. (2024): »When Alienated from Society, Conspiracy Theory Belief Gives Meaning to Life«, in: *Heliyon*, 10(14), e34557.

4 Aristoteles (2013): *Nikomachische Ethik*. Übers. u. hrsg. v. Ursula Wolf. Rowohlt, S. 162.

5 Nussbaum, M. C. (2000): *Women and human development: The capabilities approach* (Vol. 3). Cambridge University Press, S. 78 ff.

6 Ebd., S. 72.

7 Patterson, R., Rothstein, J., & Barbey, A. K. (2012): »Reasoning, cognitive control, and moral intuition«, in: *Frontiers in Integrative Neuroscience*, 6, 114.

8 Van Pachterbeke, M., Keller, J., & Saroglou, V. (2012): »Flexibility in existential beliefs and worldviews: Introducing

and measuring existential quest«, in: *Journal of Individual Differences*, 33(1), S. 2–16.
9 Miglietta, A., Rizzo, M., Testa, S., & Gattino, S. (2023): »Does Existential Flexibility Associate with Individuals' Acceptance of Inequality? A Study Relating Existential Questing to Values and to Prejudice«, in: *Europe's Journal of Psychology*, 19(4), S. 321–334.
10 Aristoteles (2013): *Nikomachische Ethik*. Übers. u. hrsg. v. Ursula Wolf. Rowohlt, S. 74.

13 Wie komme ich ins Handeln? Über einen sinnvollen Neuanfang

1 https://www.zeit.de/2022/13/lebenswandel-beruf-universitaet-psyche.
2 Eidelman, S., & Crandall, C. S. (2012): »Bias in favor of the status quo«, in: *Social and Personality Psychology Compass*, 6(3), S. 270–281.
3 Eidelman, S., Crandall, C. S., & Pattershall, J. (2009): »The existence bias«, in: *Journal of Personality and Social Psychology*, 97(5), S. 765–775.
4 De Saint-Exupéry, Antoine (2024): *Der kleine Prinz*. Anaconda, S. 65 f.
5 Gruber, E., Baumann, I., Vonderlin, E., Bents, H., Heidenreich, T., Mander, J., & Kalmar, J. (2023): »Translation and factorial validation of the Self-Compassion Scale for Adolescents in a German community sample«, in: *Journal of Child and Family Studies*, 32(5), S. 1318–1331.
6 Cunha, M., Xavier, A., & Castilho, P. (2016): »Understanding self-compassion in adolescents: Validation study of the Self-Compassion Scale«, in: *Personality and Individual Differences*, 93, S. 56–62.

7 Neff, K. D., & Dahm, K. A. (2015): »Self-compassion: What it is, what it does, and how it relates to mindfulness«, in: Ostafin, B., Robinson, M., & Meier, B. (Hrsg.): *Handbook of mindfulness and self-regulation*, S. 121–137.

8 Hostinar, C. E., Sullivan, R. M., & Gunnar, M. R. (2014): »Psychobiological mechanisms underlying the social buffering of the hypothalamic-pituitary-adrenocortical axis: A review of animal models and human studies across development«, in: *Psychological Bulletin*, *140*(1), S. 256–282; Uchino, B. N., & Garvey, T. S. (1997): »The availability of social support reduces cardiovascular reactivity to acute psychological stress«, in: *Journal of Behavioral Medicine*, *20*, S. 15–27.

9 Klein, H. J., Lount Jr, R. B., Park, H. M., & Linford, B. J. (2020): »When goals are known: The effects of audience relative status on goal commitment and performance«, in: *Journal of Applied Psychology*, *105*(4), S. 372–389.

10 Bandura, A. (2001): »Social cognitive theory: An agentic perspective«, in: *Annual Review of Psychology*, 52(1), S. 1–26.

11 www.sinnmacher.eu.

12 Weitere solcher Impulse gibt es bei www.sinnmacher.eu.

13 Baumeister, R. F., Vohs, K. D., Aaker, J. L., & Garbinsky, E. N. (2013): »Some key differences between a happy life and a meaningful life«, in: *The Journal of Positive Psychology*, 8(6), S. 505–516.

14 Oficina de Acogida al Peregrino, 2024. https://oficinadelperegrino.com/en/statistics-2/.

15 Schnell, T., & Pali, S. (2013): »Pilgrimage today: The meaning-making potential of ritual«, in: *Mental Health, Religion & Culture*, 16(9), S. 887–902.

16 Vistad, O. I., Øian, H., Williams, D. R., & Stokowski, P. (2020): »Long-distance hikers and their inner journeys: On

motives and pilgrimage to Nidaros, Norway«, in: *Journal of Outdoor Recreation and Tourism, 31*, 100326.

17 Brumec, S. (2022): »Life changes after the Camino de Santiago pilgrimage, including a deeper sense of spirituality«, in: *Journal for the Study of Spirituality*, 12(1), S. 20–35.

18 Wong, V., Yuen, J., Su, X., & Yung, J. (2020): »Social isolation experienced by youth in social withdrawal: Toward an interdisciplinary analysis and practice«, in: Morese, R., Palermo, S., & Fiorella, R. (Hrsg.): *Social isolation – An interdisciplinary view*. IntechOpen, S. 1–15.

19 Domin, H. (1994): *Nur eine Rose als Stütze*. Fischer Verlag, S. 53.